G

NOUVELLE

GÉOGRAPHIE

MÉTHODIQUE.

PRINCIPAUX OUVRAGES
DE MM. ACHILLE MEISSAS ET AUGUSTE MICHELOT.

Cartes géographiques sur grand raisin vélin, composant les atlas in-folio.

N° 1. Mappemonde. N° 2. Europe écrite. N° 2 (*bis*). *Id.* muette. N° 3. Europe centrale écrite. N° 3 (*bis*). *Id.* muette. N° 4. Asie écrite. N° 4 (*bis*). *Id.* muette. N° 5. Afrique écrite. N° 5 (*bis*). *Id.* muette. N° 6. Amérique écrite. N° 6 (*bis*). *Id.* muette. N° 7. Océanie. N° 8. France, divisée en provinces et en départements. N° 9. Iles Britanniques. N° 10. Hollande et Belgique. N° 11. Suisse. N° 12. Allemagne. N° 13. Portugal et Espagne. N° 14. Autriche, Italie, Turquie, et Grèce. N° 15. Asie occidentale. N° 16. Inde en deçà et au delà du Gange. N° 17. Afrique partie nord-ouest. N° 18. Amérique septentrionale. N° 19. Amérique méridionale.

	fr.	c.
(A) *Atlas élémentaire*, composé des numéros 1, 2, 3, 4, 5, 6 et 7. Prix :	6	»
(B) — *Le même*, avec les cinq cartes muettes, cart.	11	50
(C) *Atlas universel de la nouvelle géographie méthodique*, composé de de douze cartes écrites	11	50
(D) — *Le même*, avec les cinq cartes muettes, cartonné	15	»
(E) *Atlas universel de géographie moderne*, composé des dix-neuf cartes écrites, cartonné	18	»
(F) — *Le même*, avec les cinq cartes muettes	21	»
Chaque carte en feuille se vend séparément	1	»
Chaque carte collée sur carton	1	25
Nouvelle géographie méthodique, 1 vol. in-12. Prix, cart.	2	50
Petite géographie, 1 vol. in-18, cartonné	»	60
Tableaux de géographie; 27 tableaux sur couronne	3	»
Manuel de géographie, contenant les mêmes tableaux; 1 vol. in-18, cart.	»	75
Géographie ancienne, 1 vol. in-12, cartonné	2	50
Petite géographie ancienne, 1 vol. in-18, cartonné	1	»
Atlas de géographie ancienne; 17 cartes sur 12 planches 1/4 de jésus, cartonné	5	»
Géographie sacrée, avec un plan de Jérusalem, approuvée par Mr l'archevêque de Paris, et par plusieurs autres prélats, 1 vol. in-18, cart.	1	25
Atlas de géographie sacrée, 6 cartes sur 1/4 de jésus, avec un plan de Jérusalem, cartonné	2	»
Petits atlas sur 1/4 de jésus, cartonnés, format grand in-8°.		
(A) *Petit atlas élémentaire*, 8 cartes écrites	2	50
(B) *Le même*, avec 6 cartes muettes (14 cartes)	3	50
(C) *Petit atlas universel de géographie moderne*, 17 cartes écrites	5	»
(D) *Le même*, avec 6 cartes muettes (23 cartes)	6	»
(G) *Petit atlas complet de géographie ancienne, du moyen âge et moderne, et de géographie sacrée*, 50 cartes écrites, cart	14	»
(H) *Le même*, avec 6 cartes muettes (56 cartes), cart.	15	»
Chaque carte, sur 1/4 de jésus, se vend séparément	»	35
Tableaux d'histoire de France	3	50
Manuel contenant les mêmes tableaux, avec le portrait de chaque roi, 1 vol. in-18, cartonné	»	75
Grammaire française, par MM. *Meissas*, *Michelot* et *Picard*; 1 v. in-12, adopté par l'Université, cartonné	1	35
Tableaux de grammaire, par les mêmes, adoptés par l'Université	3	»
Manuel de grammaire, contenant les mêmes tableaux, 1 vol. in-18	»	75
Exercices de grammaire et d'orthographe, par les mêmes auteurs, 1 vol. in-12, cartonné	1	35
Corrigés des exercices, 1 vol. in-12, cartonné	1	35
Grandes cartes murales, enluminées à teintes plates		
Mappemonde muette, 20 feuilles grand raisin; prix, 10 fr. — *Mappemonde écrite*, prix	12	»
Europe muette, 16 feuilles; prix, 7 fr. 50. — *Europe écrite*; prix	9	»
France muette, 7 fr. 50. — *France écrite*	9	»
Italie et Grèce anciennes; *Palestine*, *Empire romain*, chacune	10	»
Questionnaire pour chaque carte, broch. grand in-8°	»	5.
Feuilles d'exercices géographiques, divisées en trois degrés : 1° cartes muettes complètes; 2° projections et contours des côtes; 3° projections des méridiens et des parallèles seulement; lithographiées sur quart de jésus. Prix		10

NOUVELLE

GÉOGRAPHIE MÉTHODIQUE,

PAR

MM. ACHILLE MEISSAS ET AUG. MICHELOT,

SUIVIE

D'UN PETIT TRAITÉ SUR LA CONSTRUCTION DES CARTES,

PAR M. CHARLE.

OUVRAGE ADOPTÉ PAR L'UNIVERSITÉ.

VINGT ET UNIÈME ÉDITION.

PARIS,

CHEZ L. HACHETTE,

LIBRAIRE DE L'UNIVERSITÉ ROYALE DE FRANCE,

RUE PIERRE-SARRAZIN, 12.

1841.

Tout exemplaire non revêtu de la signature des Auteurs est contrefait.

IMPRIMERIE DE FIRMIN DIDOT FRÈRES,
RUE JACOB, N° 56.

AVERTISSEMENT.

L'étude de la géographie, longtemps négligée, est aujourd'hui regardée comme une des plus importantes. Il est donc nécessaire de rendre cette étude facile, attrayante, en offrant, d'une manière simple, claire et graduée, les notions les plus exactes et les plus utiles sur la géographie physique et politique, ainsi que sur la cosmographie. Une expérience de plusieurs années nous fait espérer que notre *Géographie méthodique* remplit ces conditions. Elle est divisée en trois parties bien distinctes.

La *première*, mise à la portée des plus jeunes enfants, renferme des notions générales, la nomenclature des accidents de géographie physique les plus remarquables des cinq parties du monde, les noms des contrées et de leurs divisions principales, enfin tout ce qui est nécessaire pour servir de base à un enseignement plus complet. Nous avons placé à la fin de chacun des chapitres une série de questions et d'exercices propres à mieux graver dans l'esprit des élèves la leçon qu'ils viennent d'apprendre. Au moyen de ces exercices et de l'explication qui suivra cet avertissement, il n'est pas de mère qui ne puisse elle-même diriger ses enfants dans l'étude de la géographie.

La *deuxième partie*, consacrée aux élèves plus avancés, donne pour chaque contrée : 1° la population et la superficie ; 2° une courte notice historique ; 3° une description générale du pays, qui fait connaître les bassins auxquels il appartient, son aspect physique, son climat, les productions naturelles et fabriquées qui le distinguent, et les principaux objets de son commerce ; 4° les divisions administratives, trop nombreuses pour entrer dans la première partie ; 5° des notices sur les villes remarquables, où l'on indique leurs productions les plus estimées, les faits historiques et les noms des hommes qui les ont illustrées ; 6° les particularités de géographie physique, moins importantes que celles de la première partie, mais qu'il est cependant nécessaire de savoir.

La *troisième partie* donne les éléments de la *cosmographie* et de la *géographie physique* ; elle indique ensuite les procédés employés pour construire les cartes. Les notions de ce genre, qui se trouvent en tête de la plupart des livres élémentaires de géographie, nous paraissent mieux placées à la fin : ces notions supposent dans les élèves un jugement exercé, tandis que les faits de la géographie proprement dite peuvent être facilement compris par les plus jeunes enfants.

En rédigeant notre première édition, nous n'avons négligé aucun moyen de nous procurer les renseignements les plus exacts. Dans les nouvelles éditions, nous avons suivi avec soin tous les changements que les révolutions politiques et les découvertes des voyageurs apportent, chaque année, dans la science de la géographie. Nous ne nous contentons pas de compulser tous les ouvrages que des savants, justement estimés, ont publiés récemment ; nous ne négligeons rien pour puiser à leur source même les documents les plus sûrs. Nous nous sommes adressés aux bureaux des ministères français, aux ambassadeurs et aux consuls étrangers, aux savants, aux voyageurs. C'est à eux que nous devons une foule de notions que l'on trouvera consignées sur nos cartes et dans nos nouvelles éditions ; notions que nous n'aurions trouvées nulle part ailleurs, ou que nous n'aurions osé emprunter à des livres où l'on rencontre trop souvent des erreurs. On reconnaîtra facilement l'effet de nos soins en examinant les nouvelles cartes que nous avons publiées, et les corrections que nous avons faites sur les anciennes.

Quelques personnes s'étonneront peut-être que nous n'ayons pas disposé notre Géographie par demandes et par réponses ; mais cette forme, plus commode pour la mémoire, a de graves inconvénients. Les enfants croient avoir rempli leur tâche en apprenant par cœur des réponses dont ils ne lisent guère les demandes, et presque toujours ils sont hors d'état de répondre à d'autres questions qu'à celles du livre. D'ailleurs, en plaçant des questions et des exercices à la suite de chaque chapitre, nous pensons avoir réuni les avantages des différents modes d'instruction.

Pour que cet ouvrage produisît tous les résultats que nous en attendons, il fallait y joindre un Atlas parfaitement conforme à notre enseignement. Nous en avons fourni les matériaux à M. Charle, auteur des *Atlas de la France par divisions militaires et par diocèses*. Cet habile géographe a dessiné nos cartes avec soin. Les élèves y retrouveront sans peine ce qui est indiqué dans leurs leçons, et ne seront pas obligés de recourir à d'autres cartes, qui sont, en général, trop chargées de noms et de détails topographiques. Nous avons publié des atlas de deux formats, et nous les avons composés de différents nombres de cartes, pour les mettre à la portée de toutes les fortunes, et satisfaire aux besoins des différents âges. Tous nos atlas et tous nos livres de géographie portent notre signature commune : *Meissas, Michelot*, au verso du titre. Tous ceux qui ne sont pas revêtus de cette signature, sont des contrefaçons dont les négligences ne doivent pas nous être imputées.

MÉTHODE

POUR

L'ENSEIGNEMENT DE LA GÉOGRAPHIE.

Nous croyons utile de faire connaître aux parents et aux jeunes instituteurs les procédés qui paraissent les plus propres à assurer le succès des leçons.

Un maître doit d'abord enseigner à son élève l'usage des cartes et la manière de reconnaître les différents objets qu'elles représentent. Beaucoup d'enfants, après avoir reçu plusieurs leçons de géographie, ne savent pas encore distinguer sur leurs cartes les terres de la mer : quelques mots sont entrés dans leur mémoire ; ils les répètent sans les comprendre.

On commencera, en mettant une carte entre les mains de l'élève, par lui montrer quelques contrées, quelques îles ; on lui fera remarquer les lignes qui dessinent le contour des côtes, et ces ombres que les graveurs appellent *les eaux*. L'élève indiquera bientôt lui-même les parties qui représentent les terres et celles qui représentent la mer. On fera précéder d'un exercice semblable l'étude de chacun des chapitres qui commencent par une définition. Ainsi, lorsqu'il s'agira des golfes, en donnant à l'élève la définition de ce mot, on lui montrera le golfe de Bothnie, celui de Riga, le Zuyderzée, etc. ; on lui fera remarquer leur enfoncement dans les terres, et il montrera ensuite lui-même d'autres golfes sur la carte.

Dès que le maître aura enseigné l'usage des cartes, il expliquera la première section de ce livre, intitulée *Notions générales*, et fera faire tous les exercices que nous avons indiqués.

Le maître doit surtout s'attacher à bien faire connaître les points cardinaux. Il ne suffit pas qu'un enfant sache leur position sur la carte; ce serait une connaissance apparente, qui ne lui donnerait aucune intelligence réelle de la situation des divers pays; il faut que partout où il se trouve, dans une chambre ou au milieu d'un champ, dès qu'on lui indique un des points cardinaux, il puisse désigner les trois autres.

Toutes les fois que le maître donnera une nouvelle leçon à ses élèves, il leur montrera soigneusement sur la carte tous les objets relatifs à cette leçon. Jamais il ne leur permettra d'apprendre par cœur un chapitre avant qu'ils l'aient bien étudié sur la carte: c'est le seul moyen de graver dans leur mémoire toutes les positions géographiques.

Les exercices que nous avons placés à la suite des différents chapitres de la première partie, suffiront sans doute pour faire connaître notre méthode d'enseignement, et pour la rendre familière aux maîtres et aux élèves; mais afin que son application ne présente aucune difficulté, nous allons donner sur un de ces chapitres un exemple de leçons, avec tous les développements propres à guider les parents et les instituteurs.

Nous offrirons ensuite deux séries de questions, l'une sur la deuxième partie, l'autre sur la troisième; elles donneront une idée de toutes les questions qu'on peut adresser aux élèves.

Leçon sur la première partie.

Supposons que les *contrées de l'Europe* soient le sujet de la leçon: l'élève, après les avoir étudiées de la manière indiquée plus haut, récite la leçon en montrant sur la carte chacune des contrées et des villes qu'il nomme. On doit aussi lui faire réciter la leçon sans carte, car on ne saurait employer trop de moyens pour la fixer dans sa mémoire. Ensuite on passe aux exercices sur les contrées : l'élève, s'il a bien compris sa leçon, et s'il a bien étudié la carte, trouvera aisément toutes les réponses qu'il doit faire, réponses que nous indiquerons ici.

Le Maître. Qu'est-ce qu'une contrée?

L'Élève. C'est une grande étendue de terre ordinairement soumise au même gouvernement.

Le M. En combien de contrées divise-t-on l'Europe ?

L'Él. En seize contrées, dont quatre au nord, sept au milieu et cinq au sud.

Le M. Montrez la France, l'Espagne, etc.; — Paris, Londres, etc.

L'Élève montre ces contrées ou ces villes sur la carte, à mesure qu'on les nomme.

Le M. Qu'est-ce que la France?

L'Él. C'est une des seize contrées de l'Europe, et une des sept au milieu.

Le M. Qu'est-ce que Paris ?

L'Él. C'est la capitale de la France.

Le M. Quelles sont les contrées qui touchent la France ?

L'Él. Ce sont la Belgique, l'Allemagne, la Suisse, l'Italie et l'Espagne.

On juge aisément que les mêmes questions peuvent être faites sur toutes les contrées et sur toutes les villes dont il est parlé dans la leçon. Avec de jeunes enfants, ces exercices doivent être faits d'abord sur la carte écrite, mais il faut les répéter sur la carte muette. On fait ensuite des interrogations auxquelles les élèves doivent répondre sans voir la carte.

Les questions que nous donnerons pour exemples, sur la différence de longitude et de latitude entre deux villes, seront très-simples ; mais à mesure que les élèves avanceront, on leur en adressera de plus difficiles, et on les accoutumera ainsi à bien remarquer comment les lieux sont placés les uns relativement aux autres.

Parmi les exercices que nous avons indiqués, il en est un dont on retire un très grand fruit, surtout dans l'enseignement individuel : c'est celui qui se fait avec des jetons. Il consiste à placer un jeton sur chaque contrée, sur chaque mer, sur chaque golfe, etc., selon le sujet de la leçon. Ensuite le maître dit à son élève de prendre le jeton qui se trouve sur la France. sur l'Autriche, etc. Il prend lui-même le jeton toutes les fois que l'élève hésite ou se trompe. Cette espèce de jeu rend les leçons plus agréables pour les enfants et excite leur émulation ; car le maître et l'élève comptent à la fin de la leçon le nombre de jetons que chacun a gagnés.

Exemples de questions sur la deuxième partie.

Quelles sont les bornes de l'Europe ?
Quelle est l'étendue de cette partie du monde?
Quel est l'aspect physique de l'Europe?
Quel est le climat de l'Europe ?
L'Europe est-elle fertile ?
Quelles sont ses productions?
Quel était autrefois le nom de l'Angleterre ?
Par quels peuples cette contrée a-t-elle été conquise ?
Quelle est la forme du gouvernement des Iles Britanniques ?
Quelles sont les religions de cette contrée?
D'où viennent les richesses des Anglais ?
Comment divise-t-on l'Angleterre?

Comment divise-t-on l'Irlande?

Quelles sont les villes remarquables de l'Angleterre?

Qu'est-ce que Londres?

Sur quel fleuve est située cette ville?

Quels sont les monuments remarquables de Londres?

Quels grands hommes cette ville a-t-elle produits?

Que remarque-t-on dans la ville d'Oxford?

Où est né Shakspeare?

Dans quelle université professa l'historien Robertson?

Quelle est la ville la plus considérable des Iles Britanniques après Londres?

Quelles sont les rivières qui forment la Tamise?

Quelles sont les villes qui sont situées sur la Tamise?

Quels sont les fleuves qui arrosent les Iles Britanniques?

Quels sont les principaux canaux de l'Angleterre? — de l'Écosse? — de l'Irlande?

Quels sont les principaux lacs de l'Écosse? — de l'Irlande?

Où se trouvent les monts Grampians? — les Moorlands?

Quelle est la plus haute montagne de la Grande-Bretagne?

Quels sont les principaux golfes des Iles Britanniques? — les principaux caps? — les principales îles?

Quelles sont les possessions des Anglais en Asie? — en Afrique? — en Amérique? — dans l'Océanie?

Exemples de questions sur la troisième partie Cosmographie.

Qu'est-ce qu'une ligne droite? — une ligne brisée? — une ligne courbe?

Qu'est-ce qu'un angle ? — un angle droit? — un angle obtus ? — un angle aigu?

Qu'est-ce que le périhélie? — l'aphélie ?

Qu'est-ce que l'univers ?

Comment peut-on diviser les astres?

Comment a-t-on reconnu que la terre est ronde?

Quel est le volume de la terre?

Quel est son aplatissement ?

D'où vient la succession périodique des jours et des nuits?

Géographie physique.

De quel sujet traite la géographie physique?

Comment la surface de la terre est-elle partagée?

Qu'est-ce que les plaines? — les steppes? — les savanes? — les pampas? — les llanos ?

Quels sont les différents noms que l'on donne aux éminences?

Qu'est-ce que les volcans ?

Quelles sont les causes des tremblements de terre?

Quelles sont les diverses sortes de terrains, etc.?

Il ne suffit pas que les élèves apprennent une fois chaque chapitre ; rien ne sort plus promptement de la mémoire que les notions de géographie qui n'ont pas été répétées souvent ; il faut avoir soin de revenir à chaque leçon sur une partie de ce qui a été vu précédemment, et de recommencer les exercices que l'on a déjà faits. Ces fréquentes répétitions sont particulièrement nécessaires pour la première partie, qui est la base de tout notre enseignement géographique.

Tantôt on demande aux élèves le nom de tous les fleuves, de tous les lacs, de toutes les montagnes qu'ils connaissent ; tantôt on leur fait répéter tout ce qu'ils ont appris sur une contrée, sur une mer. On peut, pour ces questions, recourir à la table qui termine ce livre.

Afin que les élèves ne reviennent pas toujours sur les mêmes sujets, et qu'ils revoient toutes les parties de la géographie, on colle sur des jetons les numéros des chapitres qui ont été étudiés; on met ces jetons dans une boîte ou dans un sac, et à chaque leçon les élèves en tirent au hasard un certain nombre, qui font l'objet d'un exercice particulier. Si, par exemple, ils ont tiré le n° 23, ils récitent tout ce qui est relatif aux fleuves de l'Europe, et répondent aux questions qui leur sont adressées sur ce sujet. On trouvera aisément dans le livre le chapitre qui correspond à chaque numéro, et les réponses que l'élève doit donner.

Dans toutes les leçons, les maîtres doivent faire un grand usage des cartes muettes; elles aident la mémoire des élèves, captivent leur attention, et gravent dans leur esprit les positions des divers accidents géographiques. Elles fournissent aussi des sujets de composition : les élèves écrivent de mémoire sur ces cartes les noms des contrées, des fleuves, des lacs, etc., qui s'y trouvent représentés, et cet exercice les conduit au dessin de la carte, travail qui doit compléter les études géographiques, et dont nous avons expliqué les procédés à la fin de la troisième partie.

Nous recommanderons seulement ici de faire commencer les élèves par des cartes ou des parties de cartes très-faciles. On leur demandera d'abord les contours d'une contrée; ils y ajouteront successivement les fleuves, les rivières, les principales villes, les montagnes, etc., et ils arriveront ainsi graduellement au dessin des cartes les plus compliquées. On leur apprendra ensuite à changer les dimensions d'une carte, pour la réduire ou pour l'agrandir, et enfin à tracer les projections.

Tels sont les procédés dont nous nous servons avec succès depuis plusieurs années pour l'enseignement de la géographie. Cependant la forme de notre ouvrage n'exige pas qu'on les emploie exclusivement, et permet l'usage de toute autre méthode. Nous laissons aux professeurs le soin de modifier ces procédés selon qu'ils le jugeront utile dans leurs classes.

Nota. Nous avons publié des cartes murales d'assez grande dimension pour que les élèves puissent distinguer, même de loin, toutes les positions et les accidents géographiques. Ces cartes sont accompagnées d'un questionnaire pour les instituteurs.

Nous publions aussi des *feuilles d'exercices géographiques*, lithographiées sur 1/4 de jésus; ces feuilles sont divisées en trois degrés : 1° cartes muettes complètes; 2° projections des méridiens et des parallèles et contours des côtes; 3° projections des méridiens et des parallèles seulement. Sur les feuilles du premier degré, les élèves écrivent de mémoire les noms des contrées, des villes, des fleuves ou des lacs, etc., qui s'y trouvent représentés; sur les feuilles du 2e degré, ils tracent eux-mêmes les limites des contrées, les cours des fleuves, la direction des chaînes de montagnes; où ils placent les villes, les lacs, etc., et en écrivent les noms. Enfin, sur celles du 3e degré, ils peuvent dessiner eux-mêmes, en entier ou en partie, une carte géographique, sans autre secours que la projection, dont la construction, toujours très-longue, absorberait un temps précieux.

Abréviations et signes employés dans la Nouvelle Géographie méthodique.

cap.	—	capitale.	(′)	—	minute.
ch.-l.	—	chef-lieu.	(″)	—	seconde.
dép.	—	département.	N.	—	nord.
hab.	—	habitants.	S.	—	sud.
h.	—	heure.	E.	—	est.
j.	—	jour.	O.	—	ouest.
kil.	—	kilomètre (*).	N.-E.	—	nord-est.
m.	—	mètre.	N.-O.	—	nord-ouest.
v. pr.	—	ville principale.	S.-E.	—	sud-est.
(°)	—	degré.	S.-O.	—	sud-ouest.

(*) Le kilomètre, qui est à présent d'un usage général, est une longueur de 1,000 mètres; le myriamètre vaut 10 kilomètres; la lieue de poste de deux mille toises valait près de 4 kilomètres; la lieue géographique de 25 au degré équivaut à près de 4 kilomètres et 1/2.

NOUVELLE

GEOGRAPHIE METHODIQUE.

PREMIÈRE PARTIE.

SECTION I.

NOTIONS GÉNÉRALES.

1.

La *Géographie* est la description de la terre.

2.

La *Terre* est ronde; elle a la forme d'un globe ou d'une boule immense.

L'eau couvre les trois quarts de sa surface.

3.

Pour déterminer la position relative des différentes parties de la terre, on a imaginé quatre points qu'on appelle *points cardinaux :* ce sont le *levant*, le *couchant*, le *nord* et le *midi*.

Le levant est le point où le soleil se lève.

Le couchant est le point où le soleil se couche; il est opposé au levant.

Le nord est le point qu'on a devant soi, quand on a le levant à sa droite et le couchant à sa gauche.

Le midi est le point opposé au nord.

Sur les cartes ordinaires le levant est à droite, le couchant à gauche, le nord en haut, et le midi en bas.

Le levant s'appelle aussi *est* ou *orient;*

Le couchant, *ouest* ou *occident;*
Le nord, *septentrion ;*
Et le midi, *sud.*

On suppose quatre points collatéraux entre les points cardinaux; ce sont : le *nord-est,* entre le nord et l'est; le *nord-ouest,* entre le nord et l'ouest; le *sud-est,* entre le sud et l'est; le *sud-ouest,* entre le sud et l'ouest.

Exercices.

Qu'est-ce que la géographie?

Quelle est la forme de la terre?

De quoi est-elle couverte en grande partie?

Qu'est-ce que les points cardinaux?

Qu'est-ce que le levant? — le couchant? — le nord? — le midi?

Où les place-t-on sur la carte?

Nota. On peut ici mettre un jeton sur chacun de ces points, et exercer l'élève à prendre rapidement le jeton du point qu'on lui désigne. Ensuite on place l'élève de manière qu'il ait le levant à sa droite, et on lui dit de montrer les autres points cardinaux.

Quels sont les autres noms du levant?—du couchant?—du nord? — du midi?

Qu'est-ce que le nord-est? — le nord-ouest?— le sud-est?— le sud-ouest?

PARTIES DU MONDE ET CONTINENTS.

4.

La terre se divise en cinq parties, qui sont : l'Europe, l'Asie, l'Afrique, l'Amérique et l'Océanie.

On les appelle les cinq parties du monde.

5.

On appelle *continents* les deux plus vastes étendues de terre qu'on puisse parcourir sans traverser la mer.

Il y a deux continents.

L'Europe, l'Asie et l'Afrique forment l'ancien continent;

L'Amérique forme le nouveau continent.

Exercices.

Comment divise-t-on la terre?

Montrez sur la carte chaque partie du monde.

Mettez un jeton sur chacune de ces parties.

Prenez le jeton qui est sur l'Afrique, — sur l'Asie, etc.

Retournez la carte et indiquez sur la table ou sur un tableau la position des cinq parties du monde.

Quelle est la partie du monde qui se trouve au levant? — au couchant? — au nord? — au sud? — au sud-est?

Quelle est la partie du monde qui touche l'Europe? — l'Afrique? Qu'est-ce qu'un continent? Quelles sont les parties du monde qui composent l'ancien continent? — le nouveau continent?

MERS.

6.

On donne le nom d'*océan* ou de *mer* à la vaste étendue d'eau salée qui couvre les trois quarts du globe.

On appelle encore *mers* diverses parties de l'océan auxquelles on donne des noms particuliers.

7.

On divise l'océan en quatre parties principales : l'océan Atlantique, qui baigne l'Europe, l'Afrique et l'Amérique; le grand Océan, qui baigne l'Amérique, l'Afrique, l'Asie et l'Océanie; l'océan Glacial du nord, qui baigne le nord de l'Europe, de l'Asie et de l'Amérique; et l'océan Glacial du sud, dans lequel on ne connaît aucune terre habitée (1).

Exercices.

Qu'est-ce que l'océan ou la mer? Qu'appelle-t-on encore mers? En combien de parties divise-t-on l'océan? Quelles sont les parties du monde baignées par l'océan Atlantique? — par le grand Océan? — par l'océan Glacial du nord? — par l'océan Glacial du sud?

SECTION II.

EUROPE.

CONTRÉES.

8.

Une *contrée* est une grande étendue de terre, qui est

1) L'océan Glacial du nord et celui du sud s'appellent aussi *mers Glaciales*.

ordinairement soumise au même gouvernement, ou dont les différentes parties sont réunies sous un nom commun.

9.

L'Europe se divise en 16 contrées principales, dont 4 au nord, 7 au milieu et 5 au sud.

10.

Les quatre contrées au nord, sont : 1° les *Iles Britanniques*, dont la capitale est Londres; 2° le *Danemark*, cap. Copenhague; 3° la *Suède*, cap. Stockholm; 4° la *Russie*, cap. Saint-Pétersbourg.

11.

Les sept contrées au milieu sont : 1° la *France*, cap. Paris; 2° la *Belgique*, cap. Bruxelles; 3° la *Hollande*, cap. La Haye; 4° la *Suisse*, villes principales, Bâle, Berne et Genève; 5° l'*Autriche*, cap. Vienne; 6° la *Prusse*, cap. Berlin; 7° les *États secondaires de l'Allemagne*, villes principales, Hambourg, Hanovre, Dresde, Francfort-sur-le-Main, Stuttgard et Munich.

12.

Les cinq contrées au sud, sont : 1° le *Portugal*, cap. Lisbonne; 2° l'*Espagne*, cap. Madrid; 3° l'*Italie*, villes principales, Turin, Milan, Florence, Rome et Naples; 4° la *Turquie*, cap. Constantinople; 5° la *Grèce*, cap. Athènes.

Exercices sur les contrées.

Qu'est-ce qu'une contrée?

En combien de contrées divise-t-on l'Europe?

Montrez la France, — l'Espagne, etc.; — Paris, — Londres, etc.

Qu'est-ce que la France? — l'Autriche? etc.

Qu'est-ce que Paris? —Vienne? — Londres? etc.

Quelles sont les contrées qui touchent la France?

Quelle est la contrée qui borne la France au sud-ouest?—au nord? — à l'est? — au sud-est?

Nota. Mêmes questions pour les autres contrées.

Mettez un jeton sur chaque contrée; prenez le jeton qui est

sur la France, — sur l'Autriche, — sur la Suède, etc.

Montrez ces contrées et ces villes sur la carte muette d'Europe.

De Saint-Pétersbourg ou de Paris, quel est le plus au nord? — De Paris ou de Rome, quel est le plus à l'est? etc.

Nota. L'élève doit répondre à ces questions sans voir la carte.

Montrez dans la salle où vous êtes, de quel côté vous passeriez pour aller à Vienne, — à Madrid, à Londres, etc.

Quelles contrées traverseriez-vous pour aller de France en Prusse? — de Prusse en Italie? etc.

Quelle est la plus grande des contrées de l'Europe? — Quelle est la plus petite?

13.

MER

L'Europe est baignée par 15 mers, dont 3 grandes et 12 petites.

Les 3 grandes sont l'océan Glacial au nord, l'océan Atlantique à l'ouest, et la mer Méditerranée au sud.

Les 12 petites sont : la mer Blanche, formée par l'océan Glacial; la mer Baltique, la mer du Nord ou d'Allemagne, la Manche et la mer d'Irlande, formées par l'océan Atlantique; la mer Adriatique, la mer Ionienne, l'Archipel, la mer de Marmara, la mer Noire et la mer d'Azov, formées par la mer Méditerranée; et la mer Caspienne, qui ne communique à aucune autre mer.

Exercices sur les mers.

Par combien de mers l'Europe est-elle baignée?

Montrez la Méditerranée, — la mer Baltique, — la mer Caspienne, etc.

Quelles sont les petites mers formées par l'Océan? — par la Méditerranée? etc.

Qu'est-ce que la Méditerranée? — l'océan Atlantique? etc.

Nota. Exercice des jetons de même que pour les leçons précédentes.

Quelles sont les contrées que baigne la Méditerranée? — l'océan Glacial? etc.

Quelles sont les mers qui baignent la France? etc.

Quelle est la mer qui baigne l'Espagne à l'est? — à l'ouest? (De même pour les autres contrées.)

Faites les mêmes exercices sur la carte muette et sans carte.

14.

DÉTROITS.

Un *détroit* est une partie de mer resserrée entre deux

terres. Les détroits servent de communication entre deux mers ou deux portions de mer.

Il y a en Europe 16 détroits principaux, dont 9 au nord et 7 au sud.

Les 9 au nord sont : le détroit de Vaigatz, au nord de la Russie; le Skager-rack, le Cattégat, le Sund, le grand Belt et le petit Belt, entre la mer Baltique et la mer du Nord; le Pas-de-Calais, entre l'Angleterre et la France; le canal du Nord et le canal de Saint-Georges, entre la mer d'Irlande et l'océan Atlantique.

Les 7 au sud sont : le détroit de Gibraltar, entre l'Espagne et l'Afrique; le détroit de Bonifacio, entre la Corse et la Sardaigne; le détroit ou phare de Messine, au sud de l'Italie; le canal d'Otrante, entre la mer Ionienne et la mer Adriatique; le détroit des Dardanelles ou de Gallipoli, entre l'Archipel et la mer de Marmara; le détroit de Constantinople, entre la mer de Marmara et la mer Noire; et le détroit d'Iénikalé, entre la mer Noire et la mer d'Azov.

Exercices sur les détroits.

Qu'est-ce qu'un détroit?

Combien y a-t-il de détroits principaux en Europe?

Combien au nord? — au sud?

Montrez le détroit du Sund; — de Constantinople, etc.

Où est situé le détroit de Gibraltar? — le détroit d'Iénikalé? etc.

Quel est le détroit qui est entre l'Angleterre et la France? — entre l'Espagne et l'Afrique? etc.

Montrez ces détroits sur la carte muette.

Indiquez sur la carte toutes les mers et tous les détroits par lesquels vous passeriez pour aller, par mer, d'Azov à Saint-Pétersbourg.

Faites le même exercice sur la carte muette et sans carte.

15.

GOLFES.

Un *golfe* ou une *baie* est une partie de mer qui s'avance dans la terre. On donne ordinairement le nom de baie aux petits golfes.

Les 10 golfes les plus remarquables de l'Europe sont : les golfes de Bothnie, de Finlande, de Riga ou de Livonie, dans la mer Baltique; le Zuiderzée, dans la mer du

Nord; le golfe de Gascogne, dans l'océan Atlantique; les golfes de Lion, de Gênes, dans la mer Méditerranée; les golfes de Tarente et de Lépante, dans la mer Ionienne; et le golfe de Salonique, dans l'Archipel.

Exercices sur les golfes.

Qu'est-ce qu'un golfe ?
Combien y a-t-il de golfes principaux en Europe ?
Montrez sur la carte le golfe de Tarente, — de Bothnie, etc.
Exercice des jetons.
Quels sont les golfes formés par la Méditerranée? — par la mer Baltique ? etc.
Quel est le golfe qui est au midi de la France ? — au nord de l'Espagne? etc.

16.

ILES.

Une *île* est un espace de terre entouré d'eau de tous côtés.

On appelle *groupe d'îles* plusieurs îles rapprochées les unes des autres.

Il y a en Europe 61 îles ou groupes principaux, savoir : 5 dans l'océan Glacial, qui sont : le Spitzberg, la Nouvelle-Zemble, l'île de Vaigatz, l'île Kalgouef et les îles Loffoden.

14 dans l'Océan, dont 3 grandes, qui sont : l'Islande, la Grande-Bretagne et l'Irlande; et 11 petites, qui sont : les îles Féroë, les Shetland, les Orcades, les Hébrides, Ouessant, Groix, Belle-Ile, Noirmoutier, l'Ile-Dieu, l'île de Ré et l'île d'Oléron;

10 dans la Méditerranée, dont trois grandes, qui sont : la Corse, la Sardaigne et la Sicile; 7 petites, qui sont : l'île de Formentéra, Iviça, Majorque, Minorque, l'île d'Elbe, les îles de Lipari et l'île de Malte;

11 dans la mer Baltique, qui sont : Aland, Dago, OEsel, Gothland , Oland , Bornholm , Rugen, Falster, Laland, Séeland et Fionie;

3 dans la mer du Nord : Sylt, Helgoland et le Texel;

3 dans la Manche : Wight, Guernesey et Jersey;

2 dans la mer d'Irlande : Man et Anglesey;

1 groupe dans la mer Adriatique ; ce sont les îles Illyriennes;

6 dans la mer Ionienne : Corfou, Paxo, Sainte-Maure, Théaki, Céphalonie et Zante ;

6 dans l'Archipel : Lemnos, Skiro, Négrepont, les Cyclades, Cérigo et Candie.

Exercices sur les îles.

Qu'est-ce qu'une île? — Qu'est-ce qu'un groupe d'îles ?

Combien y a-t-il d'îles principales en Europe ?

Combien dans l'océan Atlantique? — dans la mer du Nord? etc.

Nommez-les, et montrez-les.

Montrez sur la carte l'île de Vaigatz,— la Nouvelle-Zemble, — la Grande-Bretagne, — l'Ile-Dieu, etc.

Exercice des jetons.

Quelles sont les îles qui sont à l'ouest de la France? — à l'est de la Suède? — au sud de la Sicile? — à l'est de la Corse? — au nord du détroit de Bonifacio? etc.

De l'île de Majorque ou de l'île de Zante, quelle est la plus au nord ? etc.

17.

PRESQU'ÎLES

On appelle *presqu'île* ou *péninsule* un espace de terre presque entouré d'eau, et qui ne tient au continent que d'un seul côté.

Il y a en Europe 6 presqu'îles principales, dont 3 grandes et 3 petites; les 3 grandes sont : la Suède avec la Laponie russe, l'Espagne avec le Portugal, et l'Italie. Les 3 petites sont : le Jutland en Danemark, la Morée ou Péloponnèse en Grèce, et la Crimée en Russie.

Exercices sur les presqu'îles.

Qu'est-ce qu'une presqu'île ?

Combien y a-t-il de presqu'îles principales en Europe ?

Montrez la Morée, — la Suède, etc.

Quelles sont les mers qui entourent la presqu'île d'Espagne et de Portugal, à l'est? — au sud? — à l'ouest? — au nord?

A quelle contrée est jointe cette presqu'île ?

18.

ISTHMES.

Un *isthme* est une partie de terre très-étroite qui joint une presqu'île à une autre terre.

On compte en Europe deux isthmes principaux : l'isthme de Corinthe, qui joint la Morée au continent, et l'isthme de Pérékop, qui joint la Crimée à la Russie.

Exercices sur les isthmes.

Qu'est-ce qu'un isthme ?
Combien compte-t-on d'isthmes principaux en Europe ?
Montrez l'isthme de Corinthe, — de Pérékop.
Quelles sont les contrées et les presqu'îles que joignent ces isthmes ?
Entre quelles mers se trouve l'isthme de Corinthe ? — de Pérékop ?

19.

CAPS.

Un *cap* ou *promontoire* est une éminence de terre qui s'avance dans la mer ; on l'appelle seulement *pointe* ou *bec* quand elle est peu élevée.

Les 11 caps principaux de l'Europe sont : le cap Nord-Kyn, au nord de la Suède ; le cap Mizen, au sud-ouest de l'Irlande ; le cap Land's-End, au sud-ouest de la Grande-Bretagne ; le cap Finisterre, à l'ouest de l'Espagne ; le cap Saint-Vincent, au sud-ouest du Portugal ; le cap Trafalgar, au sud de l'Espagne ; le cap Corse, au nord de la Corse ; le cap Tavalaro ou Teulada, au sud de la Sardaigne ; le cap Passaro, au sud de la Sicile ; le cap Spartivento, au sud de l'Italie ; et le cap Matapan, au sud de la Morée.

Exercices sur les caps.

Qu'est-ce qu'un cap ?
Combien y a-t-il de caps principaux en Europe ?
Montrez le cap Mizen, — le cap Trafalgar, etc.
Dans quel pays et de quel côté se trouve le cap Matapan ? — le cap Nord-Kyn ? etc.
Exercice des jetons.
Quel est le cap qui est au nord de l'Europe ? — au sud de l'Espagne ? etc.

20.

MONTAGNES.

Une *montagne* est une grande élévation de terre.

Une *chaîne de montagnes* est la réunion d'un grand

nombre de montagnes qui occupent une longue étendue.

On compte en Europe 18 chaînes principales, dont 9 grandes et 9 petites.

Les 9 grandes sont : les monts de Kiœlen ou Scandinaves, entre la Suède et la Norvége ; les monts Oural, entre l'Europe et l'Asie ; le Caucase, entre la mer Noire et la mer Caspienne ; les monts Balkan en Turquie ; les monts Karpaths, dans l'empire d'Autriche ; les Alpes, entre l'Italie, la France, la Suisse et l'Allemagne ; les Apennins en Italie ; les Pyrénées entre la France et l'Espagne ; et les monts Ibériens en Espagne.

Les 9 petites sont : les Vosges, les Cévennes et les monts d'Auvergne en France ; le Jura, entre la France et la Suisse ; les monts Cantabres, la Sierra-d'Estrella, la Sierra-d'Ossa ou monts de Tolède, la Sierra-Moréna et la Sierra-Névada en Espagne.

Exercices sur les montagnes.

Qu'est-ce qu'une montagne?

Qu'est-ce qu'une chaîne de montagnes?

Combien y a-t-il de chaînes principales en Europe?

Montrez les Apennins, les Alpes, — le Caucase, etc.

Quelle est la chaîne qui se trouve entre la France et l'Italie? — entre la France et l'Espagne? etc.

21.

VOLCANS.

Un *volcan* est une montagne qui lance, par une large ouverture nommée *cratère*, des tourbillons de flammes, de fumée et de matières fondues.

Les 3 principaux volcans sont : le mont Hékla en Islande ; le mont Vésuve, près de Naples en Italie, et le mont Etna en Sicile.

22.

LACS.

Un *lac* est une étendue d'eau entourée de terre de tous côtés.

Il y a en Europe 23 lacs remarquables, dont 9 dans les

contrées du nord, 7 dans les contrées du milieu, et 7 dans les contrées du sud.

Les 9 dans les contrées du nord sont : les lacs Wéner, Wéter, Mélar en Suède; Saïma, Ladoga, Onéga, Blanc ou Biélo, Ilmen et Péipous en Russie.

Les 7 dans les contrées du milieu sont : les lacs de Neufchâtel, de Genève, de Lucerne, de Zurich, en Suisse; de Constance entre la Suisse et l'Allemagne; de Neusiedel et de Balaton, dans l'empire d'Autriche.

Les 7 dans les contrées du sud sont : les lacs Majeur, de Côme, de Garde, de Pérouse, de Bolséna, et de Célano en Italie; le lac de Zante en Turquie.

Nota. On peut encore regarder comme un lac, la mer *Caspienne*, que l'usage a placée parmi les mers à cause de sa grande étendue.

Exercices sur les lacs.

Qu'est-ce qu'un lac?

Combien y a-t-il de lacs principaux en Europe? — combien dans les contrées du nord? — du milieu? — du sud?

Montrez le lac de Genève, — le lac Saïma, etc.

Exercice des jetons.

Dans quelle contrée se trouve le lac Wéter? — le lac de Zante? etc.

Quels sont les lacs qui se trouvent en Italie? — en Suisse? etc.

Quel est le lac qui est près de Stockholm? — de Saint-Pétersbourg? etc

23.

FLEUVES.

Un *fleuve* est un cours d'eau qui se jette dans la mer.

On appelle *source* le lieu où le fleuve commence, et *embouchure* le lieu où il entre dans la mer.

On compte en Europe 36 fleuves principaux, savoir :

1 qui se jette dans la mer Blanche, c'est la Dvina;

6 qui se jettent dans la mer Baltique, ce sont : la Tornéa, la Néva, la Duna, le Niémen, la Vistule et l'Oder;

6 dans la mer du Nord : l'Elbe, le Wéser, le Rhin, la Meuse, l'Escaut et la Tamise;

1 dans la Manche, c'est la Seine;

10 dans l'Océan : le Shannon, la Severn, la Loire, la Garonne, l'Adour, le Minho, le Douro, le Tage, la Guadiana et le Guadalquivir;

4 dans la Méditerranée : l'Èbre, le Rhône, l'Arno et le Tibre ;

2 dans la mer Adriatique : le Pô et l'Adige ;

3 dans la mer Noire : le Danube, le Dniester, et le Dniéper ;

1 dans la mer d'Azov, c'est le Don ;

Et 2 dans la mer Caspienne : le Volga et l'Oural.

Exercices sur les fleuves.

Qu'est-ce qu'un fleuve ?

Qu'est-ce que la source ? — l'embouchure ?

Combien compte-t-on de fleuves principaux en Europe ?

Montrez la Seine, — le Don, — le Rhin, etc.

Dans quelle mer se jette la Seine ? — le Rhin ? — le Volga ? etc.

Combien y a-t-il de fleuves qui se jettent dans la mer du Nord ? — dans la Méditerranée ? etc.

Dans quelles contrées passe le Danube ? — le Rhône ? etc.

Quel est le fleuve qui passe entre la France et l'Allemagne ? — entre la Suède et la Russie ? etc.

Quels sont les fleuves qui coulent dans la Grande-Bretagne ? — en Espagne ? — en France ? etc.

Quels sont les fleuves qui prennent leur source en Suisse, etc.

24.

RIVIÈRES.

Une *rivière* est un cours d'eau qui se jette dans un fleuve ou dans une autre rivière.

On appelle *confluent* l'endroit où se réunissent deux cours d'eau.

On compte en Europe 30 rivières principales :

Le Bug, qui se jette dans la Vistule ; la Warthe, qui se jette dans l'Oder ; l'Aar, le Necker, le Main et la Moselle, qui se jettent dans le Rhin ; la Sambre, qui se jette dans la Meuse ; l'Yonne, la Marne et l'Oise, qui se jettent dans la Seine ; l'Allier, le Cher, la Vienne et la Mayenne, qui se jettent dans la Loire ; le Tarn, le Lot et la Dordogne, qui se jettent dans la Garonne ; la Saône, l'Isère et la Durance, qui se jettent dans le Rhône ; le Tésin, qui se jette dans le Pô ; l'Isar, l'Inn, la Drave, la Save, la Theiss et le Pruth, qui se jettent dans le Danube ; la Bérézina et le Pripet, qui se jettent dans le Dniéper ; et la Kama, qui se jette dans le Volga.

Exercices sur les rivières.

Qu'est-ce qu'une rivière?
Qu'est-ce que le confluent?
Combien y a-t-il de rivières principales en Europe?
Montrez l'Yonne, — l'Oise, etc.
Quelles sont les rivières qui se jettent dans la Garonne? — dans le Danube? etc.
Dans quel fleuve se jette le Pruth? — dans quelle contrée passe-t-il?
Quelles sont les rivières qui arrosent la France? — l'Italie? etc.

SECTION III.

DIVISIONS DES CONTRÉES DE L'EUROPE.

CONTRÉES DU NORD.

25.

ILES BRITANNIQUES.

On divise les Iles Britanniques en 4 parties, qui sont :

1° L'Angleterre, capitale Londres; villes principales, Newcastle, York, Liverpool, Manchester, Birmingham et Bristol;

2° L'Écosse, cap. Édimbourg; v. pr. Aberdeen, Dundée et Glasgow;

3° L'Irlande, cap. Dublin; v. pr. Limerick et Cork;

4° Les Iles, dont les principales sont : les Shetland, les Orcades et les Hébrides, dans l'océan Atlantique; Man et Anglesey, dans la mer d'Irlande; Helgoland, dans la mer du Nord; Wight, Guernesey et Jersey, dans la Manche.

Nota. Malte, dans la Méditerranée; les îles de la mer Ionienne, savoir : Corfou, Paxo, Sainte-Maure, Théaki, Céphalonie, Zante; l'île Cérigo dans l'Archipel, et la ville de Gibraltar, près du détroit de ce nom, appartiennent à l'Angleterre.

26.

DANEMARK.

Le Danemark se divise en 3 parties, qui sont : 1° le JUTLAND, v. pr. Viborg et Sleswig;

2° Les provinces qui font partie de la confédération germanique, savoir : le duché de HOLSTEIN, v. pr. Kiel et Altona; et le duché de LAUENBOURG, cap. Lauenbourg;

3° Les ILES, savoir : dans la mer Baltique, l'île de Séeland, cap. Copenhague; l'île de Fionie, cap. Odensée; et les îles de Laland, de Falster, de Bornholm; dans la mer du Nord, l'île de Sylt; dans l'Océan, l'Islande, cap. Reikiavik, et les îles Féroë.

27.

SUÈDE.

La Suède comprend 3 parties : 1° le royaume de SUÈDE, cap. Stockholm;

2° Le royaume de NORVÉGE, cap. Christiania

3° Les ILES Gothland et Oland, dans la mer Baltique, et les îles Loffoden, sur les côtes de la Norvége.

28.

RUSSIE.

On peut diviser l'empire de Russie en 5 parties : 1° LA PARTIE DU NORD, qui comprend 14 gouvernements, dont les v. pr. sont Saint-Pétersbourg, Helsingfords, Arkhangel, Vologda, Novgorod, Rével, Riga, Tver, et Iaroslav;

2° LA PARTIE DU MILIEU, qui comprend 19 gouvernements, dont les v. pr. sont Moscou, Vilna, Smolensk, Toula, Kasan et Orenbourg;

3° LA PARTIE DU SUD, qui comprend 20 gouvernements, dont les v. pr. sont Poltava, Kiev, Bender, Odessa, Caffa, Sévastopol et Astracan;

4° Le royaume de POLOGNE, qui a pour cap. Varsovie;

5° LES ÎLES : dans la mer Glaciale, le Spitzberg, la

Nouvelle-Zemble, Vaigatz et Kalgouef; dans la mer Baltique, les îles d'Aland, de Dago et d'OEsel.

Exercices sur les contrées du nord.

Comment divise-t-on le Danemark?

Quelles sont les provinces qui dépendent de la confédération germanique?

Quelles sont les îles qui appartiennent au Danemark?

Qu'est-ce que Viborg? — Copenhague? etc.

Montrez Reikiavik, — Odensée, — le duché de Lauenbourg, etc.

Qu'est-ce que le Jutland? etc.

Combien y a-t-il de provinces au midi de la Russie? — au nord? etc.

Quelles sont les villes principales du nord? — du milieu? etc.

Montrez Arkhangel, — Moscou, — Odessa, etc.

Qu'est-ce que Stockholm? — Kiev? etc.

Près de quel lac se trouve Novgorod?

Quel est le fleuve qui passe à Riga? — à Iaroslav? — à Astracan? etc.

Sur quelle mer est Arkhangel? — Helsingfords? etc.

Quelle est la chaîne de montagnes qui est entre la Suède et la Norvége? etc.

Quel est le cap qui est au nord de la Suède? etc.

Quelle est la ville qui est le plus au nord de Révél ou de Moscou?

Quelle est la ville qui est le plus au levant d'Arkhangel ou d'Astracan?

Nota. On fera bien de questionner en même temps les élèves sur les fleuves, les montagnes, les lacs, et en général sur tout ce qu'ils ont appris de relatif à chaque contrée.

CONTRÉES DU MILIEU DE L'EUROPE.

29.

FRANCE.

Anciennes divisions.

On partageait autrefois la France en 33 gouvernements ou provinces, dont 6 au nord, 6 à l'est, 7 au sud, 6 à l'ouest et 8 au milieu.

Les 6 au nord étaient : la Flandre, capitale Lille; l'Artois, cap. Arras; la Picardie, cap. Amiens; la Normandie, cap. Rouen; l'Ile-de-France, cap. Paris; et la Champagne, cap. Troyes.

Les 6 à l'est étaient : la Lorraine, cap. Nancy; l'Alsace, cap. Strasbourg; la Franche-Comté, cap. Besançon; la Bourgogne, cap. Dijon; le Lyonnais, cap. Lyon; et le Dauphiné, cap. Grenoble.

Les 7 au sud étaient : la Provence, cap. Aix; le Languedoc, cap. Toulouse; le Roussillon, cap. Perpignan; le comté de Foix, cap. Foix; la Guyenne et la Gascogne, cap. Bordeaux; le Béarn, cap. Pau; et l'île de Corse, cap. Bastia.

Les 6 à l'ouest étaient : la Saintonge et l'Angoumois, cap. Saintes et Angoulême; l'Aunis, cap. la Rochelle; le Poitou, cap. Poitiers; la Bretagne, cap. Rennes; l'Anjou, cap. Angers; et le Maine, cap. le Mans.

Les 8 au milieu étaient : l'Orléanais, cap. Orléans; la Touraine, cap. Tours; le Berry, cap. Bourges; le Nivernais, cap. Nevers; le Bourbonnais, cap. Moulins; la Marche, cap. Guéret; le Limousin, cap. Limoges; et l'Auvergne, cap. Clermont-Ferrand.

30.

DÉPARTEMENTS DE LA FRANCE.

On divise actuellement la France en 86 départements; 85 sont formés des anciennes provinces; le quatre-vingt-sixième a été réuni à la France en 1791.

31.

Départements formés des 6 provinces du nord (1).

1° La Flandre forme le département du *Nord*, ch.-l. Lille; v. pr. Dunkerque, Douay, Valenciennes et Cambray.

2° L'Artois forme le département du *Pas-de-Calais*, ch.-l. Arras; v. pr. Calais, Boulogne, Saint-Omer et Aire.

3° La Picardie forme le département de la *Somme*, ch.-l. Amiens; v. pr. Abbeville.

4° La Normandie forme 5 départements : le dép. de la

(1) Lorsque des démembrements de plusieurs provinces forment un département, nous le regardons comme appartenant à la province où son chef-lieu se trouvait placé.

Seine-Inférieure, ch.-l. Rouen; v. pr. Dieppe, Yvetot, le Havre et Elbeuf; le dép. de l'*Eure*, ch.-l. Evreux; v. pr. Louviers; le dép. du *Calvados*, ch.-l. Caen; v. pr. Bayeux, Honfleur, Lisieux, Falaise, Vire; le dép. de la *Manche*, ch.-l. Saint-Lô; v. pr. Cherbourg, Coutances, Granville; le dép. de l'*Orne*, ch.-l. Alençon; v. pr. Séez.

5° L'Ile-de-France forme 5 départements : le dép. de la *Seine*, ch.-l. Paris; v. pr. Saint-Denis; le dép. de *Seine-et-Oise*, ch.-l. Versailles, v. pr. Pontoise, Saint-Germain, Étampes; le dép. de *Seine-et-Marne*, ch.-l. Melun; v. pr. Meaux et Fontainebleau; le dép. de l'*Oise*, ch.-l. Beauvais; v. pr. Compiègne et Senlis; le dép. de l'*Aisne*, ch.-l. Laon; v. pr. Saint-Quentin, la Fère, Soissons et Château-Thierry.

6° La Champagne forme 4 départements : le dép. de l'*Aube*, ch.-l. Troyes; le dép. de la *Haute-Marne*, ch.-l. Chaumont; v. pr. Bourbonne-les-Bains et Langres; le dép. de la *Marne*, ch.-l. Châlons; v. pr. Reims, Épernay, Vitry-le-Français; le dép. des *Ardennes*, ch.-l. Mézières; v. pr. Rocroy et Sedan.

32.

Départements formés des 6 provinces de l'est.

1° La Lorraine forme 4 départements : le dép. de la *Meurthe*, ch.-l. Nancy; v. pr. Pont-à-Mousson, Toul et Lunéville; le dép. de la *Moselle*, ch.-l. Metz; v. pr. Thionville; le dép. de la *Meuse*, ch.-l. Bar-le-Duc; v. pr. Verdun; le dép. des *Vosges*, ch.-l. Épinal; v. pr. Saint-Dié et Plombières.

2° L'Alsace forme 2 départements : le dép. du *Bas-Rhin*, ch.-l. Strasbourg; v. pr. Weissembourg et Schelestadt; le dép. du *Haut-Rhin*, ch.-l. Colmar; v. pr. Mulhausen et Belfort.

3° La Franche-Comté forme 3 départements : le dép. du *Doubs*, ch.-l. Besançon; v. pr. Montbelliard et Pontarlier; le dép. de la *Haute-Saône*, ch.-l. Vesoul; v. pr. Gray; le dép. du *Jura*, ch.-l. Lons-le-Saulnier; v. pr. Dôle et Saint-Claude.

4° La Bourgogne forme 4 départements : le dép. de la

Côte-d'Or, ch.-l. Dijon; v. pr. Beaune et Auxonne; le dép. de l'*Yonne*, ch.-l. Auxerre; v. pr. Sens et Joigny; le dép. de *Saône-et-Loire*, ch.-l. Mâcon; v. pr. Autun et Châlons-sur-Saône; le dép. de l'*Ain*, ch.-l. Bourg; v. pr. Belley.

5° Le LYONNAIS forme 2 départements : le dép. du *Rhône*, ch.-l. Lyon; v. pr. Tarare; le dép. de la *Loire*, ch.-l. Montbrison; v. pr. Roanne et Saint-Étienne.

6° Le DAUPHINÉ forme 3 départements : le dép. de l'*Isère*, ch.-l. Grenoble; v. pr. Vienne; le dép. de la *Drôme*, ch.-l. Valence; v. pr. Montélimar; le dép. des *Hautes-Alpes*, ch.-l. Gap; v. pr. Briançon.

33.

Départements formés des 7 provinces du sud.

1° La PROVENCE forme 3 départements : le dép. des *Bouches-du-Rhône*, ch.-l. Marseille; v. pr. Tarascon, Arles et Aix; le dép. des *Basses-Alpes*, ch.-l. Digne; v. pr. Sisteron; le dép. du *Var*, ch.-l. Draguignan; v. pr. Grasse, Antibes, Fréjus et Toulon.

2° Le LANGUEDOC forme 8 départements : le dép. de la *Haute-Garonne*, ch.-l. Toulouse; le dép. du *Tarn*, ch.-l. Alby; v. pr. Gaillac, Lavaur et Castres; le dép. de l'*Aude*, ch.-l. Carcassonne; v. pr. Castelnaudary et Narbonne; le dép. de l'*Hérault*, ch.-l. Montpellier; v. pr. Lodève, Béziers, Cette et Lunel; le dép. du *Gard*, ch.-l. Nîmes; v. pr. Pont-Saint-Esprit, Alais, Uzès et Beaucaire; le dép. de la *Lozère*, ch.-l. Mende; le dép. de la *Haute-Loire*, ch.-l. le Puy; v. pr. Yssengeaux; le dép. de l'*Ardèche*, ch.-l. Privas; v. pr. Annonay et Viviers.

3° Le ROUSSILLON forme 1 département, celui des *Pyrénées-Orientales*, ch.-l. Perpignan.

4° Le COMTÉ DE FOIX forme 1 département, celui de l'*Ariége*, ch.-l. Foix; v. pr. Pamiers.

5° Le BÉARN forme 1 département, celui des *Basses-Pyrénées*, ch.-l. Pau; v. pr. Bayonne, Orthès, Oloron.

6° La GUYENNE et la GASCOGNE forment 9 départements : le dép. de la *Gironde*, ch.-l. Bordeaux; v. pr. Blaye, Bourg-du-Bec-d'Ambez et Libourne; le dép. de la *Dordogne*, ch.-l. Périgueux; v. pr. Bergerac; le dép. de *Lot-et-Garonne*, ch.-l. Agen; v. p. Marmande, Villeneuve-d'Agen et Nérac; le dép. du *Lot*, ch.-l. Cahors; v. pr. Figeac; le dép. de l'*Aveyron*, ch.-l. Rodez; v. pr. Milhau; le dép. de *Tarn-et-Garonne*, ch.-l. Montauban; v. pr. Moissac, Castel-Sarrasin; le dép. des *Landes*, ch.-l. Mont-de-Marsan, v. p. Saint-Sever et Aire; le dép. du *Gers*, ch.-l. Auch; v. pr. Condom et Lectoure; le dép. des *Hautes-Pyrénées*, ch.-l. Tarbes; v. p. Bagnères et Baréges.

7° La CORSE forme 1 département, celui de la *Corse*, ch.-l. Ajaccio; v. pr. Bastia et Bonifacio.

34.

Départements formés des 6 provinces de l'ouest.

1° L'ANGOUMOIS forme 1 département, celui de la *Charente*, ch.-l. Angoulême; v. pr. Cognac.

2° L'AUNIS et la SAINTONGE forment un departement, celui de la *Charente-Inférieure*, ch.-l. la Rochelle; v. pr. Rochefort et Saintes.

3° Le POITOU forme 3 départements : le dép. de la *Vienne*, ch.-l. Poitiers; v. pr. Châtellerault; le dép. des *Deux-Sèvres*, ch.-l. Niort; le dép. de la *Vendée*, ch.-l. Bourbon-Vendée; v. pr. les Sables, Fontenay et Luçon.

4° La BRETAGNE forme 5 départements : le dép. d'*Ille-et-Vilaine*, ch.-l. Rennes; v. pr. Saint-Malo, Saint-Servan, Fougères et Vitré; le dép. des *Côtes-du-Nord*, ch.-l. Saint-Brieuc; v. pr. Dinan; le dép. du *Finistère*, ch.-l. Quimper; v. pr. Morlaix et Brest; le dép. du *Morbihan*, ch.-l. Vannes; v. pr. Lorient et Port-Louis; le dép. de la *Loire-Inférieure*, ch.-l. Nantes; v. pr. le Croisic et Paimbœuf.

5° L'ANJOU forme 1 département, celui de *Maine-et-Loire*, ch.-l. Angers; v. pr. Saumur.

6° Le MAINE forme 2 départements : le dép. de la *Sarthe*, ch.-l. le Mans, v. pr. la Flèche; le dép. de la *Mayenne*, ch.-l. Laval; v. pr. Mayenne et Château-Gonthier.

35.

Départements formés des 8 provinces du milieu.

1° L'ORLÉANAIS forme 3 départements : le dép. du *Loiret*, ch.-l. Orléans; v. pr. Montargis; le dép. d'*Eure-et-Loir*, ch.-l. Chartres; v. pr. Dreux, Nogent-le-Rotrou et Châteaudun; le dép. de *Loir-et-Cher*, ch.-l. Blois; v. pr. Vendôme.

2° La TOURAINE forme 1 département : celui d'*Indre-et-Loire*, ch.-l. Tours; v. pr. Chinon.

3° Le BERRY forme 2 départements : le dép. du *Cher*, ch.-l. Bourges; v. pr. Saint-Amand; le dép. de l'*Indre*, ch.-l. Châteauroux; v. pr. Issoudun.

4° Le NIVERNAIS forme 1 département : celui de la *Nièvre*, ch.-l. Nevers; v. pr. Cosne.

5° Le BOURBONNAIS forme 1 département : celui de l'*Allier*, ch.-l. Moulins; v. pr. Vichy.

6° La MARCHE forme 1 département : celui de la *Creuse*, ch.-l. Guéret; v. p. Aubusson.

7° Le LIMOUSIN forme 2 départements : le dép. de la *Haute-Vienne*, ch.-l. Limoges; v. pr. Saint-Yrieix; le dép. de la *Corrèze*, ch.-l. Tulle; v. pr. Brives.

8° L'AUVERGNE forme 2 départements : le dép. du *Puy de-Dôme*, ch.-l. Clermont-Ferrand; v. pr. Riom, Thiers, Issoire et Ambert; le dép. du *Cantal*, ch.-l. Aurillac; v. pr. Saint-Flour.

Le COMTAT D'AVIGNON, réuni à la France en 1791, forme 1 département : celui de *Vaucluse*, ch.-l. Avignon; v. pr. Orange et Carpentras.

Exercices sur la France.

Comment divisait-on anciennement la France?

Quelles étaient les provinces à l'ouest? — au sud? etc.

Quelle était la capitale de l'Alsace? — de la Franche-Comté? — du Dauphiné? etc.

Qu'était-ce que la Bourgogne? — l'Ile-de-France? — l'Orléanais? etc.

Qu'était-ce que Bordeaux? — Aix? etc.

Comment divise-t-on maintenant la France?

Quels sont les départements formés de l'ancienne Normandie? — de la Bretagne? — du Nivernais? etc.

Quel est le chef-lieu du département de la Gironde? — des Hautes-Pyrénées? — des Basses-Alpes? — du Bas-Rhin? etc.

Quelles sont les villes principales du département de la Manche? — du Tarn? — du Nord? etc.

Qu'est-ce que Marseille? — Toulouse? — Nantes? — Rouen? — Lille? — Orléans? etc.

D'où vient le nom du département de la Seine? — des Hautes-Pyrénées? — de la Manche? etc.

Quels sont les départements auxquels la Loire a donné son nom?

Quels sont ceux qui tirent leur nom des Pyrénées? — des Alpes? — du Rhin? etc.

Quels sont les départements baignés par la Méditerranée? — par la Manche? etc.

Quels sont ceux qui touchent l'Espagne? — l'Italie? etc.

Quels sont les départements qui entourent le département du Loiret? — de la Seine? — du Cher? — des Bouches-du-Rhône? etc.

Quelle est la ville le plus au nord de Marseille ou de Toulouse? — de Paris ou de Rouen? etc.

Quelle est celle qui est le plus à l'est de Bordeaux ou de Brest? — de Strasbourg ou de Marseille? etc.

Quel est le fleuve qui passe à Tours? — à Nantes? — à Toulouse? etc.

36.

BELGIQUE.

La Belgique se divise en 9 provinces : la *Flandre occidentale*, ch.-l. Bruges; la *Flandre orientale*, ch.-l. Gand; *Anvers* (1); le *Brabant méridional*, ch.-l. Bruxelles; le *Hainaut*, ch.-l. Mons; *Liége; Namur;* le *Limbourg belge*, ch.-l. Hasselt; et le *Luxembourg belge*, ch.-l. Arlon.

36 (*bis.*)

HOLLANDE.

La Hollande se divise en 11 provinces : la *Hollande méridionale*, ch.-l. la Haye, v. pr. Leyde; la *Hollande septentrionale;* v. pr. Amsterdam et Harlem; la *Frise*, ch.-l. Leeuwarden; *Groningue; Drenthe*, ch.-l. Assen; *Over-Yssel*, ch.-l. Zwolle; *Gueldre*, ch.-l. Arnheim; *Utrecht;* le *Brabant septentrional*, ch.-l. Bois-le-Duc; la *Zélande*, ch.-l. Middelbourg; le *Limbourg hollandais*, ch.-l. Maëstricht.

(1) Lorsqu'une province porte le nom de son chef-lieu, nous ne répétons pas le nom de celui-ci.

Le roi de Hollande possède aussi la partie orientale du grand-duché de *Luxembourg*, qui fait partie de la Confédération Germanique.

37.

SUISSE.

La Suisse est divisée en 22 cantons, dont 6 au nord, 4 à l'est, 2 au sud, 5 à l'ouest, et 5 au milieu.

Les 6 au nord sont : Bâle; Soleure; Argovie, ch.-l. Arau; Zurich; Thurgovie, ch.-l. Frauenfeld; et Schaffhouse.

Les 4 à l'est sont : Saint-Gall; Appenzell; Glaris; et les Grisons, ch.-l. Coire.

Les 2 au sud sont : le Tésin, ch.-l. Bellinzona; et le Valais, ch.-l. Sion.

Les 5 à l'ouest sont : Berne; Neufchâtel; Fribourg; Vaud, ch.-l. Lausanne; et Genève.

Les 5 au milieu sont : Zug; Lucerne; Schwitz; Underwald, ch.-l. Stanz; et Uri, ch.-l. Altorf.

38.

AUTRICHE.

On divise l'empire d'Autriche en 13 provinces, savoir : 6 qui font partie de la Confédération Germanique, ce sont : 1° l'archiduché d'*Autriche*, cap. Vienne; v. princip. Linz et Salzbourg; 2° la *Styrie*, cap. Gratz; 3° l'*Illyrie*, cap. Laybach; 4° le *Tyrol*, cap. Inspruck; 5° le royaume de *Bohême*, cap. Prague; 6° la *Moravie*, cap. Brunn; v. pr. Olmutz;

7 qui ne font pas partie de la Confédération, ce sont : 1° la *Gallicie*, cap. Lemberg; 2° le royaume de *Hongrie*, cap. Bude; v. pr. Presbourg et Pesth; 3° la *Transylvanie*; v. pr. Klausenbourg et Hermanstadt; 4° la *Sclavonie*, cap. Eszek; v. pr. Péterwardein; 5° la *Croatie*, cap. Agram; 6° la *Dalmatie*, cap. Zara; 7° le royaume *Lombard-Vénitien*, cap. Milan. Cette dernière partie est en Italie.

39.

PRUSSE.

Le royaume de Prusse comprend 2 parties principales : 1° les provinces dans la Confédération Germanique; 2° les provinces hors de la Confédération.

Les 6 provinces dans la Confédération sont : 1° le *Brandebourg*, cap. Berlin ; v. pr. Potsdam, Custrin et Francfort-sur-l'Oder ; 2° la *Poméranie*, cap. Stettin ; v. pr. Stralsund ; 3° la province de *Saxe*, cap. Magdebourg ; 4° la *Silésie*, cap. Breslau ; 5° la *Westphalie*, cap. Munster ; 6° la *province Rhénane*, qui comprend le duché de *Clèves* et *Berg*, cap. Cologne ; v. pr. Clèves, Wésel, Dusseldorff et Bonn ; et le duché du *Bas-Rhin*, cap. Coblentz ; v. pr. Aix-la-Chapelle et Trèves.

Les 2 provinces hors de la Confédération sont : 1° la *Prusse orientale*, cap. Kœnigsberg, v. pr. Dantzig ; 2° le grand-duché de *Posen*, cap. Posen.

40.

ÉTATS SECONDAIRES DE L'ALLEMAGNE.

Ces États forment, avec une partie de la Prusse et de l'Autriche, la CONFÉDÉRATION GERMANIQUE OU ALLEMAGNE.

Les États secondaires sont au nombre de 38, dont les principaux sont : 1° 4 royaumes : le *Hanovre*, cap. Hanovre; v. pr. Embden, Lunebourg, Osnabruck et Gœttingue; la *Saxe*, cap. Dresde ; v. pr. Leipzig ; la *Bavière*, cap. Munich ; v. pr. Wurtzbourg, Nuremberg, Ratisbonne et Augsbourg ; le *Wurtemberg*, cap. Stuttgard, v. pr. Ulm ;

2° Une principauté : la *Hesse électorale*, cap. Cassel ;

3° 7 grands-duchés, savoir : *Meklenbourg-Schwérin*, cap. Schwérin ; *Meklenbourg-Strélitz*, cap. Strélitz ; *Oldenbourg*, cap. Oldenbourg ; *Saxe-Weimar*, cap. Weimar ; *Hesse-Darmstadt*, cap. Darmstadt ; v. pr. Mayence ; *Bade*, cap. Carlsruhe ; v. pr. Baden ; *Luxembourg*, cap. Luxembourg ;

4° 5 duchés : celui de *Holstein*, cap. Kiel ; v. pr. Altona; de *Lauenbourg*, cap. Lauenbourg; de *Brunswick*, cap. Brunswick; de *Saxe-Cobourg-Gotha*, v. pr. Gotha et Cobourg; de *Nassau*, cap. Wiesbaden;

5° 4 villes libres : *Lubeck, Hambourg, Brême* et *Francfort-sur-le-Main*.

CONTRÉES DU MIDI DE L'EUROPE.

41.

PORTUGAL.

Le Portugal est divisé en 6 provinces : la province entre *Douro et Minho*, cap. Braga; v. pr. Porto; *Tras-os-Montès*, cap. Bragance; *Béira*, cap. Coimbre; l'*Estramadure*, cap. Lisbonne; l'*Alentéjo*, cap. Évora; et l'*Algarve*, v. pr. Lagos, Faro et Tavira.

42.

ESPAGNE.

On peut diviser l'Espagne en 14 parties, dont 4 au nord, 4 au milieu, 2 au sud, et 4 à l'est.

Les 4 au nord sont : la *Gallice*, cap. Santiago de Compostelle; les *Asturies*, cap. Oviédo; les *provinces Basques*, cap. Bilbao; et la *Navarre*, cap. Pampelune.

Les 4 au milieu sont : le royaume de *Léon*, cap. Léon; la *Vieille-Castille*, cap. Burgos; la *Nouvelle-Castille*, cap. Madrid; l'*Estramadure*, cap. Badajoz.

Les 2 au midi sont : l'*Andalousie*, v. pr. Séville, Cadix, Cordoue, Jaën, Grenade et Malaga; le royaume de *Murcie*, cap. Murcie.

Les 4 à l'est sont : l'*Aragon*, cap. Saragosse; la *Catalogne*, cap. Barcelone; le royaume de *Valence*, cap. Valence; et les îles *Baléares*, cap. Palma.

43.

ITALIE.

L'Italie est divisée en 8 États, dont 5 grands et 3 petits.

Les 5 grands sont : les États du roi de *Sardaigne*, cap. Turin ; v. pr. Chambéry, Gênes et Cagliari ; le royaume *Lombard-Vénitien*, cap. Milan ; v. pr. Venise, Padoue, Vérone et Mantoue ; le grand-duché de *Toscane*, cap. Florence ; v. pr. Livourne ; les *États de l'Église*, cap. Rome ; v. pr. Ferrare, Bologne, Ravenne et Ancône ; le royaume des *Deux-Siciles*, cap. Naples ; v. pr. Tarente, Palerme, Messine, Catane et Syracuse.

Les 3 petits États sont : le duché de *Parme*, cap. Parme ; v. pr. Plaisance ; le duché de *Modène*, cap. Modène ; v. pr. Reggio ; le duché de *Lucques*, cap. Lucques.

44.

TURQUIE.

On peut diviser la Turquie en 8 provinces, dont 5 au nord et 3 au midi ; les 5 au nord sont : la *Moldavie*, cap. Iassi ; la *Valachie*, cap. Bukarest ; la *Bulgarie*, cap. Sophie ; la *Servie*, v. pr. Belgrade et Sémendria ; et la *Bosnie*, cap. Bosna-Séraï.

Les 3 au midi sont : la *Romélie*, cap. Constantinople ; v. pr. Andrinople et Salonique ; l'*Albanie*, cap. Ianina ; la *Thessalie* v. pr. Larisse.

44 (*bis*).

GRÈCE.

La Grèce se divise en 10 départements : 1° *Attique* et *Béotie*, ch.-l. Athènes ; 2° *Phocide* et *Locride*, ch.-l. Salone ; 3° *Acarnanie* et *Étolie*, ch.-l. Vrachori ; 4° *Achaïe* et *Élide*, ch.-l. Patras ; 5° *Argolide* et *Corinthie*, ch.-l. Nauplie ou Napolie ; 6° *Arcadie*, ch.-l. Tripolitza ; 7° *Messénie*, ch.-l. Arkadia ; 8° *Laconie*, ch.-l. Mistra ; 9° *Eubée*, ch.-l. Chalcis ou Négrepont, 10° *Cyclades*, ch.-l. Hermopolis.

SECTION IV.

ASIE.

45.

CONTRÉES.

On peut diviser l'Asie en 11 contrées principales, dont 1 au nord, c'est la *Sibérie*, ou *Russie d'Asie*, cap. Tobolsk;

4 au milieu : la *Turquie d'Asie*, v. pr. Smyrne, Alep, Damas, Jérusalem, Bagdad; le *Turkestan* ou *Tartarie indépendante*, v. pr. Boukhara, Samarkand et Khiva; la *Chine*, cap. Péking; et le *Japon*, cap. Yédo;

6 au midi, qui sont : l'*Arabie*, v. pr. la Mecque; la *Perse*, cap. Téhéran; l'*Afghanistan*, cap. Caboul; le *Bélouchistan*, cap. Kélat; l'*Hindoustan*, v. pr. Calcutta, Délhy, Pounah et Cachemyr; et l'*Indo-Chine*, ou *presqu'île au delà du Gange*, v. pr. Oummérapoura, Ava. Hué, Saigon, Bankok, Malacca.

46.

MERS.

L'Asie est baignée par 13 mers, dont 4 grandes et 9 petites.

Les 4 grandes sont : l'océan Glacial au nord, la mer Méditerranée à l'ouest, la mer des Indes au sud, et le Grand-Océan à l'est.

Les 9 petites sont : la mer Caspienne, la mer Noire, la mer de Marmara et l'Archipel à l'ouest; la mer de la Chine, la mer Jaune, la mer du Japon, la mer d'Okhotsk et la mer de Béhring à l'est.

47.

DÉTROITS.

On remarque 9 détroits principaux en Asie : à l'ouest, les détroits de Constantinople et des Dardanelles, entre la Turquie d'Europe et la Turquie d'Asie ; au sud, le détroit de Bab-el-Mandeb, entre l'Arabie et l'Afrique; le détroit d'Ormus, entre l'Arabie et la Perse; le détroit de Palk, au sud de l'Hindoustan; le détroit de Malacca, au sud de l'Indo-Chine; à l'est, le détroit de Corée, entre la Chine et le Japon; la Manche de Tartarie, entre l'île de Tchoka et la Chine, et le détroit de Béhring, entre l'Asie et l'Amérique.

48.

GOLFES.

Il y a 10 golfes principaux en Asie, savoir : au sud, le golfe Arabique ou mer Rouge, le golfe Persique, le golfe d'Oman et le golfe du Bengale, formés par la mer des Indes ; à l'est, le golfe de Siam et le golfe du Tonkin, formés par la mer de la Chine; le golfe de Petchili, formé par la mer Jaune; le golfe du Kamtchatka, formé par la mer d'Okhotsk ; le golfe d'Anadyr, formé par la mer de Béhring; et au nord, le golfe de l'Obi, formé par l'océan Glacial.

49.

ÎLES.

On compte en Asie 18 îles ou groupes remarquables, savoir : 3 dans la Méditerranée, qui sont les Sporades, Rhodes et Chypre; 1 dans le golfe Persique, ce sont les îles Bahréin; 6 dans la mer des Indes, Bombay, les Laquedives, les Maldives, Ceylan, les îles Andaman, et les îles Nicobar ; 2 dans la mer de la Chine, Haïnan et Macao; 5 dans le Grand-Océan, Formose, les Lieou-Kieou, les îles du Japon, l'île de Tchoka ou Tarakaï, et les Kouriles ; 1 dans l'océan Glacial du nord, les îles Liakof ou Nouvelle-Sibérie.

50.

PRESQU'ÎLES.

On remarque en Asie 8 presqu'îles, dont 4 grandes et 4 petites.

Les 4 grandes sont : l'Anatolie, en Turquie; l'Arabie; le midi de l'Hindoustan, et l'Indo-Chine.

Les 4 petites sont : le Guzarate, à l'ouest de l'Hindoustan; la presqu'île de Malacca, au sud de l'Indo-Chine; la Corée, à l'est de la Chine; et le Kamtchatka, à l'est de la Sibérie.

51.

CAPS.

Les 7 principaux caps de l'Asie sont : le cap Baba, à l'ouest de la Turquie d'Asie; le cap Bab-el-Mandeb, et le cap Rasalgate, au sud de l'Arabie; le cap Comorin, au sud de l'Hindoustan; le cap Romania, au sud de la presqu'île de Malacca; le cap Oriental, à l'est de la Sibérie; et le cap Septentrional, au nord de la même contrée.

52.

MONTAGNES.

Les 14 principales chaînes de montagnes de l'Asie sont: le Caucase, entre la mer Noire et la mer Caspienne; les monts Oural, entre la Russie d'Europe et la Sibérie; l'Altaï et les monts Stanovoï, entre la Sibérie et l'empire chinois; les monts Bolor, entre le Turkestan et l'empire chinois; les monts Tsoung-ling, et les monts Gadjar, dans l'empire chinois; les monts Himalaya, entre l'empire chinois et l'Hindoustan; le mont Taurus et le Liban, dans la Turquie d'Asie; les monts Elwend, entre la Turquie d'Asie et la Perse; les monts El-Ared, dans l'Arabie; les monts Gates, dans l'Hindoustan; et les monts Mogs, dans l'Indo-Chine.

53.

LACS.

Les 12 principaux lacs de l'Asie sont : les lacs Tchany et Baïkal en Sibérie; le lac Van et le lac Asphaltite ou mer Morte, dans la Turquie d'Asie ; le lac d'Aral, dans le Turkestan ; les lacs Balkachi, Saïsan, Koukounoor, Palté et Thoung-Thing, dans l'empire chinois ; le lac Ourmia, dans la Perse; et le lac Serréh, dans l'Afghanistan.

54.

FLEUVES.

On compte 18 fleuves principaux en Asie, ce sont : l'Obi, l'Iéniséi et la Léna, qui se jettent dans l'océan Glacial ; l'Amour, qui se jette dans la mer d'Okhotsk ; le Hoang-Ho et le Kiang, qui se jettent dans la mer Jaune; le Méi-Kong et le Méi-Nam, qui se jettent dans la mer de la Chine; le Salouen, l'Iraouaddy, le Brahmapoutre, le Gange, le Godavéry et le Kistnah, qui se jettent dans le golfe du Bengale ; le Sind ou Indus, qui se jette dans le golfe d'Oman ; le Chat-el-Arab, qui se jette dans le golfe Persique ; le Sihoun et le Djihoun, qui se jettent dans le lac d'Aral.

55.

RIVIÈRES.

Les 7 rivières principales sont : le Tobol et l'Irtich, qui se jettent dans l'Obi ; l'Angara, qui se jette dans l'Iéniséi ; la Djemna, qui se jette dans le Gange ; le Pendjab, qui se jette dans le Sind ; le Tigre et l'Euphrate, qui forment le Chat-el-Arab.

SECTION V.

AFRIQUE.

56.

CONTRÉES.

On peut diviser l'Afrique en 19 contrées, dont 3 au nord, 7 au milieu, et 9 au sud.

Les 3 au nord sont : la *Barbarie,* v. pr. Maroc, Alger, Tunis et Tripoli ; l'*Égypte*, cap. le Caire ; le *Sahara,* ou *Grand Désert*, v. pr. Agably.

Les 7 au milieu sont : la *Sénégambie*, villes remarquables, Saint-Louis, Bambouk et Timbo ; la *Guinée septentrionale*, v. pr. Coumassie, Abomey, Bénin et Katunga ; la *Nigritie* ou *Soudan*, v. pr. Ségo, Tombouctou, Sackatou, Nouveau-Birnie ou Bornou, et Cobbé ; la *Nubie*, v. pr. Dongolah et Sennaar ; l'*Abyssinie,* v. pr. Gondar ; le royaume d'*Adel*, cap. Zéila ; v. pr. Barbora et Aussagurel ; et l'*Ajan.*

Les 9 au sud sont : la *Guinée méridionale*, v. pr. San-Salvador ; le pays des *Hottentots ;* le gouvernement du *Cap*, cap. le Cap ; la *Cafrerie ;* le *Monomotapa*, v. pr. Zimbaoé et Sofala ; le *Mozambique*, v. pr. Mozambique, Mésureil et Chicova ; le *Zanguebar,* v. pr. Mélinde ; dans l'intérieur, *une vaste contrée qui est inconnue*, et l'île de *Madagascar,* v. pr. Tananarivou et Tamatave.

57.

MERS.

L'Afrique est baignée par 4 mers, qui sont : la mer Méditerranée au nord, l'océan Atlantique à l'ouest, le Grand-Océan au sud, et la mer des Indes à l'est.

58.

GOLFES.

Les 4 golfes principaux de l'Afrique sont : les golfes de la Syrte et de Cabès, dans la Méditerranée; le golfe de Guinée, dans l'océan Atlantique, et le golfe Arabique ou mer Rouge, dans la mer des Indes.

59.

ÎLES.

On compte en Afrique 14 îles ou groupes principaux, savoir : 8 dans l'océan Atlantique, qui sont : les Açores, les îles de Madère, les îles Canaries, les îles du Cap-Vert, les îles du golfe de Guinée, les îles Saint-Matthieu, de l'Ascension et de Sainte-Hélène.

6 dans la mer des Indes : Socotora, les Seychelles, Zanzibar, les îles Comores, Madagascar, et les Mascareignes, dont les principales sont l'Ile-de-Bourbon, l'Ile-de-France ou Maurice, et l'île Rodrigue.

60.

CAPS.

Les 15 caps principaux de l'Afrique sont : les caps Bon, Ceuta, dans la Barbarie; le cap Blanc, dans le Sahara; le cap Vert, le cap Sainte-Marie, le cap Rouge, dans la Sénégambie; les caps des Palmes et des Trois-Pointes, dans la Guinée septentrionale; les caps Lopez et Négro, dans la Guinée méridionale; le cap de Bonne-Espérance et le cap des Aiguilles, dans le gouvernement du Cap; le cap Delgado, au nord du Mozambique; le cap Gardafui, au nord de l'Ajan; le cap Natal, au nord de Madagascar.

61.

MONTAGNES.

On compte en Afrique 5 principales chaînes de montagnes, savoir : le mont Atlas, tout le long de la Barbarie; les montagnes de Kong, entre la Nigritie et la Guinée septentrionale; les monts de la Lune, au sud de la Nigritie et de l'Abyssinie; les monts Lupata, au sud-est de l'Afrique; et les montagnes de Madagascar, dans l'île de ce nom.

62.

LACS.

Les 4 principaux lacs de l'Afrique sont : le lac Loudéah, près du golfe de Cabès; le lac Kéroun ou Mœris, en Égypte; le lac Tchad, en Nigritie; et le lac Dembéa, dans l'Abyssinie.

63.

FLEUVES.

On compte en Afrique 7 fleuves principaux : 1 qui se jette dans la Méditerranée, c'est le Nil; 5 qui se jettent dans l'océan Atlantique ce sont le Sénégal, la Gambie, le Dioli-Bâ ou Niger, le Zaïre et l'Orange; 1 qui se jette dans la mer des Indes, c'est le Zambèze.

SECTION VI.

AMÉRIQUE.

64.

DIVISION GÉNÉRALE.

L'Amérique se divise en 2 grandes parties, qui sont l'Amérique septentrionale et l'Amérique méridionale, jointes par l'isthme de Panama.

65.

CONTRÉES.

L'Amérique se divise en 17 contrées, dont 7 dans

l'Amérique septentrionale, et 10 dans l'Amérique méridionale.

Les 7 dans l'Amérique septentrionale sont : l'*Amérique-Russe*, dont le principal établissement est la Nouvelle-Arkhangel ; le *Groënland*, v. pr. Frédérikshaab ; la *Nouvelle-Bretagne*, cap. Québec ; les *États-Unis*, cap. Washington ; le *Mexique*, cap. Mexico ; le *Texas*, cap. Austin ; la république de *Guatémala* ou *Amérique centrale*, cap. Guatémala.

Les 10 dans l'Amérique méridionale sont : la *Colombie*, v. pr. Santa-Fé-de-Bogota, Caracas et Quito ; la *Guyane*, v. pr. Cayenne, Paramaribo et Stabrock ou George-Town ; le *Brésil*, cap. Rio de Janeiro ; le *Pérou*, cap. Lima ; le *Haut-Pérou* ou *Bolivia*, cap. Chuquisaca ou la Plata ; le *Paraguay*, cap. l'Assomption ; l'*Uruguay*, cap. Monté-Vidéo ; la *Plata*, cap. Buénos-Ayres ; le *Chili*, cap. Santiago ; et la *Patagonie*, qui est peu habitée.

66.

MERS.

L'Amérique est baignée par 6 mers, qui sont : l'océan Glacial et la mer de Baffin au nord ; l'océan Atlantique et la mer des Antilles à l'est ; le Grand-Océan et la mer de Béhring à l'ouest.

67.

DÉTROITS.

On compte en Amérique 9 détroits principaux, qui sont : le détroit de Béhring, entre l'Asie et l'Amérique ; les détroits de Lancaster, de Davis, de Cumberland et d'Hudson, au nord de la Nouvelle-Bretagne ; le détroit de Belle-Ile, à l'est de la Nouvelle-Bretagne ; le canal de Bahama, au sud des États-Unis ; les détroits de Magellan et de Lemaire au sud de la Patagonie.

68.

GOLFES.

On compte en Amérique 17 golfes principaux, dont 5 grands et 12 petits.

Les 5 grands sont : la baie d'Hudson, formée par la mer de Baffin ; le golfe Saint-Laurent, formé par l'océan Atlantique ; le golfe du Mexique et le golfe d'Honduras, formés par la mer des Antilles ; le golfe de Californie, formé par le Grand-Océan.

Les 12 petits sont : les baies de Fundy, de Delaware et de Chésapeak, formées par l'océan Atlantique, à l'est des États-Unis ; les golfes de Darien, de Maracaybo et de Paria, formés par la mer des Antilles, au nord de la Colombie ; la baie de Tous-les-Saints, à l'est du Brésil ; les golfes de Saint-Antoine et de Saint-Georges, à l'est de la Patagonie, tous trois formés par l'océan Atlantique ; les golfes de Guayaquil, de Choco et de Panama, à l'ouest de la Colombie, formés par le Grand-Océan.

69.

ÎLES.

Les îles de l'Amérique peuvent se diviser en 20 îles ou groupes principaux, qui sont : 1° le Groënland, dans l'océan Glacial ;

2° les îles de la mer de Baffin ;

3° 6 dans l'océan Atlantique, savoir : les îles du golfe Saint-Laurent, Long-Island, les Bermudes, les Lucayes, les Grandes-Antilles et les Petites-Antilles ;

4° 7 dans le Grand-Océan au sud, savoir : la Nouvelle-Géorgie, les îles Malouines, l'archipel de Magellan ou Terre-de-Feu, l'archipel de la Mère-de-Dieu, l'île de Chiloé, les îles de Juan Fernandez et de Gallapagos ;

5° 4 dans le Grand-Océan au nord : les îles de Révilla, Gigédo, l'archipel de Quadra et Vancouver, l'île de Kodiak, et les îles Aléoutiennes ;

6° Les îles de la mer de Béhring.

70.

PRESQU'ÎLES.

Les 6 presqu'îles les plus remarquables de l'Amérique sont : le Labrador et la Nouvelle-Écosse ou Acadie, dans la Nouvelle-Bretagne; la Floride, au sud-est des Etats-Unis; la Californie et le Yucatan, dans le Mexique; la presqu'île d'Alaska, dans l'Amérique-Russe.

71.

CAPS.

On compte 12 caps principaux en Amérique :

1° 9 à l'est : le cap Farewel, au sud du Groënland; les caps Wostenholm et Charles, dans le Labrador; le cap Sable, au sud de la Nouvelle-Écosse; le cap Tancha, au sud de la Floride; le cap Catoche, au nord-est du Yucatan; le cap Saint-Roch, à l'est du Brésil; le cap Froward, à la pointe sud de l'Amérique méridionale; et le cap Horn, au sud de l'Archipel de Magellan.

2° 3 à l'ouest : le cap Blanc, au nord du Pérou; le cap Saint-Lucas, au sud de la Californie; le cap Occidental, à l'ouest de l'Amérique-Russe, vis-à-vis du cap Oriental, situé en Asie.

72.

MONTAGNES.

Les 7 chaînes principales de l'Amérique sont : les monts Alléghany, dans les États-Unis; les monts Rocheux, la Sierra-Verdé, la Sierra-de-los-Mimbrès, la Sierra-de-la-Madré, qui parcourent, du nord au sud, l'Amérique septentrionale; la Cordilière des Andes, qui parcourt l'Amérique méridionale du nord au sud; et les monts du Brésil.

73.

VOLCANS.

Les 5 principaux volcans sont : le mont Saint-Élie, dans l'Amérique-Russe; le mont Popocatépetl, dans le Mexique; le Cotopaxi et le Pichincha, dans la Colombie; et le volcan d'Aréquipa, dans le Pérou.

74.

LACS.

Les 11 lacs principaux de l'Amérique sont : 1° dans l'Amérique septentrionale, les lacs de l'Esclave et Winnipeg dans la Nouvelle-Bretagne ; les lacs Supérieur, Michigan, Huron, Érié et Ontario, au nord des États-Unis ; le lac Nicaragua dans le Guatémala ;

2° Dans l'Amérique méridionale, le lac de Maracaybo dans la Colombie ; le lac Titicaca, entre le Pérou et le Haut-Pérou ; et le lac de los Patos au sud du Brésil.

75.

FLEUVES.

On compte en Amérique 13 fleuves principaux, dont 7 dans l'Amérique septentrionale, qui sont : le fleuve Mackensie, qui se jette au nord ; le fleuve Nelson, qui se jette dans la baie d'Hudson ; le fleuve Saint-Laurent, qui se jette dans l'océan Atlantique ; le Mississipi et le Rio-del-Norté, qui se jettent dans le golfe du Mexique ; la Colombia ou Orégon, qui se jette dans le Grand-Océan ; et le Colorado, qui se jette dans le golfe de Californie ;

6 dans l'Amérique méridionale ; ce sont : la Madeleine, qui se jette dans la mer des Antilles ; l'Orénoque, le fleuve des Amazones, le Tocantins, le San-Francisco, et la Plata, qui se jettent dans l'océan Atlantique.

76.

RIVIÈRES.

Les 15 principales rivières de l'Amérique sont : le Missouri, l'Ohio, l'Arkansas et la rivière Rouge, qui se jettent dans le Mississipi ; l'Ucayalé, le Rio-Négro, la Madeira, le Topayos et le Xingu, qui se jettent dans l'Amazone ; le Cassiquiaré, qui fait communiquer l'Orénoque avec le Rio-Négro et l'Amazone ; l'Araguay, qui se jette dans le Tocantins ; le Paraguay, le Parana, le Pilcomayo et l'Uruguay, qui forment la Plata.

SECTION VII.

OCÉANIE.

77.

DIVISION GÉNÉRALE.

L'Océanie se divise en trois parties principales, qui sont : la NOTASIE ou MALAISIE, l'AUSTRALIE, et la POLYNÉSIE.

78.

NOTASIE ou MALAISIE.

La Notasie comprend 4 groupes principaux, qui sont : les îles de la Sonde, les îles Célèbes, les Moluques et les Philippines.

Les principales îles de la Sonde sont : Java, cap. Batavia ; Sumatra, v. pr. Achem, Padang et Palembang ; Bornéo ; Bali ; Sumbava ; Flores ; Sumba et Timor.

Les principales îles des Moluques sont : Gilolo, Bouro, Céram et Amboine.

Les principales îles des Philippines sont : Luçon, cap. Manille ; Mindanao, cap. Mindanao ou Sélangan ; et l'île de Palaouan.

79.

AUSTRALIE.

L'Australie comprend la Nouvelle-Hollande, l'île de Diémen, la Nouvelle-Guinée, la Nouvelle-Irlande, la Nouvelle-Bretagne, les îles Salomon, les Nouvelles-Hébrides ou archipel du Saint-Esprit la Nouvelle-Calédonie et la Nouvelle-Zélande.

80.

POLYNÉSIE.

La Polynésie se divise en Micronésie et Polynésie proprement dite.

La Micronésie comprend : les îles Bonin et Grampus ou archipel de Magellan, les Marie-Anne, les Pelew, les Carolines, l'archipel d'Anson, les Mulgraves et les îles Kingsmill.

La Polynésie proprement dite comprend : les îles Sandwich, les Marquises, les îles des Navigateurs, les îles Viti ou Fidgi, les îles Tonga ou des Amis, les îles de la Société, l'archipel de la mer Mauvaise et l'archipel Dangereux.

DEUXIÈME PARTIE (1).

SECTION I.

EUROPE.

242,000,000 d'habitants. — *Superficie :* 9,800,000 kilomètres carrés.

81.

Description générale.

L'Europe est bornée à l'est par les monts Ourals, le fleuve Oural et le Caucase ; des mers l'entourent de tous les autres côtés. Le continent de l'Europe est situé entre le 62e degré de longitude est et le 12e degré de longitude ouest, et entre le 36e et le 71e degré de latitude nord. Il a 5500 kilomètres dans sa plus grande longueur, depuis le golfe de Kara jusqu'au cap Saint-Vincent, et 3860 kilomètres dans sa plus grande largeur, du cap Nord-Kyn au cap Matapan. L'Europe est la plus petite des parties du monde, mais elle est la plus civilisée, et proportionnellement la plus peuplée.

La plus grande partie de l'Europe appartient à deux bassins principaux : celui de l'Océan et de ses dépendances à l'ouest et au sud-ouest, et celui de la Méditerranée et de ses dépendances au sud. La ligne de partage de ces deux bassins est généralement très-élevée dans l'Europe occidentale, où elle suit la Sierra-Névada, les monts Ibériens, une partie des Pyrénées, les Cévennes, les Vosges, et rencontre les Alpes près des sources du Rhône et du

(1) Avant d'étudier cette seconde partie, on fera bien de voir, dans la troisième, les numéros 386, 387, 388, 389, 390 et 391, pour apprendre à connaître les longitudes et les latitudes ; et le numéro 422, pour connaître les bassins.

Rhin ; mais, après avoir coupé les monts Karpaths, au nord de la Hongrie, elle ne présente plus aucune hauteur considérable dans l'empire de Russie. Cette dernière contrée renferme aussi de vastes dépendances du bassin de l'océan Glacial et de celui de la mer Caspienne. Nous ferons connaître, en parlant de chaque contrée, les principaux canaux qui unissent les fleuves de tous ces bassins.

Presque toute la Russie, la Pologne, le nord de l'Allemagne et les Pays-Bas n'offrent que des plaines ; les autres contrées sont traversées par diverses chaînes de montagnes ; on n'y trouve pas de pics aussi élevés que ceux de l'Asie et de l'Amérique.

Comprise à peu près en entier dans la zone tempérée, l'Europe est généralement à l'abri des extrêmes du chaud et du froid qu'on ressent dans les autres parties du monde; elle est entrecoupée par des mers intérieures, et arrosée par un grand nombre de fleuves et de rivières qui adoucissent partout le climat, et entretiennent une humidité utile à la végétation.

Le sol y est en général moins riche que dans quelques contrées de l'Asie, de l'Afrique et de l'Amérique; mais on n'y voit pas de vastes et arides déserts, comme ceux de l'Asie et de l'Afrique. La culture de la pomme de terre et celle de quelques grains s'étend jusque dans la Laponie ; le nord de la Russie seul ne peut rien produire ; les autres contrées suffisent à la nourriture de leur nombreuse population : le blé en fait la base. Tous les végétaux utiles des climats tempérés croissent en Europe, et l'on cultive maintenant dans les contrées méridionales plusieurs de ceux des pays chauds : la canne à sucre et le coton prospèrent surtout en Turquie et en Espagne.

Tout le monde connaît les nombreuses espèces d'animaux utiles qui se sont multipliés en Europe ; on n'y en trouve presque point de bien dangereux : l'ours et le loup sont les seuls qui soient redoutables ; on rencontre aussi dans les Alpes des aigles et des vautours très-forts.

CONTRÉES DU NORD.

ILES BRITANNIQUES.

24,800,000 hab. (1). — *Superficie :* 313,200 kilomètres carrés.

Longitude O. entre 0° 35′ et 12° 45′.
Latitude N. entre 50° et 61°.

82.

NOTIONS HISTORIQUES.

L'Angleterre, appelée autrefois *Bretagne*, fût conquise par les Romains, vers l'an 78 ; mais ils abandonnèrent cette contrée en 448. Les Bretons, opprimés par les peuples de l'Écosse, implorèrent le secours des Anglo-Saxons, qui s'emparèrent à leur tour de ce pays et le nommèrent *Angleterre*. Les anciens habitants se retirèrent dans le pays de Galles et dans la province de France qui, de leur nom, a été appelée *Bretagne*. Guillaume le Conquérant, duc de Normandie, se rendit maître de l'Angleterre en 1066, et y établit les Normands. Depuis cette époque, aucune nation étrangère n'a envahi ce royaume, qui s'est accru successivement de l'Irlande, de l'Écosse, et d'immenses possessions dans toutes les parties du monde. On l'appelle souvent empire Britannique ou royaume uni de Grande-Bretagne et d'Irlande.

Le gouvernement des Iles Britanniques est une monarchie constitutionnelle.

La religion anglicane domine en Angleterre, et le presbytérianisme en Ecosse ; ces deux sectes sont des branches de la religion protestante. Les Irlandais sont presque tous catholiques.

(1) On a compris dans ce nombre la population de toutes les possessions des Anglais en Europe.

83.

Description générale.

Il y a dans la Grande-Bretagne beaucoup de montagnes, surtout en Écosse et dans le pays de Galles; elles ne s'élèvent pas à une très-grande hauteur. La température de ce pays est froide et humide; aussi le sol ne produit-il pas de vin, mais il donne beaucoup de grains et de fourrages. Les chevaux des Anglais et les laines de leurs moutons sont fort estimés.

On trouve dans les Iles Britanniques une grande quantité de mines de fer, de plomb, de cuivre, d'étain, de houille ou de charbon de terre; l'étain du comté de Cornouailles est le plus recherché.

Une multitude de canaux et des chemins de fer favorisent le commerce de cette riche contrée.

L'Irlande est couverte d'un grand nombre de lacs; elle est très-fertile et nourrit une nombreuse population.

Quoique les Anglais aient porté l'agriculture à un haut degré de perfection, leur industrie et leur commerce font leur principale richesse. Leurs manufactures sont très-renommées; ils ont des relations commerciales avec tous les peuples de la terre.

84.

SUBDIVISIONS.

* ANGLETERRE (14,200,000 hab.)

L'Angleterre est divisée en 52 comtés, dont 6 au nord, 9 à l'est, 10 au midi, 15 au milieu, et 12 à l'ouest qui forment la principauté de Galles.

Les 6 au nord sont : Northumberland, cap. Newcastle; Cumberland, cap. Carlisle; Durham, v. pr. Sunderland; York, v. pr. Leeds, Sheffield et Hull; Westmoreland, cap. Appleby; Lancaster, v. pr. Manchester et Liverpool.

Les 9 à l'est sont : Lincoln; Norfolk, cap. Norwich; Suffolk, cap. Ipswich; Cambridge; Huntingdon; Bedford; Hertford; Essex, cap. Chelmsford, v. pr. Colchester; Middlesex, cap. Londres.

Les 10 au midi sont : Kent, cap. Canterbury ; Surrey, cap. Guildford ; Sussex, cap. Chichester, v. pr. Brighton ; Berks, cap. Reading ; Hamps ou Southampton, cap. Winchester, v. pr. Porsmouth ; Wilts, cap. Salisbury ; Dorset, cap. Dorchester ; Sommerset, v. pr. Bristol, Bath et Wels ; Devon, cap. Exeter, v. pr. Plymouth ; Cornwall ou Cornouailles, cap. Launceston.

Les 15 au milieu sont : Chester ; Derby ; Nottingham ; Rutland, cap. Oakham ; Leicester ; Stafford ; Shrop ou Salop, cap. Shrewsbury ; Héreförd ; Worcester ; Warwich, v. pr. Birmingham ; Northampton ; Buckingham ; Oxford ; Glocester et Monmouth.

Les 12 à l'ouest sont : Anglesey, cap. Beaumaris ; Caernarvon ; Denbigh ; Flint ; Mérioneth, cap. Dolgelly ; Montgomery ; Cardigan ; Radnor, Brecknock, cap. Brecon ou Brecknok ; Pembroke ; Caermarthen ; Glamorgan, cap. Cardiff, v, pr. Merthyr-Tydwill.

Nota. On compte dans les dépendances administratives de l'Angleterre : l'île de Man, cap. Castletown, v. pr. Douglas, dans la Mer d'Irlande ; les Sorlingues ou Scilly, au sud-ouest de l'Angleterre ; l'île de Wight, cap. Newport, dans la Manche ; les îles Normandes, dans la même mer, dont les principales sont : Aurigny ou Alderney ; Guernesey, cap. Saint-Pierre, et Jersey, cap. Saint-Hélier : l'île d'Helgoland, dans la mer du Nord, Malte, dans la Méditerranée, et la ville de Gibraltar, au sud de l'Espagne.

85.

* Écosse (2,370,000 hab.).

L'Écosse est divisée en 32 comtés, dont 9 au nord, 10 au milieu et 13 au sud.

Les 9 au nord sont : Les Orcades, cap. Kirkwall, v. pr. Lerwick, dans les îles Shetland ; Caithness, cap. Wick ; Sutherland, cap. Dornoch ; Ross et Cromarty, cap. Tain, v. pr., Cromarty ; Inverness ; Nairn ; Murray ou Elgin, cap. Elgin ; Banff ; Aberdeen.

Les 10 au milieu sont : Kincardine ou Mearus, cap. Bervie ; Forfar, v. pr. Dundée et Montrose ; Perth ; Argyle, cap. Invérary ; Bute, cap. Rothesay ; Dumbarton ; Stirling ; Clackmannan ; Kinross ; Fife, cap. Cupar, v. pr. Saint-Andrews.

Les 13 au sud sont : Linlithgow ou West-Lothian, cap. Linlithgow ; Édimbourg ou Mid-Lothian, cap. Édimbourg ; Haddington ou East-Lothian, cap. Haddington ; Berwick ou Mers, cap. Greenlaw ; Roxburgh ; Edburgh ; Selkirk ; Pleebles ; Lanark, v. pr. Glasgow ; Renfrew, v. pr. Paisley ; Ayr ; Dumfries ; Kirckudbright ; Wigton.

86.

* IRLANDE. (7,800,000 hab.)

L'Irlande est divisée en 4 provinces : la province d'Ulster, cap. Londonderry ; la province de Connaught, cap. Galway ; la province de Leinster, cap. Dublin ; la province de Munster, cap. Cork.

La province d'*Ulster* comprend 9 comtés : Donegal ; Londonderry ; Antrim ; Tyrone, cap. Omagh ; Fermanagh, cap. Enniskillen ; Monaghan ; Armagh ; Down, cap. Down-Patrick ; Cavan.

La province de *Connaught* comprend 5 comtés : Mayo, cap. Castlebar, v. pr. Ballinrobe ; Sligo ; Leitrim, cap. Carrick ; Roscommon et Galway.

La province de *Leinster* comprend 12 comtés : Longford ; Westmeath, cap. Mullinger ; Meath, cap. Trim ; Louth, cap. Dundalk ; Dublin ; Kildare, cap. Naas ; King's, cap. Philipstown ; Queen's, cap. Maryborough ; Kilkenny ; Carlow ; Wicklow ; Wexford.

La province de *Munster* comprend 6 comtés : Clare, cap. Ennis ; Limerick ; Tipperary, cap. Clonmell ; Waterford ; Cork, et Kerry, cap. Tralée.

87.

VILLES ET LIEUX REMARQUABLES.

ANGLETERRE.

LONDRES (1,600,000 hab.), sur la Tamise, est la ville la plus populeuse de l'Europe et la plus commerçante du monde ; on trouve souvent dans son port plus de mille vaisseaux. On la divise en trois quartiers principaux : la Cité, Westminster, et Southwark. Dans les dernières années, l'accroissement de la population, et les nouvelles constructions qu'il nécessite, ont joint à Londres plusieurs villes et villages qui forment encore des communes distinctes. Elle a 12 kilomètres de longueur sur 6 de largeur. Les principaux monuments sont : l'église de Saint-Paul, regardée comme le plus beau temple du culte protestant ; celle de Westminster, qui renferme les tombeaux de la famille royale et des grands hommes ; et la Tour, vaste et antique édifice, où l'on dépose le sceptre et les diamants du roi. Londres est la patrie de Bacon, de Milton, de Pope. Newton y passa une grande partie de sa vie; ses restes sont déposés dans l'église de Westminster.

MANCHESTER (237,000 hab.) et BIRMINGHAM (142,000 hab.) sont, après Londres, les deux villes les plus considérables de l'intérieur et les plus célèbres par leurs manufactures.

LIVERPOOL (216,000 hab.), à l'embouchure de la Mersey, près de la mer d'Irlande, fait un immense commerce maritime.

BRISTOL (104,000 hab.), autre ville maritime très-commerçante, communique avec la mer et le canal de Bristol, par la rivière de l'Avon. Bristol est divisée par l'Avon en deux parties, dont l'une appartient au comté de Glocester, l'autre au comté de Sommerset.

PORTSMOUTH (63,000 hab.), sur la Manche, est leprincipal port de la marine royale.

HULL (36,000 hab.), sur l'Humber, un des ports les plus commerçants de l'Angleterre, envoie beaucoup de vaisseaux à la pêche de la baleine.

PLYMOUTH (75,000 hab.), YARMOUTH (21,000 hab.) et DOUVRES (9,000 hab.), sont ensuite les ports les plus remarquables.

LEEDS (129,000 hab.) est le principal siége de la fabrication des étoffes de laine.

GREENWICH (44,000 hab.), ville unie à DEPTFORD, sur la Tamise, près de Londres, est connue par son observatoire; c'est là que passe le premier méridien des Anglais.

NEWCASTLE (42,000 hab.) possède les plus riches mines de charbon de terre que l'on connaisse.

BATH (38,000 hab.) est la ville la plus renommée de l'Angleterre pour ses eaux minérales.

YORK (26,000 hab.), ville très-ancienne, autrefois la deuxième de l'Angleterre, est la résidence de l'un des deux archevêques anglicans; elle renferme une magnifique cathédrale.

MERTHYR-TYDWILL (22,000 hab.) possède les plus riches mines de fer de l'Angleterre.

OXFORD (21,000 hab.) et CAMBRIDGE (21,000 hab.) sont les deux principales universités de l'Angleterre.

SUNDERLAND (17,000 hab.), port très-important, entrepôt d'un immense commerce de houille.

CANTERBURY (14,000 hab.) est la résidence de l'archevêque primat d'Angleterre.

STRATTFORD, bourg du comté de Warwick, est célèbre par la naissance et la mort de Shakspeare

ÉCOSSE.

ÉDIMBOURG (178,000 hab.), cap. de l'Écosse, est à une lieue de la mer; la ville de Leith lui sert de port. Elle possède une université très-célèbre, où professa l'historien Robertson. Hume est né dans cette ville.

GLASGOW (202,000 hab.), sur la Clyde, est la ville la plus populeuse de l'Écosse, et fait un commerce considérable. Le célèbre économiste Adam Smith fut un des professeurs de l'université de Glasgow.

DUNDÉE (45,000 hab.) était autrefois la seconde ville de l'Écosse; lorsque Édouard envahit ce royaume, elle fut prise deux fois par les Anglais, et reprise par Wallace et par Bruce.

IRLANDE.

DUBLIN (300,000 hab.), port de mer, ville très-ancienne, la plus considérable des Iles Britanniques après Londres, possède la seule université d'Irlande.

CORK (107,000 hab.), au fond d'un petit golfe du même nom, est la deuxième ville de l'Irlande par sa population et son commerce.

LIMERICK (67,000 hab.), sur le Shannon, WATERFORD (59,000 hab.), BELFAST (53,000 hab.) et tous trois ports de mer, sont ensuite les villes les plus considérables.

ARMAGH (9,000 hab.) est la résidence de l'archevêque primat de l'Irlande.

88.

ADDITIONS A LA GÉOGRAPHIE PHYSIQUE.

COURS DES PRINCIPAUX FLEUVES.

La Tamise se forme des deux rivières de Thame et d'Isis, arrose Oxford, Reading, Londres, et se jette dans la mer du Nord.

La Severn prend sa source dans les montagnes du pays de Galles, arrose Montgomery, Shrewsbury, Worcester, Glocester, et se jette dans le canal de Bristol, près de Bristol.

Le Shannon arrose l'Irlande, traverse les lacs Rée et Derg, passe à Limerick, et se jette dans l'Océan, à l'ouest de l'Irlande.

On remarque encore, dans la Grande-Bretagne, la Trent et l'Ouse, qui se réunissent pour former l'Humber; la Tweed, qui sépare l'Écosse de l'Angleterre et se jette dans la mer du Nord, à Berwick; le Forth, qui se jette dans le golfe d'Édimbourg; le Tay, qui passe à Perth et à Dundée et se jette dans la mer du Nord; la Clyde, qui passe à Glasgow et se jette dans le golfe de la Clyde, au nord de la mer d'Irlande.

CANAUX.

Les canaux les plus considérables des Iles Britanniques sont : 1° en Angleterre, *le canal de Bridgewater*, le premier qui ait été creusé en Angleterre, et qui réunit la mer d'Irlande à la mer du Nord; *le grand Trunk*, qui unit la mer d'Irlande à la Trent et à la Severn, et qui communique à la Tamise par *le grand canal de jonction; le canal d'Oxford*, qui unit la Severn à la Tamise et qui communique avec le grand canal de jonction;

2° En Écosse : *le canal de Glasgow*, qui joint le Forth à la Clyde, et *le canal Calédonien*, qui joint le golfe de Murray à l'océan Atlantique.

3° En Irlande : *le canal Royal*, qui part de Dublin et qui joint la mer d'Irlande au Shannon.

LACS.

Les principaux lacs sont : 1° en Écosse, le lac Ness, traversé par le canal Calédonien, et le lac Lomond; 2° en Irlande, les lacs Neagh, Erne, Conn, Mask, Corrib, Rée et Derg

MONTAGNES.

Les montagnes les plus remarquables sont : les monts Grampians, en Écosse ; les monts Cheviots, qui séparent en partie l'Écosse de l'Angleterre ; les Moorlands, dans le nord de l'Angleterre, et les montagnes du pays de Galles. La plus haute montagne du pays de Galles est le mont *Snowdon*, dans le comté de Caernarvon, qui a 1,089 mètres de hauteur. Le *Ben-Nevis*, en Écosse, est encore plus élevé ; il a 1,335 mètres.

GOLFES.

Les principaux golfes des Iles Britanniques sont : les golfes de Murray, d'Édimbourg et de la Clyde, en Écosse ; le golfe de Solway, entre l'Écosse et l'Angleterre, les golfes de Morecamb, d'Harlech et le canal de Bristol, à l'ouest de l'Angleterre, le Wash, à l'est de l'Angleterre ; les baies de Donegal et de Galway, à l'ouest de l'Irlande.

CAPS.

Les caps les plus remarquables des Iles Britanniques sont : le cap Dunnet, au nord de l'Écosse ; les caps Land's-End et Lizard, au sud-ouest de l'Angleterre ; le cap Mizen, au sud-ouest de l'Irlande, et le cap Clear, dans l'île de Clear, au sud de l'Irlande.

ILES.

Outre les îles déjà nommées dans la première partie, on remarque les Sorlingues, au sud-ouest de l'Angleterre ; l'île d'Aurigny, sur les côtes de France, les îles d'Arran et de Bute, dans le golfe de la Clyde.

89.

POSSESSIONS HORS DE L'EUROPE.

Les principales possessions des Anglais sont :

1° En *Asie :* une grande partie de l'Hindoustan ; l'île de Ceylan ; quelques provinces de l'empire des Birmans, Malacca, les îles Sincapour, Aden en Arabie. Ces immenses possessions sont peuplées d'environ 100,000,000 d'habitants.

2° En *Afrique :* les établissements sur les bords de la Gambie; la colonie de Sierra-Léoné, cap. Freetown; Cap-Corse; le gouvernement du cap de Bonne-Espérance; l'île de Fernando-Pô, celles de l'Ascension et de Sainte-Hélène, dans l'océan Atlantique; l'île Rodrigue, l'île Maurice ou de France, cap. Port-Louis; et les Seychelles, dans la mer des Indes (320,000 hab.)

3° En *Amérique :* la partie nord du Groënland; la Nouvelle-Bretagne; une partie du Yucatan; une partie de la Guyane; les îles de la mer de Baffin; les îles du golfe Saint-Laurent; les îles Bermudes; les Lucayes; la Jamaïque, l'une des Grandes-Antilles; la plupart des Petites-Antilles, dont les principales sont Saint-Christophe, la Barboude, Antigoa, la Dominique, Sainte-Lucie, Saint-Vincent, la Grenade, la Barbade, Tabago et la Trinité (2,000,000 d'hab.)

4° Dans l'*Océanie :* des établissements dans la Nouvelle-Hollande, cap. Sidney; la terre de Van-Diémen au sud de la Nouvelle-Hollande (200,000 hab.)

Nota. Depuis quelques années les Anglais ont formé plusieurs nouveaux établissements en diverses contrées, et principalement dans la Nouvelle-Zélande.

DANEMARK.

2,100,000 hab.—*Superficie :* 142,200 kilomètres carrés.

Latitude E. entre 5° 45′ et 10° 14′.
Latitude N. entre 53° 22′ et 57° 48′.

90.

NOTIONS HISTORIQUES.

Le Danemark, dont la partie continentale portait autrefois le nom de *Chersonèse Cimbrique,* était la patrie des Cimbres, qui ravagèrent l'Europe 100 ans avant Jésus-Christ. De l'an 835 à l'an 1042, les Danois firent plusieurs irruptions en Angleterre, et y dominèrent pendant 25 ans, depuis l'an 1017. Dans les temps modernes, cette contrée a toujours conservé son indépendance.

Le gouvernement est une monarchie absolue.

La religion est le luthéranisme, branche de la religion protestante.

91.

Description générale.

Le Danemark n'occupe sur le continent qu'une petite étendue de terre; le pays est plat et peu fertile au nord; il nourrit au midi des chevaux estimés.

Les îles danoises, dans la mer Baltique, sont fertiles et très-peuplées.

L'Islande, que plusieurs géographes assignent à l'Amérique, parce qu'elle est plus rapprochée de cette partie du monde que du continent de l'Europe, est couverte de montagnes volcaniques; on y voit jaillir un grand nombre de sources d'eau chaude. La température est trop froide pour permettre de cultiver des grains; on n'y trouve point d'arbres élevés. C'est près des côtes de l'Islande que viennent, dit-on, se réunir au mois de mars d'innombrables légions de harengs, qui s'avancent ensuite le long des côtes de l'Europe et de l'Amérique.

L'Islande et le Danemark exportent beaucoup d'édredon.

Au nord du Holstein, un canal fait communiquer la mer du Nord avec la Baltique.

(**Divisions**, *voyez* le n° 26.)

92.

VILLES ET LIEUX REMARQUABLES.

Copenhague (119,000 hab.), ville forte et port de mer, sur le Sund, est le centre du commerce du Danemark, et fait un commerce considérable qui s'étend à presque toutes les parties connues de la terre.

Altona (27,000 hab.), avec un bon port à l'embouchure de l'Elbe, est, après Copenhague, la ville la plus grande et la plus commerçante du royaume.

Elseneur ou Helsingor (7,000 hab.), sur le Sund, à l'endroit le plus resserré de ce détroit. Les navires marchands de toutes les nations y payent un droit au roi de Danemark.

Flensborg (15,000 hab.), Aalborg (8,000 hab.), Aarhuus (8,000 hab.), ports de mer dans le Jutland, et Kiel (12,000 hab.), port de mer dans le duché de Holstein, sont les autres villes les plus remarquables du Danemark.

93.

ADDITIONS A LA GÉOGRAPHIE PHYSIQUE.

GOLFE.

On remarque, dans le nord du Jutland, le golfe de Limfiord, qui sépare le bailliage de Hiœrring du reste du Jutland.

CAPS.

Les caps les plus remarquables sont : le cap Skagen, au nord du Jutland; et, dans l'Islande, le cap Langaness, au nord-est; le cap Nord, au nord-ouest; et le cap Reikianess, à l'extrémité sud-ouest.

94.

POSSESSIONS HORS DE L'EUROPE.

Le Danemark possède : 1° en *Asie*, dans l'Hindoustan, Serampour (13,000 hab), près de Calcutta, et Tranquebar (12,000 hab.), au sud de Pondichéry; 2° en *Afrique*, Christiansborg, dans la Guinée septentrionale (8,000 hab.); 3° en *Amérique*, le Groënland et les trois petites îles de Saint-Thomas, de Saint-Jean et de Sainte-Croix, dans les îles Vierges, groupe des Petites-Antilles (51,000 hab.).

SUÈDE.

4,150,000 hab.—*Superficie :* 760,400 kilometres carrés.

Longitude E. entre 2° 30′ et 29°.
Latitude N. entre 55° 25′ et 71° 12′.

95.

NOTIONS HISTORIQUES.

Cette contrée a été peuplée d'abord par les Finnois, dont la race subsiste encore dans le Nord, près de celle des Lapons, qui habitent l'extrémité septentrionale de la Suède et de la Russie. Les Goths, qui ont fait tant de ravages en Europe, occupèrent ensuite ce pays.

C'est de la Suède et de la Norvége que sortaient ces terribles pirates connus sous le nom de *Normands* (hommes du Nord), qui dévastèrent longtemps les côtes de l'Europe, et s'établirent dans la province de France qui de leur nom a été appelée *Normandie*.

La Norvége, qui appartenait autrefois au Danemark, a été réunie à la Suède en 1814.

Le gouvernement du royaume de Suède est une monarchie constitutionnelle. La religion est le luthéranisme.

96.

Description générale.

La Suède est une vaste contrée, proportionnellement moins peuplée que toutes les autres parties de l'Europe.

La Norvége est hérissée de montagnes, tandis que la plus grande partie de la Suède est couverte de lacs. Le climat est froid et le sol peu fertile.

On trouve en Suède et en Norvége beaucoup de mines de fer, d'argent et de cuivre; les principales de ces dernières sont celles de Falun et de Rœraas. Cette contrée exporte une grande quantité de fer, d'acier, des bois de construction, et même des vaisseaux tout construits.

Le peu d'élévation du sol a permis d'y construire plusieurs canaux, dont le plus remarquable est celui de Gothie qui lie le lac Wéner au lac Wéter, et fait communiquer ces lacs avec le Cattégat et la Baltique.

Dans le Nord, on remarque un animal appelé *renne*, qui ne peut vivre que dans les pays très-froids, et qui fait la principale richesse des Lapons. On trouve aussi en Suède plusieurs animaux à fourrure.

97.

SUBDIVISIONS.

ROYAUME DE SUÈDE (3,000,000 d'hab.)

La Suède peut se diviser en trois parties principales, qui sont : 1° le *Nordland*, au nord, qui comprend une partie de la Laponie, v. pr. Luléa, Uméa et Hernosand; 2° la *Suède propre*, au milieu, v. pr. Stockholm, Gèfle, Upsal, Nikœping; 3° le *Gothland* ou *Gothie*, au sud, v. pr. Norkœping, Calmar, Carlscrone, Christianstadt, Malmœ et Gotenbourg.

ROYAUME DE NORVÉGE (1,150,000 hab.)

La Norvége peut se diviser en 4 parties, qui sont : 1° le *Drontheim*, ch.-l. Drontheim; v. pr. Rœraas. Au nord de cette province se trouve le *Finmark*, qui ne renferme que de misérables bourgades, dont les plus remarquables sont : Altengaard, Tromsœ et Vardhuus; 2° le *Bergen*, ch.-l. Bergen; 3° l'*Aggershuus*, ch.-l. Christiania; v. pr. Frédéricshald; 4° le *Christiansand*, ch.-l. Christiansand; v. pr. Stavanger.

Nota. Pour l'administration, la Suède est divisée en 26 provinces ou départements, et la Norvége en 17 bailliages.

98.

VILLES ET LIEUX REMARQUABLES.

SUÈDE.

STOCKHOLM (81,000 hab.) est bâti sur le lac Mélar,

près de son embouchure dans la Baltique ; cette ville, qui a un bon port et des manufactures considérables, est le centre du commerce de tout le royaume.

GOTENBOURG ou GOTHENBOURG (29,000 hab.), a un bon port sur le Cattégat ; c'est la seconde ville du royaume par sa population, son commerce et son industrie.

CARLSCRONE (12,000 hab.), place forte, est le principal port de la marine royale.

CALMAR (4,500 hab.) ; cette ville donne son nom au détroit qui la sépare de l'île d'Oland. C'est dans le château de Calmar que fut conclu, en 1397, le fameux traité d'union qui réunit sous le sceptre de Marguerite les trois couronnes de Suède, de Danemark et de Norvége.

UPSAL (4,500 hab.) ; les souverains de Suède y ont résidé jusqu'au XVIIe siècle. Upsal possède une célèbre université, où Linnée fut professeur. Près de cette ville se trouvent les riches mines de fer de Danemora.

NORVÉGE.

CHRISTIANIA (24,000 hab.), sur un golfe du même nom, fait un grand commerce de fer et de planches.

BERGEN (21,000 hab.), port de mer, est la ville la plus grande et la plus commerçante de la Norvége.

DRONTHEIM (12,000 hab.), ancienne résidence du roi de Norvége, exporte du cuivre.

FRÉDÉRICSHALD, port de mer ; Charles XII, roi de Suède, fut tué au siége de cette ville, en 1718.

RŒRAAS, ville célèbre par ses mines de cuivre, est située sur le plateau le plus élevé de la Norvége ; le climat y est si rude, qu'on a vu des bestiaux y périr de froid, même au milieu de l'été.

VARDHUUS est le plus septentrional de tous les lieux habités sur le continent européen.

On remarque, au sud des îles Loffoden, le gouffre de *Malstrœm*, qui engloutit quelquefois des vaisseaux, et dont le bruit se fait entendre à plusieurs lieues de distance.

99.

ADDITIONS A LA GÉOGRAPHIE PHYSIQUE.

COURS DES FLEUVES.

La *Tornéa* prend sa source dans la Laponie, au nord de la Suède, sépare cette contrée de la Russie, passe à Tornéa et se jette dans la mer Baltique au nord du golfe de Bothnie.

CAPS.

Le cap Lindesness, au sud de la Norvège, et le cap Nord, au nord de l'île de Margerœ, sont, avec le Nord-Kyn, les plus remarquables.

100.

POSSESSIONS HORS DE L'EUROPE.

La Suède ne possède hors de l'Europe que l'île de Saint-Barthélemy, dans les Petites-Antilles, au nord de Saint-Christophe (10,000 hab.)

RUSSIE.

58,000,000 d'hab. — *Superficie* : 5,300,000 kilomètres carrés.

Longitude E. entre 15° 20′ et 62°.
Latitude N. entre 40° et 70°.

101.

NOTIONS HISTORIQUES.

La Russie n'est sortie de la barbarie que depuis le czar Pierre Ier, au commencement du XVIIIe siècle. Ce souverain y introduisit les sciences et les arts de l'Europe. Les paysans russes sont encore serfs pour la plupart.

La Pologne russe a été ajoutée à cet empire à la fin du XVIIIe siècle, et le royaume de Pologne en 1814.

La Russie était autrefois habitée par les Scythes, les

Slaves ou Esclavons, les Sarmates et les Finnois. On trouve au nord, sur les bords de la mer Glaciale, les Lapons et les Samoyèdes, races d'hommes remarquables par la petitesse de leur taille; les derniers sont aussi répandus dans le nord de la Sibérie.

Le gouvernement de la Russie est une monarchie absolue.

La religion dominante est la religion chrétienne grecque.

La Russie exporte du cuivre, du fer, des bois, des grains, du chanvre, du suif, des cuirs renommés et des fourrures.

102.

Description générale.

Cette vaste contrée est généralement plate, et les montagnes qui la traversent sont peu élevées.

Elle est séparée de l'Asie par deux chaînes remarquables, qui sont : les monts Ourals, qu'on regarde comme les monts Ryphées ou Hyperboréens des anciens; et la chaîne du Caucase, où l'on distingue le mont *Kasbeck*, haut de 4,755 mètres, et l'*Elbourz*, élevé de 5,600 mètres environ.

Le nord-ouest de la Russie est presque entièrement couvert de lacs et de rochers; les pays du sud-est offrent de vastes steppes, plaines sablonneuses et imprégnées de sel. Le nord, à partir du 59e degré, est peu susceptible de culture, mais on y trouve de bons pâturages; le milieu de la Russie est fertile et bien cultivé; le sud jouit d'un climat plus doux et offre quelques cantons très-fertiles.

La navigation des rivières est généralement facile, parce que leur cours n'est pas rapide.

La Russie possède des mines de fer, de cuivre, de platine et d'or, surtout dans les monts Oural; l'or est principalement recueilli dans le sable des rivières. De belles et vastes forêts fournissent d'excellents bois de construction. Une grande partie de la Russie est trop froide pour les arbres fruitiers; le midi abonde en grains.

Outre ses bois et ses grains, la Russie exporte encore

du cuivre, des cuirs renommés, des fourrures et beaucoup de suif.

On trouve au nord de cette contrée et dans les îles inhabitées de l'océan Glacial, l'ours blanc, remarquable par sa force et sa férocité.

103.

* SUBDIVISIONS.

On divise la Russie d'Europe en 53 gouvernements, dont 14 dans la partie du nord, 19 dans celle du milieu, et 20 dans celle du sud.

Le royaume de Pologne a pour souverain l'empereur de Russie, mais il a une administration particulière.

Les 14 gouvernements du nord sont : le grand-duché de Finlande, cap. Helsingfords, subdivisé en 7 gouvernements, Uléaborg, Wasa, Kuopio, Abo, Tavastehus, Saint-Michel, Viborg; Arkhangel, cap. Arkhangel, v. pr. Kola ; Olonetz, cap. Pétrozavodsk, v. pr. Olonetz; Vologda; Novgorod ; Saint-Pétesbourg ; l'Estonie, cap. Rével ; la Livonie, cap. Riga ; Pskov ; Tver ; Iaroslav ; Kostroma ; Viatka ; Perm.

Les 19 gouvernements du milieu sont : la Courlande, cap. Mitau; Vilna; Bialystok; Grodno; Minsk; Vitebsk; Mohilev; Smolensk; Kalouga; Moscou; Toula; Riazan; Vladimir; Tambov; Nijnei-Novgorod; Kasan; Simbirsk; Penza; et Orenbourg, v. p. Oufa.

Les 20 gouvernements du sud sont : la Volhinie, cap. Jitomir; la Podolie, cap. Kamenetz; Kiev; Tchernigov; Poltava; Orel; Koursk; l'Ukraine, cap. Kharkov; Voronej; Saratov; Astracan; le Caucase, cap. Stavropol; le Daghestan, cap. Derbent; la Circassie, cap. Vladikaukasz; les Cosaques de la mer Noire, cap. Ékatérinodar; les Cosaques du Don, cap. Tcherkask; Ékatérinoslav, cap. Ékatérinoslav, v. pr. Azov et Taganrok; la Tauride ou Crimée, cap. Symféropol, v. pr. Pérékop, Sévastopol et Caffa; Nikolaëv, cap. Kherson, v. p. Odessa et Nicolaëv; la Bessarabie, cap. Kichenau, v. pr. Bender et Ismaïl.

Le royaume de Pologne, dont la capitale est Varsovie, se divise en 8 voïvodies, dont les chefs-lieux sont peu considérables.

Nota. Quoique la Circassie soit comprise dans cette liste des provinces russes, les Circassiens ont, jusqu'à présent, maintenu leur indépendance.

104.

VILLES ET LIEUX REMARQUABLES.

Saint-Pétersbourg (476,000 hab.), sur la Néva, à un kilomètre de son embouchure, a été bâtie, en 1703, par Pierre le Grand, dont on y voit la statue équestre en bronze, sur un rocher de granit du poids de quinze cent mille kilogrammes. Cette ville est remarquable par la beauté de ses quais et de ses édifices publics. Sa position la rend sujette à des inondations désastreuses.

Moscou (349,000 hab.), ancienne capitale de la Russie, qu'on appelait aussi *Moscovie*, fut prise, en 1812, par les Français, et en grande partie brûlée par les Russes. Elle a été reconstruite plus belle qu'elle n'était auparavant. C'est à Moscou que se fait le couronnement des empereurs. Parmi ses monuments, on remarque la cathédrale, et le Kremlin, qui renferme le palais des anciens czars.

Varsovie (134,000 hab.), sur la Vistule, capitale du royaume de Pologne, est une ville riche et industrieuse; mais elle a beaucoup souffert par suite de la dernière guerre contre les Russes.

Odessa (73,000 hab.), port franc, fondé en 1776, et le plus commerçant de la mer Noire, exporte beaucoup de blé.

Riga (59,000 hab.), ville très-forte, à l'embouchure de la Duna, est, après Saint-Pétersbourg, la plus commerçante de la Russie. On y remarque un pont de bateaux de 13 mètres de large et de 850 de long, qu'on enlève pendant l'hiver.

Kasan (57,000 hab.), près du Volga, est l'ancienne capitale d'un royaume tartare dont les Russes furent longtemps tributaires. On y remarque une université et un observatoire.

Astracan (43,000 hab.), à l'embouchure du Volga, est l'ancienne capitale d'un royaume tartare, et fait un grand commerce de peaux d'agneaux qui portent son nom.

Cronstadt (40,000 hab.), à l'embouchure de la Néva, est le principal port de la marine russe.

Kiev (40,000 hab.), sur le Dniéper, fut la capitale de la Russie avant Moscou.

Orenbourg (24,000 hab.), est le centre du commerce des Tartares avec l'Europe.

Nijnei-Novgorod (22,000 hab.), sur le Volga, célèbre par la foire qui s'y tient tous les ans, et où plus de cent mille individus viennent échanger les marchandises de l'Europe et de l'Asie.

Arkhangel (19,000 hab.), port à l'embouchure de la Dvina, fait un commerce important de fourrures.

Bender (10,000 hab.), sur le Dniester, est célèbre par le séjour qu'y fit Charles XII, après la bataille de Poltava.

Novgorod (8,000 hab.), sur le lac Ilmen, ville jadis très-florissante, est maintenant bien déchue. Ruric y fonda l'empire russe en 862.

Poltava (8,000 hab.), est célèbre par la victoire que Pierre le Grand y remporta, en 1708, sur Charles XII.

Taganrok ou **Tangarok** (6,000 hab.), port sur la mer d'Azov ; l'empereur Alexandre y est mort en 1825.

Narva (5,600 hab.) ; en 1700, Charles XII y remporta une grande victoire sur Pierre le Grand.

Sévastopol ou **Sébastopol** (5,000 hab.), port sur la mer Noire, est le centre des forces navales de la Russie dans cette mer.

105.

ADDITIONS A LA GÉOGRAPHIE PHYSIQUE.

COURS DES FLEUVES.

La *Dvina* se forme du concours des rivières de Sukona et de Vitchegda, dans le gouvernement de Vologda, passe à Arkhangel, et se jette dans la mer Blanche.

La *Néva* sort du lac Ladoga, passe à Saint-Pétersbourg et se jette dans le golfe de Finlande, vis-à-vis de Cronstadt.

La *Duna* prend sa source dans le gouvernement de Tver, sépare de la Courlande les gouvernements de Vitebsk et de Livonie, passe à Vitebsk, à Riga, et se jette dans le golfe de Riga, près de cette ville.

Le *Dniester* prend sa source aux monts Karpaths, en Gallicie, traverse la Podolie, sépare la Bessarabie du gouvernement de Nicolaëv, passe à Bender, et se jette dans la mer Noire, à Akerman, au S. O. d'Odessa.

Le *Dniéper*, qu'on appelait autrefois *Borysthène*, prend sa source dans le gouvernement de Smolensk, reçoit les rivières de Bérézina et de Pripet, arrose Smolensk, Mohilev, Kiev, Ékatérinoslav, Kherson, et se jette dans la mer Noire à l'O. de cette ville.

Le *Don* prend sa source dans le gouvernement de Toula, passe à Voronej, à Tcherkask, et se jette à Azov dans la mer du même nom.

Le *Volga*, le plus grand fleuve de l'Europe, sort du lac Sélinguer, dans le gouvernement de Tver, arrose Tver, Iaroslav, Kostroma, Nijnei-Novgorod, passe près de Kasan, arrose Simbirsk, Saratov, Astracan, et se jette dans la mer Caspienne par un grand nombre de bouches.

L'*Oural* prend sa source aux monts Ourals, dans le gouvernement d'Orenbourg, sépare l'Europe de l'Asie, arrose Orenbourg, et se jette dans la mer Caspienne.

CANAUX.

Les principaux canaux de la Russie sont, 1° le canal qui fait communiquer la Sukona à la mer Baltique, en traversant les lacs Koubinskoe, Biélo, Onéga, Ladoga, et suivant la rivière Svir; 2° le canal de Novgorod, qui joint la Néva au Volga, par les rivières de Msta et de Tvertza; 3° le canal de la Bérézina, qui joint le Dniéper à la Duna; 4° le canal de la rivière Pripet, qui joint le Dniéper au Bug; 5° le canal du Nord, qui joint la Dvina à la Kama; 6° le canal d'Ivanov, qui joint au Don l'Oka, affluent du Volga.

106.

POSSESSIONS HORS DE L'EUROPE.

La Russie possède, 1° en *Asie*, au sud du Caucase, la Géorgie, le Chirvan, l'Imérétie, l'Abasie et l'Arménie; au nord de l'Asie, la Sibérie (3,600,000 hab.); 2° en *Amérique*, l'Amérique russe (90,000 hab.).

Nota. Cracovie (25,000 hab.), sur la Vistule, ville de l'ancienne Pologne, forme une petite république sous la protection de la Russie, de l'Autriche et de la Prusse.

CONTRÉES DU MILIEU DE L'EUROPE.

FRANCE.

33,540,000 hab. — *Superficie :* 540,085 kil. carrés.

Entre 7° 9′ *de longitude ouest*, et 5° 56′ de *longitude est*.

Latitude nord, entre 42° 20′ et 51° 5′.

107.

NOTIONS HISTORIQUES.

La France portait autrefois le nom de *Gaule*. Elle fut soumise pendant 500 ans aux Romains. Les Francs s'en emparèrent dans le ve siècle après Jésus-Christ, et lui donnèrent le nom de *France;* depuis, elle ne fut jamais soumise à une nation étrangère.

Le gouvernement de la France est une monarchie constitutionnelle. Les lois sont faites par le roi, la chambre des pairs et la chambre des députés.

La religion catholique est celle de la majorité des Français.

Description générale.

108.

BORNES, ASPECT DU PAYS ET CLIMAT.

La France est bornée, au nord-est, par la Belgique, le grand-duché de Luxembourg, la Prusse rhénane et la Bavière rhénane; à l'est, par le Rhin qui la sépare du grand-duché de Bade, par le Jura qui la sépare de la Suisse, par la Savoie dont le Rhône la sépare en partie, et par les Alpes et le Var qui la séparent de l'Italie; au sud, la France est bornée par la Méditerranée et par les Pyrénées qui la séparent de l'Espagne; à l'ouest, par l'océan Atlantique; au nord-ouest, par la Manche et le Pas-de-Calais qui la séparent de l'Angleterre.

Les provinces du nord offrent de vastes plaines, agréablement coupées de collines; celles de l'est et du midi sont en grande partie couvertes de montagnes, tandis que le sol des provinces de l'ouest ne présente pas de hauteurs considérables.

Six grands fleuves et un grand nombre de rivières arrosent la France, y répandent la fertilité, et favorisent le commerce et l'industrie, que servent encore de belles routes, de nombreux canaux, et les mers qui baignent cette contrée.

En général, la France jouit d'un climat tempéré, d'un beau ciel, d'un air pur et salubre. Cependant au nord les hivers sont quelquefois rigoureux et durent près de la moitié de l'année; tandis que dans le midi les étés sont longs et chauds, le ciel presque toujours serein, et les froids de peu de durée. La température du milieu de la France est douce, et beaucoup plus égale qu'au nord et au midi.

MINÉRAUX.

On trouve en France d'excellentes pierres de taille, des carrières de granit, de marbre, d'albâtre, d'ardoises, de pierres à meule et à fusil, et quelques pierres précieuses. Les mines métalliques les plus importantes sont celles de fer, ensuite celles de cuivre, de plomb et argent, d'antimoine et de manganèse; parmi les autres mines, celles de houille et de sel occupent le premier rang par leur utilité; le sol de la France renferme aussi des minerais d'alun et de sulfate de fer, du soufre et des eaux minérales. Les marais salants sont pour cette contrée une grande source de richesses.

VÉGÉTAUX.

Le sol de la France est généralement d'une grande fertilité et donne les productions végétales les plus variées. Les principales sont le froment et les autres céréales, les plantes à fourrage, les légumes, parmi lesquels on doit citer la pomme de terre; des truffes; des betteraves pour la fabrication du sucre; des vignes de toute espèce qui fournissent d'excellents vins, dont les plus renommés sont ceux de Bourgogne, de Champagne, de Bordeaux et du midi; les huiles d'olive, de colza et de pavot ou œillette; les mûriers, le lin, le chanvre, le tabac; les plantes pour la médecine et pour la teinture; le houblon, etc., enfin les arbres fruitiers.

La France fournit encore de beaux bois pour la construction des vaisseaux; pour la charpente, la menuiserie et la fabrication des meubles : l'espèce de chêne dont l'écorce est le liége se trouve en assez grande quantité dans le midi.

Les principales forêts de la France sont celles des Ardennes, d'Orléans, de Fontainebleau et de Compiègne.

ANIMAUX.

Les animaux domestiques les plus communs en France sont les chevaux, les mulets, les ânes, les bœufs, les vaches, les moutons, parmi lesquels il faut citer les mérinos, animaux d'Espagne, dont l'introduction en France est due à Louis XVI; les chèvres, les porcs, et beaucoup de volaille. Depuis quelques années, on a importé avec succès les chèvres du Thibet.

Parmi les animaux sauvages, on distingue l'ours, le loup, le renard, le chat sauvage, le sanglier, le cerf, le chevreuil, le daim, le chamois, le mouflon de Corse, le lièvre, le lapin, l'écureuil, le blaireau, la loutre, etc. On trouve aussi en France un grand nombre d'oiseaux, dont les plus connus sont le vautour, l'aigle, le faucon, la buse, la perdrix, la caille, l'alouette, etc.; des poissons de mer et de rivière en abondance, ainsi que des huîtres, des moules et d'autres coquillages; enfin, parmi les insectes, les abeilles, les vers à soie, et le kermès dont on fait une teinture rouge.

109.

AGRICULTURE, INDUSTRIE, COMMERCE.

La France est un pays essentiellement agricole. Depuis quarante ans la culture des terres y a fait des progrès remarquables; elle est portée dans plusieurs provinces à un haut degré de perfection.

Les progrès de l'industrie ont été encore plus rapides et plus étonnants que ceux de l'agriculture. Les principales usines et manufactures sont : les fonderies, les forges, les manufactures d'armes, de quincaillerie, d'horlogerie, de bronzes et d'orfévrerie; celles de verre, de poterie, de porcelaine, de cristaux et de glaces; les fabriques de produits chimiques, les teintureries; les papeteries et les imprimeries; les manufactures de soieries, de toiles, de dentelles, de draps, d'étoffes de coton, et de tapis; celles d'eaux-de-vie, d'huiles, de savon; les raffineries de sucre et de sel; les fabriques d'amidon et les tanneries.

Le commerce de la France est très-considérable. Les principaux objets d'exportation sont les vins, l'eau-de-vie, l'huile, le vinaigre, les grains, les fruits, le sel, le savon, les étoffes de soie et de laine, la bonneterie, les tapisseries, les toiles, les dentelles, le papier, les caractères d'imprimerie, les livres, l'horlogerie, les bijoux, les meubles, les modes, etc.

110.

SUBDIVISIONS.

Nous avons déjà fait connaître, dans la première partie, la division de la France en quatre-vingt-six départements. Il y a, dans chaque département, un préfet chargé de l'administration civile; les départements sont divisés en sous-préfectures ou arrondissements communaux, administrés par des sous-préfets; les arrondissements sont subdivisés en cantons, et les cantons en communes administrées par des maires.

Pour la religion catholique, la France est divisée en quatre-vingts diocèses, administrés chacun par un archevêque ou par un évêque. Il y a, dans chaque chef-lieu de canton, un curé, et, dans chacune des autres paroisses, un desservant auquel l'usage accorde aussi le titre de curé.

Pour l'administration de la justice, il y a dans chaque canton un juge de paix, et, dans chaque arrondissement, un tribunal de première instance qui ressortit à l'une des vingt-sept cours royales entre lesquelles sont partagés tous les départements. Dans les villes les plus commerçantes, il y a un tribunal de commerce. Tous les tribunaux ressortissent à la cour de cassation, qui siége à Paris.

Les établissements d'instruction publique dépendent de l'Université de France, qui est divisée en vingt-sept académies administrées par des recteurs. Les ressorts de ces académies sont les mêmes que ceux des cours royales.

Pour l'administration de la guerre, la France est partagée en vingt et une divisions militaires.

Voici le tableau de chacune de ces divisions.

110 *bis*. SOUS-PRÉFECTURES.

DÉPARTEMENTS.	SOUS-PRÉFECTURES.
AIN	*Bourg*, Belley, Gex, Nantua, Trévoux.
AISNE	*Laon*, Château-Thierry, St-Quentin, Soissons, Vervins.
ALLIER	*Moulins*, Gannat, la Palisse, Montluçon.
ALPES (BASSES-)	*Digne*, Barcelonnette, Castellane, Forcalquier, Sisteron.
ALPES (HAUTES-)	*Gap*, Briançon, Embrun.
ARDÈCHE	*Privas*, l'Argentière, Tournon.
ARDENNES	*Mézières*, Rethel, Rocroy, Sedan, Vouziers.
ARIÉGE	*Foix*, Pamiers, Saint-Girons.
AUBE	*Troyes*, Arcis-sur-Aube, Bar-sur-Aube, Bar-sur-Seine, Nogent-sur-Seine.
AUDE	*Carcassonne*, Castelnaudary, Limoux, Narbonne.
AVEYRON	*Rodez*, Espalion, Milhau, Saint-Affrique, Villefranche.
BOUCHES-DU-RHÔNE	*Marseille*, Aix, Arles.
CALVADOS	*Caen*, Bayeux, Falaise, Lisieux, Pont-l'Évêque, Vire.
CANTAL	*Aurillac*, Mauriac, Murat, Saint-Flour.
CHARENTE	*Angoulême*, Barbezieux, Cognac, Confolens, Ruffec.

DÉPARTEMENTS.	SOUS-PRÉFECTURES.
Charente-Inférieure....	*La Rochelle*, Jonzac, Marennes, Rochefort, Saintes, Saint-Jean d'Angély.
Cher....................	*Bourges*, Saint-Amand, Sancerre.
Corrèze..................	*Tulle*, Brives, Ussel.
Corse....................	*Ajaccio*, Bastia, Calvi, Corté, Sartène.
Côte-d'Or................	*Dijon*, Beaune, Châtillon-sur-Seine, Semur.
Côtes-du-Nord...........	*Saint-Brieuc*, Dinan, Guingamp, Lannion, Loudéac.
Creuse..................	*Guéret*, Aubusson, Bourganeuf, Boussac.
Dordogne................	*Périgueux*, Bergerac, Nontron, Ribérac, Sarlat.
Doubs....................	*Besançon*, Baume, Montbelliard, Pontarlier.
Drôme....................	*Valence*, Die, Montélimar, Nyons.
Eure.....................	*Évreux*, les Andelys, Bernay, Louviers, Pont-Audemer.
Eure-et-Loir............	*Chartres*, Châteaudun, Dreux, Nogent le Rotrou.
Finistère................	*Quimper*, Brest, Châteaulin, Morlaix, Quimperlé.
Gard.....................	*Nîmes*, Alais, Uzès, le Vigan.
Garonne (Haute-)......	*Toulouse*, Muret, Saint-Gaudens, Villefranche.
Gers.....................	*Auch*, Condom, Lectoure, Lombez, Mirande.
Gironde..................	*Bordeaux*, Bazas, Blaye, la Réole, Lesparre, Libourne.
Hérault..................	*Montpellier*, Béziers, Lodève, Saint-Pons.
Ille-et-Vilaine........	*Rennes*, Fougères, Montfort, Redon, Saint-Malo, Vitré.
Indre....................	*Châteauroux*, le Blanc, Issoudun, la Châtre.
Indre-et-Loire.........	*Tours*, Chinon, Loches.
Isère....................	*Grenoble*, la Tour du Pin, Saint-Marcellin, Vienne.
Jura.....................	*Lons-le-Saunier*, Dôle, Poligny, St-Claude.
Landes..................	*Mont-de-Marsan*, Dax, Saint-Sever.
Loir-et-Cher...........	*Blois*, Romorantin, Vendôme.
Loire....................	*Montbrison*, Roanne, Saint-Étienne.
Loire (Haute-).........	*Le Puy*, Brioude, Yssengeaux.
Loire-Inférieure.......	*Nantes*, Ancenis, Châteaubriant, Paimbœuf, Savenay.

DÉPARTEMENTS.	SOUS-PRÉFECTURES.
LOIRET	*Orléans*, Gien, Montargis, Pithiviers.
LOT	*Cahors*, Figeac, Gourdon.
LOT-ET-GARONNE	*Agen*, Marmande, Nérac, Villeneuve d'Agen.
LOZÈRE	*Mende*, Florac, Marvejols.
MAINE-ET-LOIRE	*Angers*, Beaugé, Beaupréau, Saumur, Segré.
MANCHE	*Saint-Lô*, Avranches, Cherbourg, Coutances, Mortain, Valognes.
MARNE	*Châlons*, Épernay, Reims, Sainte-Menehould, Vitry-le-Français.
MARNE (HAUTE-)	*Chaumont*, Langres, Vassy.
MAYENNE	*Laval*, Château-Gontier, Mayenne.
MEURTHE	*Nancy*, Château-Salins, Lunéville, Sarrebourg, Toul.
MEUSE	*Bar-le-Duc*, Commercy, Montmédy, Verdun.
MORBIHAN	*Vannes*, Lorient, Ploërmel, Pontivy.
MOSELLE	*Metz*, Briey, Sarreguemines, Thionville.
NIÈVRE	*Nevers*, Château-Chinon, Clamecy, Cosne.
NORD	*Lille*, Avesne, Cambray, Douay, Dunkerque, Hazebrouck, Valenciennes.
OISE	*Beauvais*, Clermont, Compiègne, Senlis.
ORNE	*Alençon*, Argentan, Domfront, Mortagne.
PAS-DE-CALAIS	*Arras*, Béthune, Boulogne, Montreuil, Saint-Omer, Saint-Pol.
PUY-DE-DÔME	*Clermont-Ferrand*, Ambert, Issoire, Riom, Thiers.
PYRÉNÉES (BASSES-)	*Pau*, Bayonne, Mauléon, Oloron, Orthès.
PYRÉNÉES (HAUTES-)	*Tarbes*, Argelès, Bagnères.
PYRÉNÉES-ORIENTALES	*Perpignan*, Céret, Prades.
RHIN (BAS-)	*Strasbourg*, Saverne, Schelestadt, Weissembourg.
RHIN (HAUT-)	*Colmar*, Altkirch, Belfort.
RHÔNE	*Lyon*, Villefranche.
SAÔNE (HAUTE-)	*Vesoul*, Gray, Lure.
SAÔNE-ET-LOIRE	*Mâcon*, Autun, Châlons, Charolles, Louhans.
SARTHE	*Le Mans*, la Flèche, Mamers, Saint Calais.
SEINE	*Paris*, Saint-Denis, Sceaux.

DÉPARTEMENTS.	SOUS-PRÉFECTURES.
SEINE-ET-MARNE	*Melun*, Coulommiers, Fontainebleau, Meaux, Provins.
SEINE-ET-OISE	*Versailles*, Corbeil, Étampes, Mantes, Pontoise, Rambouillet.
SEINE-INFÉRIEURE	*Rouen*, Dieppe, le Havre, Neufchâtel, Yvetot.
SÈVRES (DEUX-)	*Niort*, Bressuire, Melle, Parthenay.
SOMME	*Amiens*, Abbeville, Doullens, Montdidier, Péronne.
TARN	*Alby*, Castres, Gaillac, Lavaur.
TARN-ET-GARONNE	*Montauban*, Castel-Sarrasin, Moissac.
VAR	*Draguignan*, Brignoles, Grasse, Toulon.
VAUCLUSE	*Avignon*, Apt, Carpentras, Orange.
VENDÉE	*Bourbon-Vendée*, Fontenay, les Sables d'Olonne.
VIENNE	*Poitiers*, Châtellerault, Civray, Loudun, Montmorillon.
VIENNE (HAUTE-)	*Limoges*, Bellac, Rochechouart, Saint-Yrieix.
VOSGES	*Épinal*, Mirecourt, Neufchâteau, Remiremont, Saint-Dié.
YONNE	*Auxerre*, Avallon, Joigny, Sens, Tonnerre.

111. ARCHEVÊCHÉS ET ÉVÊCHÉS.

On compte en France 14 archevêchés, dont voici le tableau, avec les 66 évêchés qui en relèvent.

ARCHEVÊCHÉS.	ÉVÊCHÉS.
AIX.........	Gap, Digne, Marseille, Fréjus, Ajaccio.
ALBY..........	Mende, Rodez, Cahors, Perpignan.
AUCH.........	Tarbes, Aire, Bayonne.
AVIGNON......	Valence, Viviers, Nîmes, Montpellier.
BESANÇON.....	Verdun, Metz, Nancy, Strasbourg, St-Dié, Belley.
BORDEAUX.....	Luçon, Poitiers, la Rochelle, Angoulême, Périgueux, Agen.
BOURGES......	Limoges, Clermont-Ferrand, Tulle, St-Flour, le Puy.
LYON.........	Langres, Dijon, Autun, St.-Claude, Grenoble.
PARIS.........	Arras, Cambray, Meaux, Versailles, Chartres, Orléans, Blois.
REIMS........	Amiens, Beauvais, Soissons, Châlons.
ROUEN........	Évreux, Bayeux, Coutances, Séez.
SENS..........	Troyes, Nevers, Moulins.
TOULOUSE.....	Montauban, Carcassonne, Pamiers.
TOURS........	Le Mans, Rennes, St-Brieuc, Quimper, Vannes, Nantes, Angers.

112. COURS ROYALES
ET
ACADÉMIES UNIVERSITAIRES.

SIÉGES DES COURS ROYALES.	RESSORT DES COURS ROYALES ET DES ACADÉMIES UNIVERSITAIRES.
AGEN *	Lot-et-Garonne, Lot, Gers.
AIX..........	Bouches-du-Rhône, Basses-Alpes, Var.
AMIENS.......	Somme, Oise, Aisne.
ANGERS... ...	Maine-et-Loire, Mayenne, Sarthe.
BASTIA *......	Corse.
BESANÇON.....	Doubs, Haute-Saône, Jura.
BORDEAUX.....	Gironde, Dordogne, Charente.
BOURGES......	Cher, Indre, Nièvre.
CAEN	Calvados, Manche, Orne.
COLMAR *	Haut-Rhin, Bas-Rhin.
DIJON	Côte-d'Or, Haute-Marne, Saône-et-Loire.
DOUAY........	Nord, Pas-de-Calais.
GRENOBLE.. .	Isère, Drôme, Hautes-Alpes.
LIMOGES.......	Haute-Vienne, Creuse, Corrèze.
LYON.... ...	Rhône, Loire, Ain.
METZ.........	Moselle, Ardennes.
MONTPELLIER...	Hérault, Aveyron, Aude, Pyrénées-Orientales.
NANCY.... ...	Meurthe, Meuse, Vosges.
NÎMES.........	Gard, Ardèche, Lozère, Vaucluse.
ORLÉANS.....	Loiret, Loir-et-Cher, Indre-et-Loire.
PARIS.........	Seine, Seine-et-Oise, Eure-et-Loir, Seine-et-Marne, Marne, Aube, Yonne.
PAU..... . ..	Basses-Pyrénées, Landes, Hautes-Pyrénées.
POITIERS......	Vienne, Deux-Sèvres, Vendée, Charente-Inférieure.
RENNES.......	Ille-et-Vilaine, Côtes-du-Nord, Finistère, Morbihan, Loire-Inférieure.
RIOM *..... ..	Puy-de-Dôme, Allier, Cantal, Haute-Loire.
ROUEN.	Seine-Inférieure, Eure.
TOULOUSE.....	Haute-Garonne, Tarn-et-Garonne, Tarn, Ariége.

* Quelques siéges d'académies universitaires diffèrent du siége de la cour royale. Ainsi Agen est remplacé par Cahors, Bastia par Ajaccio, Colmar par Strasbourg, Riom par Clermont.

113. DIVISIONS MILITAIRES.

Sous le rapport militaire, la France est partagée en 21 divisions, dont voici le tableau :

Nos DES DIVISIONS, ET CHEFS-LIEUX.	DÉPARTEMENTS QUI LES COMPOSENT.
1re PARIS... ...	Seine, Seine-et-Oise, Seine-et-Marne, Oise, Eure-et-Loir, Aisne, Loiret.
2e CHALONS-S-M.	Marne, Ardennes, Meuse.
3e METZ.......	Moselle, Meurthe, Vosges.
4e TOURS......	Indre-et-Loire, Sarthe, Mayenne, Loir-et-Cher, Vienne.
5e STRASBOURG..	Bas-Rhin, Haut-Rhin.
6e BESANÇON....	Doubs, Jura, Haute-Saône.
7e LYON........	Rhône, Isère, Hautes-Alpes, Drôme, Ain, Loire.
8e MARSEILLE...	Bouches-du-Rhône, Vaucluse, Var, Basses-Alpes.
9e MONTPELLIER.	Hérault, Gard, Aveyron, Ardèche, Lozère.
10e TOULOUSE....	Haute-Garonne, Lot, Tarn, Tarn-et-Garonne.
11e BORDEAUX...	Gironde, Charente-Inférieure, Charente, Dordogne, Lot-et-Garonne.
12e NANTES......	Loire-Inférieure, Vendée, Maine-et-Loire, Deux-Sèvres.
13e RENNES......	Ille-et-Vilaine, Morbihan, Finistère, Côtes-du-Nord.
14e ROUEN......	Seine-Inférieure, Calvados, Manche, Eure, Orne.
15e BOURGES.....	Cher, Indre, Nièvre, Hte-Vienne, Creuse.
16e LILLE......	Nord, Pas-de-Calais, Somme.
17e BASTIA. ...	Corse.
18e DIJON.......	Côte-d'Or, Saône-et-Loire, Aube, Yonne, Haute-Marne.
19e CLERMONT...	Puy-de-Dôme, Cantal, Allier, Haute-Loire, Corrèze.
20e BAYONNE....	Basses-Pyrénées, Landes, Gers, Hautes-Pyrénées.
21e PERPIGNAN...	Pyrénées-Orientales, Aude, Ariége.

114.

PORTS.

Les 5 ports militaires de la France sont : Cherbourg, Brest, Lorient, Rochefort et Toulon, qui sont en même temps les chefs-lieux des cinq préfectures maritimes.

Les 16 ports marchands les plus considérables sont Dunkerque, Calais, Boulogne, Dieppe, le Havre, Rouen, Saint-Malo, Morlaix, Nantes, les Sables d'Olonne, la Rochelle, Bordeaux, Bayonne, Cette, Marseille, Antibes.

115.

ADDITIONS A LA GÉOGRAPHIE PHYSIQUE.

PRINCIPAUX BASSINS DE LA FRANCE.

La France comprend, en entier ou en partie, cinq bassins principaux et plusieurs bassins secondaires.

Les 5 principaux bassins sont ceux de la Seine, de la Loire, de la Garonne, du Rhône, et celui du Rhin dont une petite partie seulement appartient à la France.

1° Les départements compris dans le *bassin de la Seine* sont : la Seine, Seine-et-Oise, Seine-et-Marne, la Marne, l'Aube, l'Yonne, l'Eure, avec des parties de la Seine-Inférieure, de l'Oise, de l'Aisne, des Ardennes, de la Meuse, de la Haute-Marne, de la Côte-d'Or, de Saône-et-Loire, de la Nièvre, du Loiret, d'Eure-et-Loir et de l'Orne.

2° Le *bassin de la Loire* comprend en entier : la Haute-Loire, l'Allier, la Creuse, l'Indre, le Cher, le Loir-et-Cher, l'Indre-et-Loire, la Sarthe et Maine-et-Loire ; presqu'en entier, la Mayenne, la Loire-Inférieure, la Vienne, la Haute-Vienne, le Puy-de-Dôme, la Loire; et des parties de l'Orne, d'Eure-et-Loir, du Loiret, de la Nièvre, de Saône-et-Loire, de la Côte-d'Or, du Rhône, de l'Ardèche, de la Lozère, du Cantal, de la Corrèze, de la Charente, des Deux-Sèvres et de la Vendée.

3° Le *bassin de la Garonne* ou *de la Gironde* comprend en entier : la Haute-Garonne, le Tarn, l'Aveyron,

Tarn-et-Garonne, le Lot, Lot-et-Garonne; en grande partie la Gironde, la Dordogne, la Corrèze, le Cantal, la Lozère, l'Ariége, le Gers, et de petites parties de la Charente-Inférieure, de la Charente, de la Haute-Vienne, du Puy-de-Dôme, du Gard, de l'Hérault, de l'Aude, des Hautes-Pyrénées et des Landes.

4° Le *bassin du Rhône* comprend en entier la Haute-Saône, le Doubs, le Jura, l'Ain, l'Isère, la Drôme, les Hautes-Alpes, Vaucluse; en grande partie, les Basses-Alpes, les Bouches-du-Rhône, le Gard, l'Ardèche, le Rhône, Saône-et-Loire et la Côte-d'Or ; avec de petites parties du Haut-Rhin, des Vosges, de la Haute-Marne, de la Loire, de la Lozère et du Var.

5° Le *bassin du Rhin* ne renferme, en entier en France, que le département du Bas-Rhin, avec presque tout le Haut-Rhin, les Vosges, la Meurthe, la Moselle et une petite partie de la Meuse.

BASSINS SECONDAIRES.

Les principaux bassins secondaires de la France sont au nombre de onze, savoir :

1° deux près de la Belgique.

Le *bassin de la Meuse,* qui comprend des parties de la Haute-Marne, des Vosges, de la Meurthe, de la Meuse, de la Moselle, des Ardennes, du Nord et de l'Aisne.

Le *bassin de l'Escaut,* qui renferme une grande partie du Nord, du Pas-de-Calais, et une petite partie de l'Aisne.

2° Deux sur les côtes de la Manche.

Le *bassin de la Somme,* qui comprend le département de la Somme presqu'en entier et une petite partie de l'Aisne.

Le *bassin de l'Orne,* qui comprend, en grande partie, l'Orne et le Calvados.

3° Quatre sur les côtes de l'océan Atlantique :

Le *bassin de la Vilaine,* qui renferme, en grande partie, le département d'Ille-et-Vilaine, et de petites parties de la Mayenne, de la Loire-Inférieure et du Morbihan.

Le *bassin de la Sèvre Niortaise,* comprenant des parties des Deux-Sèvres, de la Vendée et de la Charente-Inférieure.

Le *bassin de la Charente*, qui renferme, en grande partie, la Charente, la Charente-Inférieure et de petites parties des Deux-Sèvres, de la Vienne, de la Haute-Vienne et de la Dordogne.

Le *bassin de l'Adour*, qui comprend les Basses-Pyrénées, avec partie des Hautes-Pyrénées, du Gers et des Landes.

4° Sur les côtes de la Méditerranée, les bassins secondaires ne sont pas considérables; nous ne citerons que ceux de *l'Aude*, de *l'Hérault*, et du *Var*, comprenant des portions des départements de même nom.

COURS DES FLEUVES.

1° La *Seine* sort du mont Tasselot, près du village de Chanceaux (département de la Côte-d'Or); elle arrose les départements de la Côte-d'Or, de l'Aube, de la Marne, de Seine-et-Marne, de la Seine, de Seine-et-Oise, de l'Eure, de la Seine-Inférieure, et va se jeter dans la Manche.

Parmi les villes où elle passe, on doit citer Troyes, Melun, Paris, Rouen, le Havre et Honfleur qui sont à son embouchure.

Les 5 principales rivières que reçoit la Seine sont: l'Aube, l'Yonne; la Marne, un peu au-dessus de Paris; l'Oise, à 27 kilomètres au-dessous; et l'Eure, près de Louviers.

2° La *Loire* sort du mont Gerbier-des-Joncs, dans les Cévennes (département de l'Ardèche); elle arrose ou borde les départements de l'Ardèche, de la Haute-Loire, la Loire, Saône-et-Loire, l'Allier, la Nièvre, le Cher, le Loiret, Loir-et-Cher, Indre-et-Loire, Maine-et-Loire, la Loire-Inférieure, et se jette dans l'océan Atlantique.

Parmi les villes qu'elle arrose, les plus remarquables sont : Roanne, Nevers, la Charité, Briare, Orléans, Blois, Tours, Saumur, Nantes, et Paimbœuf près de son embouchure.

Les 8 principales rivières que reçoit la Loire sont: la Nièvre, à Nevers; l'Allier, au-dessous de cette ville; le

Loiret, au-dessous d'Orléans; le Cher, un peu au-dessous de Tours; l'Indre et la Vienne, au-dessus de Saumur; la Maine, au-dessous d'Angers; la Sèvre Nantaise, en face de Nantes.

3° La *Garonne* prend sa source dans les Pyrénées espagnoles, au val d'Aran qu'elle traverse, arrose les départements de la Haute-Garonne, Tarn-et-Garonne, Lot-et-Garonne, la Gironde, et borde celui de la Charente-Inférieure.

Elle passe par Toulouse, Agen, Marmande, Bordeaux, le bourg du Bec-d'Ambez, et à Blaye sous le nom de Gironde.

Les 5 principales rivières que reçoit la Garonne sont : l'Ariége, au-dessus de Toulouse; le Tarn, près de Moissac; le Gers, au-dessous d'Agen; le Lot, au-dessous de la même ville; et la Dordogne, au bourg du Bec-d'Ambez, où elle prend le nom de Gironde qu'elle conserve jusqu'à la mer.

4° Le *Rhône* prend sa source au mont Furca en Suisse, arrose une partie de cette contrée, traverse le lac de Genève, sépare les départements de l'Ain, du Rhône, de la Loire, de l'Ardèche et du Gard, de la Savoie, et des départements de l'Isère, de la Drôme, de Vaucluse et des Bouches-du-Rhône; et se jette dans le golfe de Lyon par plusieurs embouchures.

Il arrose, dans son cours, Sion et Genève en Suisse; Lyon, Vienne, Valence, Viviers, Pont-Saint-Esprit, Avignon, Beaucaire, Tarascon et Arles, en France.

Les 7 principales rivières que reçoit le Rhône sont, en France : l'Ain, à 8 lieues au-dessus de Lyon; la Saône, à Lyon; l'Isère, au-dessus de Valence; la Drôme, entre Valence et Montélimar; l'Ardèche, au-dessus de Pont-Saint-Esprit; la Durance, au-dessous d'Avignon; le Gard, au-dessus de Beaucaire.

Les 3 grands fleuves qui arrosent la France, sans y avoir leur embouchure, sont : le Rhin, la Meuse et l'Escaut.

Les 9 fleuves les plus importants après ceux dont nous avons donné le cours, sont : la Somme et l'Orne, qui se jettent dans la Manche; la Vilaine, la Sèvre Niortaise, la Charente et l'Adour, qui ont leur embouchure dans l'océan Atlantique; l'Aude, l'Hérault et le Var, qui se jettent dans la Méditerranée.

Les 3 principales rivières de France qui ont leur embouchure hors de cette contrée, sont : la Moselle, qui se jette dans le Rhin; la Lys, qui se jette dans l'Escaut; et la Sambre, qui se jette dans la Meuse.

Parmi les rivières qui se jettent dans les petits fleuves ou dans les autres rivières, on en remarque 11, qui sont : la Meurthe, qui se jette dans la Moselle; l'Aisne, qui se jette dans l'Oise; l'Ille, qui se jette dans la Vilaine; le Loir, qui reçoit la Sarthe et se réunit à la Mayenne, au-dessus d'Angers, pour former la Maine; la Creuse, qui se jette dans la Vienne, la Vendée, qui se jette dans la Sèvre Niortaise; l'Aveyron, qui se jette dans le Tarn; la Vézère, qui reçoit la Corrèze et se jette dans la Dordogne; le Doubs, qui a son embouchure dans la Saône.

116.

CANAUX.

Les rivières navigables offrent la voie la plus économique pour les transports du commerce. Elles communiquent naturellement entre elles dans l'étendue d'un même bassin. On construit des canaux pour établir une communication entre les rivières des bassins différents. Les nombreuses chaînes de montagnes et de collines qui séparent les bassins de la France, y rendent ces travaux plus difficiles qu'ils ne le sont en Hollande, en Belgique et dans quelques autres contrées; on a cependant déjà construit beaucoup de canaux qui font communiquer entre eux presque tous les bassins principaux; plusieurs autres sont commencés ou projetés. Voici les plus importants de ceux qui sont entièrement achevés ou sur le point de l'être :

Le bassin de la Seine se lie,

1° A ceux de la Somme et de l'Escaut, par le *canal de Picardie* ou *de Crozat* qui joint la Somme et l'Oise, et par le *canal de St-Quentin* qui joint l'Escaut et la Somme;

2° Au bassin de la Loire, par les *canaux d'Orléans*,

de Briare et du Loing, qui joignent la Seine et la Loire;

3° Au bassin de la Meuse, par le *canal des Ardennes* qui joint l'Aisne à la Meuse, et par le *canal de la Sambre* qui joint l'Oise à la Sambre;

4° Au bassin du Rhône, par le *canal de Bourgogne* qui joint l'Yonne, la Saône et le Doubs.

Le bassin du Rhône se lie en outre,

1° A celui du Rhin, par le *canal de l'Est* ou *du Rhône au Rhin* qui joint le Doubs au Rhin;

2° A celui de la Loire, par le *canal du Centre* ou *de Digoin* qui joint la Saône à la Loire.

Le bassin de la Garonne se lie,

1° A celui de la Méditerranée, par le *canal du Languedoc* ou *du Midi.*

2° A celui du Rhône, par une suite de canaux qui, partant de celui du Languedoc, longent les étangs au sud du département de l'Hérault, et joignent le Rhône près de son embouchure et à Beaucaire.

Outre ces grandes communications des principaux bassins, on peut encore citer,

1° Les canaux qui, dans les départements du Nord et du Pas-de-Calais, unissent l'Escaut, la Scarpe et la Lys avec les ports français de Calais et de Dunkerque sur la mer du Nord;

2° Le *canal des Salines*, qui joint la Moselle à la Sarre;

3° Le *canal du Nivernais*, qui joint l'Yonne à la Loire;

4° Le *canal du Berry*, qui joint le Cher à la Loire, dans le département du Cher;

5° Le *canal de Nantes à Brest*, qui lie la Loire à la Vilaine, au Blavet et à la baie de Brest, à travers l'ancienne Bretagne;

6° Le *canal d'Ille et Rance*, qui lie la Vilaine à la Manche.

Plusieurs autres canaux, tels que les *canaux latéraux à la Loire*, le *canal de la Somme*, etc., ont été construits à côté des rivières dont la navigation était trop difficile.

117.

EAUX MINÉRALES.

Les 14 sources d'eaux minérales les plus renommées sont : celles de Saint-Amand, dans le département du Nord ; de Forges, dans la Seine-Inférieure ; de Passy, dans le dép. de la Seine; d'Enghien-les-Bains, dans le dép. de Seine-et-Oise; de Bourbonne-les-Bains, dans la Haute-Marne ; de Plombières, dans les Vosges ; de Luxeuil, dans la Haute-Saône ; de Bourbon-Lancy, dans le dép. de Saône-et-Loire ; de Balaruc, dans le dép. de l'Hérault ; de Bagnères et de Barréges, dans les Hautes-Pyrénées ; de Bourbon-l'Archambault et de Vichy, dans le dép. de l'Allier, du Mont-Dor, dans le dép. du Puy-de-Dôme.

118.

LACS.

Les seuls lacs qui méritent d'être nommés sont : le lac de Grand-Lieu, dans le département de la Loire-Inférieure ; et l'étang de Carcans, dans le département de la Gironde.

119.

MONTAGNES.

Les 7 principales chaînes de montagnes de la France sont : 1° les *Pyrénées*, entre la France et l'Espagne, dont les pics les plus remarquables sont : le mont Perdu (haut de 3,410 mètres), le pic du Midi (2,940 m.), et le Canigou (2,780 m.); 2° les *Alpes*, entre la France et l'Italie, dont les sommets les plus élevés en France sont : le mont Pelvoux (4,300 m.), le mont Viso (3,836 m.), le mont Genèvre (3,592 m.), et le mont Ventoux (1,960 m.) ; 3° les *Cévennes*, dans le Languedoc, où l'on remarque le mont Mézin (1,776 m.), et le mont de la Lozère (1,490 m.) ; 4° les *Monts d'Auvergne*, qui sont une branche des Cévennes et dont les points les plus élevés sont : le mont Dor (1,884 m.), le Cantal (1,857 m.) et le Puy-de-Dôme (1,467 m.) ; 5° le *Jura*, entre la Franche-Comté et la Suisse, dans lequel on distingue la Dôle (1,682 m.); 6° les *Vosges*, entre la Lorraine et l'Alsace ; elles jettent des rameaux en Franche-Comté et en Champagne. Le sommet principal de cette chaîne est le Ballon d'Alsace, près des sources de la Moselle (1,403); 7° les *Monts de la Corse*, parmi lesquels on distingue le Monté Rotondo (2,672 m.).

120.

CAPS.

Les 5 caps les plus remarquables de la France sont, en commençant par le nord : le cap Gris-nez, dans le dép. du Pas-de-Calais, entre Calais et Boulogne ; la pointe de Barfleur, à l'extrémité N.-E. du dép. de la Manche ; le cap de la Hague, à l'extrémité N.-O. du même dép. ; le cap ou bec du Raz ; et la pointe de Penmarch, au S.-O. du dép. du Finistère.

121.

DÉTROITS.

Les 3 principaux détroits qui se trouvent entre les côtes de France et les îles voisines sont : le Pas-de-Calais, entre le dép. de ce nom et l'Angleterre ; le détroit ou pertuis Breton, entre le dép. de la Vendée et l'île de Ré ; le pertuis d'Antioche, entre les îles de Ré et d'Oléron.

122.

GOLFES.

Outre les golfes déjà nommés, on peut citer la baie de Brest, le Morbihan et le bassin d'Arcachon, formés par l'océan Atlantique; l'étang de Berre et l'étang de Thau, formés par la Méditerranée.

123.

ÎLES.

Nous avons nommé dans la première partie les principales îles de la France. Les 8 qui méritent encore quelque attention sont : les Minquières, au nord de la Bretagne ; les îles de Sein et de Glenan, sur la côte du dép. du Finistère ; celles d'Houat et d'Hoédic, à l'est de Belle-Ile ; l'îlot de la tour de Cordouan, à l'embouchure de la Gironde ; les îles d'Hyères et de Lérins, dans la Méditerranée.

124.

PRESQU'ÎLES.

Les seules presqu'îles qu'on puisse citer sont au nombre de trois : la partie nord du dép. de la Manche, la Bretagne, et la presqu'île de Quiberon.

125.

POSSESSIONS HORS DE L'EUROPE.

La France possède : 1° en *Asie*, dans l'Hindoustan, Pondichéry, Mahé, Karikal, Yanaon et Chandernagor, qui ont ensemble une superficie de 478 kilomètres carrés et une population de 168,000 hab.

2° En *Afrique*, l'Algérie, cap. Alger ; la colonie du Sénégal, ch-l. Saint-Louis ; l'île de Gorée, et, dans l'intérieur, quelques comptoirs qui dépendent du Sénégal ; l'île de Bourbon, qui a une superficie de 2, 315 kilomètres carrés et 112,000 hab. ; enfin un petit établissement près de Madagascar, à l'île Sainte-Marie.

3° En *Amérique*, les îles de Saint-Pierre et de Miquelon, dans le golfe de Saint-Laurent près de Terre-Neuve ; la Martinique, la Guadeloupe, Marie-Galante, les Saintes, la Désirade, une partie de l'île Saint-Martin et les dépendances, qui ont ensemble une superficie de 3,000 kilomètres carrés et une population de 245,000 hab. ; la *Guyane*, ch.-l. Cayenne, qui a 355,000 kilomètres de surface et 22,000 hab. non compris les indigènes.

* 125(*bis*).

SUBDIVISIONS DES ANCIENNES PROVINCES DE LA FRANCE AVANT 1789.

La FLANDRE se divisait en 4 parties : la Flandre maritime, cap. Dunkerque ; la Flandre vallonne, cap. Lille ; le Cambrésis, cap. Cambray ; le Hainaut français, cap. Valenciennes.

L'ARTOIS n'avait pas de subdivisions.

La PICARDIE était divisée en 13 pays : c'étaient l'Amiénois, cap. Amiens ; le Santerre, cap. Péronne ; le Vermandois, cap. Saint-Quentin, et le pays de Thiérache, cap. Guise, formant la haute Picardie ; le Calaisis, cap. Calais ; le Boulonnais, cap. Boulogne ; le Ponthieu, cap. Abbeville ; et le Vimeu, cap. Saint-Valery, formant la basse Picardie ; le Beauvaisis, cap. Beauvais ; le Soissonnois, cap. Soissons ; le Valois, cap. Senlis ; le Laonnais, cap. Laon ; et le Noyonnais, cap. Noyon, formant la Picardie méridionale, qui faisait partie du gouvernement général militaire de l'Ile-de-France.

La NORMANDIE se divisait en haute Normandie, cap. Rouen ; et basse Normandie, cap. Caen.

La haute Normandie comprenait 7 pays : le Vexin normand, cap. Rouen ; le Roumois, cap. Quillebœuf ; le pays de Caux, cap. Dieppe ; le pays de Bray, cap. Neufchâtel ; le pays d'Auge, cap. Honfleur ; le Lieuvain, cap. Lisieux ; et le pays d'Évreux.

La basse Normandie comprenait 8 pays : la campagne de Caen ; le Bessin, cap. Bayeux ; le Bocage, cap. Vire ; le Cotentin, cap. Coutances ; l'Avranchin, cap. Avranches ; le Houlme, cap. Argentan ; les Marches, cap. Alençon ; et l'Ouche, cap. Verneuil.

L'ILE-DE-FRANCE comprenait 7 pays : l'Ile-de-France propre, cap. Paris ; la Brie française, cap. Brie-Comte-Robert ; le Gatinais français, cap. Melun ; le Hurepoix, cap. Dourdan ; le Mantais, cap. Mantes ; le Vexin français, cap. Pontoise ; le Thimerais ou Perche français, cap. Châteauneuf.

La CHAMPAGNE se divisait en 8 parties ; le Rémois, cap. Reims ; le Perthois, cap. Vitry-le-Français ; le Rethelois, cap. Rethel (ces trois pays formaient la haute Champagne, à laquelle on joignait quelquefois la principauté de Sedan) ; la Champagne propre, cap. Troyes ; le Vallage, cap. Joinville ; le Bassigny, cap. Langres ; le Sénonais, cap. Sens ; (ces 4 pays formaient la basse Champagne).

La LORRAINE comprenait 9 pays : la Lorraine propre, cap. Nancy ; la Lorraine allemande, cap. Sarreguemines ; le pays Messin, cap. Metz ; le pays des Vosges, cap. Saint-Dié ; le Toulois, cap. Toul ; le Verdunois, cap. Verdun ; le Barrois, cap. Bar-le-Duc ; le Luxembourg français, cap. Thionville ; et la principauté de Bouillon, qui est aujourd'hui à la Belgique.

L'ALSACE se divisait en 3 parties : la haute Alsace, cap. Colmar ; la basse Alsace, cap. Strasbourg ; et le Sundgau, cap. Belfort.

La FRANCHE-COMTÉ n'avait pas de subdivisions.

La BOURGOGNE comprenait 14 petits pays : la Montagne, cap. Châtillon-sur-Seine ; l'Auxerrois, cap. Auxerre ; l'Auxois, cap. Semur en Auxois ; le Dijonnais, cap. Dijon ; l'Autunois, cap. Autun ; le Charollais, cap. Charolles ; le Brionnois, cap. Semur en Brionnois ; le Chalonnais, cap. Châlons-sur-Saône ; le Mâconais, cap. Mâcon ; la Bresse, cap. Bourg ; le pays de Dombes, cap. Trévoux ; le Bugey, cap. Belley ; le Valromey, cap. Seyssel ; et le pays de Gex.

Le LYONNAIS se divisait en 3 parties : le Lyonnais propre, cap. Lyon ; le Forez, cap. Montbrison ; et le Beaujolais, cap. Villefranche.

Le DAUPHINÉ était partagé en haut Dauphiné, cap. Grenoble, et bas Dauphiné, cap. Vienne. Le premier comprenait : le Grésivaudan, cap. Grenoble ; le Royannès, cap. Pont-en-Royans ; le Champsaur, cap. Saint-Bonnet ; le Briançonnais, cap. Briançon ; l'Embrunais, cap. Embrun ; le Gapençais, cap. Gap ; les Baronnies, cap. le Buis.

Le bas Dauphiné comprenait le Viennois, cap. Vienne ; le Valentinois, cap. Valence ; le Diois, cap. Die ; le Tricastin, cap. Saint-Paul-Trois-Châteaux, et la principauté d'Orange, cap. Orange.

La PROVENCE n'avait pas de subdivisions.

Le LANGUEDOC était partagé en haut Languedoc, cap. Toulouse ; bas Languedoc, cap. Montpellier ; Albigeois, cap. Alby ; Cévennes, cap. Mende. Les Cévennes étaient subdivisées en Gévaudan, cap. Mende ; Velay, cap. le Puy ; Vivarais, cap. Viviers, et Cévennes propres, cap. Alais.

Le ROUSSILLON, cap. Perpignan, comprenait aussi la Cerdagne, cap. Mont-Louis.

Le comté de FOIX comprenait, outre la partie haute et la partie basse, le Donnésan, cap. Quérigut, et la vallée d'Andorre, qui formait alors, comme aujourd'hui, une petite république indépendante entre la France et l'Espagne.

Le gouvernement de GUYENNE ET GASCOGNE comprenait 8 pays : le Bordelais ou Guyenne propre, cap. Bordeaux ; le Bazadois, cap. Bazas ; le Périgord, cap. Périgueux ; l'Agénois, cap. Agen ; le Quercy, cap. Cahors ; le Rouergue, cap. Rodez ; le Condomois, cap. Condom ; et la Gascogne, cap. Auch. La Gascogne elle-même renfermait les Landes, cap. Dax ; les Basques, cap. Bayonne ; le Labour, cap. Saint-Jean-de-Luz ; la Soule, cap. Mauléon ; le Tursan, cap. Aire ; la Chalosse, cap. Saint-Sever ; le Marsan, cap. Mont-de-Marsan ; l'Armagnac, cap. Auch ;

l'Albret, cap. Nérac; la Lomagne, cap. Lectoure; l'Estarac, cap. Mirande; le Bigorre, cap. Tarbes; le Lavedan, cap. Lourdes; le Nébouzan, cap. Saint-Gaudens; le Comminges, cap. Saint-Bertrand; et le Couserans, cap. Saint-Lizier.

Le BÉARN se divisait en Béarn propre, cap. Pau; et basse Navarre, cap. Saint-Jean-Pied-de-Port.

La CORSE était sans subdivisions.

L'ANGOUMOIS n'avait pas de subdivisions.

La SAINTONGE comprenait la haute Saintonge, cap. Saintes; la basse Saintonge, cap. Saint-Jean-d'Angély; et le Brouageais, cap. Brouage.

L'AUNIS n'avait pas de subdivisions.

Le POITOU se divisait en haut Poitou, cap. Poitiers, et bas Poitou, cap. Fontenay-le-Comte.

La BRETAGNE se partageait en haute Bretagne, cap. Rennes, et basse Bretagne, cap. Brest. Dans la haute Bretagne était le duché de Penthièvre, cap. Saint-Brieuc; dans la basse Bretagne, la Cornouailles, cap. Quimper; et le duché de Rohan, cap. Pontivy.

L'ANJOU comprenait le haut Anjou, cap. Angers; le bas Anjou, cap. Ponts-de-Cé, et le Saumurois, cap. Saumur.

Le MAINE se divisait en 4 parties; le haut Maine, cap. le Mans; le bas Maine, cap. Mayenne; le comté de Laval; et le Perche, cap. Mortagne.

L'ORLÉANAIS comprenait 5 pays: l'Orléanais propre, cap. Orléans; la Beauce, cap. Chartres; le Gâtinais, cap. Montargis; le Blaisois, cap. Blois; la Sologne orléanaise, cap. Romorantin.

La TOURAINE se divisait en haute Touraine, cap. Tours, et basse Touraine, cap. Amboise.

Le BERRY se divisait en haut Berry, cap. Bourges, et bas Berry, cap. Issoudun.

Le NIVERNAIS n'avait pas de divisions importantes.

Le BOURBONNAIS se divisait en haut Bourbonnais, cap. Moulins, et bas Bourbonnais, cap. Montluçon.

La MARCHE comprenait la haute Marche, cap. Guéret, et la basse Marche, cap. Bellac.

Le LIMOUSIN était divisé en haut Limousin, cap. Limoges, et bas Limousin, cap. Tulle.

L'AUVERGNE se divisait en haute Auvergne, cap. Saint-Flour, et basse Auvergne, cap. Clermont. Celle-ci se divisait en 3 parties: la Limagne, cap. Clermont; la basse Auvergne orientale, cap. Thiers, et la basse Auvergne occidentale, cap. Évaux.

DESCRIPTION DE LA FRANCE PAR PROVINCE.

NOTIONS HISTORIQUES, PRODUCTIONS, VILLES ET LIEUX REMARQUABLES.

126.

FLANDRE.

Les différentes parties de la Flandre ont été réunies à la France, par Louis XIV, en 1668 et 1678.

Les productions de cette province sont nombreuses et variées. Le sol renferme beaucoup de charbon de terre, de grès à paver, de marbre, de tourbe et de bitume terreux.

La Flandre est fertile; c'est la partie de la France la mieux cultivée; elle abonde en blé, en chanvre, en lin, en colza et autres plantes oléagineuses, en houblon, en tabac, en fruits et en légumes; on y élève beaucoup de gros bétail.

L'industrie y est fort développée et le commerce très-actif; la province est couverte de manufactures de toute espèce. Les plus renommées sont celles de fil, de batistes, de toiles, de dentelles, de tulles, et de sucre de betterave.

La Flandre, avec le Hainaut français et le Cambrésis, forme un département.

Département du Nord (1,026,000 habitants).

Lille ⚐ (72,000 hab.), ancienne capitale de la Flandre et ville très-forte sur la Deule, fabrique beaucoup de fil et de dentelles.

Dunkerque (24,000 hab.), ville forte et bon port, emploie beaucoup de bâtiments à la pêche de la morue et du hareng. C'est la patrie du marin Jean Bart.

Douay Δ (20,000 hab.), ville forte sur la Scarpe, possède une fonderie de canons, une école d'artillerie, et fait un grand commerce de lin.

Valenciennes (20,000 hab.), ville forte, sur l'Escaut, renommée pour ses fabriques de dentelles, est la patrie de l'historien Froissard.

TOURCOING (20,000 hab.) et ROUBAIX (19,000 hab.), villes peu éloignées l'une de l'autre, possèdent des filatures considérables, et fabriquent beaucoup d'étoffes de laine et de coton.

CAMBRAY † (18,000 hab.), ville forte sur l'Escaut, a eu les premières fabriques de linons et de batistes; elles continuent à prospérer ainsi que celles de toiles fines de lin. Fénelon a illustré le siége de l'ancien archevêché de cette ville.

SAINT-AMAND (9,000 hab.), sur la Scarpe, est connu pour ses eaux et ses boues minérales, ainsi que pour la culture du lin fin.

CATEAU-CAMBRÉSIS (6,000 hab.); un traité y fut conclu en 1559, entre Henri II, roi de France, et Philippe II, roi d'Espagne.

CASSEL (4,400 hab.); trois batailles ont été livrées sous ses murs par trois Philippe de France : la 1re, en 1070, où Philippe Ier fut défait par Robert-le-Frison ; la 2e, en 1328, où Philippe de Valois remporta une victoire complète sur les Flamands ; la 3e, en 1677, dans laquelle Philippe d'Orléans battit le prince d'Orange.

BOUVINES, à 12 kilomètres S.-E. de Lille ; Philippe-Auguste y remporta, en 1214, une grande victoire sur Othon, empereur d'Allemagne, et Ferrand, comte de Flandre.

MALPLAQUET, village à 13 kilomètres O. de Maubeuge; en 1709, Villars y perdit une bataille contre Eugène et Marlborough.

DENAIN, à 10 kilomètres S.-O. de Valenciennes, est célèbre par la victoire que Villars y remporta en 1712, et qui sauva la France.

127.

ARTOIS.

Cette province fut conquise par Louis XIII et réunie définitivement à la France sous Louis XIV.

On y trouve de la houille et de la tourbe; le sol est fertile en blé, en chanvre, en lin, en tabac et en plantes oléagineuses. L'industrie y est florissante; on y fabrique beaucoup d'huile, du sucre de betteraves, du fil de lin, des tissus de coton, des toiles, des tulles et des dentelles. On y élève des chevaux estimés et des troupeaux de diverses espèces.

L'Artois, joint à une partie de la Picardie, forme un département.

Département du Pas-de-Calais. (665,000 hab.)

Arras † (23,000 hab.), ville forte sur la Scarpe, ancienne capitale de l'Artois, a des filatures de coton, des fabriques de batistes, de dentelles et de sucre. C'est dans cette ville que fut conclu, en 1435, entre Charles VII, roi de France, et Philippe-le-Bon, duc de Bourgogne, le traité qui fournit au roi les moyens de chasser les Anglais de la France.

Boulogne (26,000 hab.), ville forte et port sur la Manche, est l'un des points les plus favorables pour passer en Angleterre.

Saint-Omer (19,000 hab.), sur l'Aa, petit fleuve canalisé qui se jette dans la Manche, et sur le canal de Neuf-fossé qui joint l'Aa à la Lys, est une ville forte et commerçante.

Calais (11,000 hab.), ville forte avec un port sur le Pas-de-Calais, est le passage le plus court de France en Angleterre; le trajet est de 4 myriamètres. Calais soutint, en 1357, un siége célèbre contre Édouard III, roi d'Angleterre.

128.

PICARDIE.

Cette province faisait partie du domaine originaire de la couronne, sous Hugues Capet.

Le sol fournit du grès à paver et de la tourbe en abondance; il est fertile en blé, en chanvre, en lin, en plantes oléagineuses. Parmi les fabriques, qu'on trouve en grand nombre dans cette province, on distingue celles de velours de coton, d'étoffes de laine et de toiles.

La Picardie forme le dép. de la Somme, et une partie des dép. du Pas-de-Calais, de l'Oise et de l'Aisne.

Département de la Somme (553,000 hab.)

Amiens † Δ (46,000 hab.), sur la Somme, centre du commerce du département, et remarquable par ses fabriques de velours et d'étoffes de laine, a une très-belle cathédrale. En 1802, il y fut conclu un traité de paix entre la France et l'Angleterre. Amiens est la patrie de Pierre l'Ermite, de Voiture, de Gresset et de l'astronome Delambre.

Abbeville (18,000 hab.), ville manufacturière sur la Somme, fabrique de bons draps. Le géographe Sanson y est né.

129.

NORMANDIE.

Cette province, primitivement appelée *Neustrie*, tire son nom des Normands qui s'y établirent à la fin du IXe siècle. Philippe-Auguste s'en empara en 1203, par suite de la confiscation prononcée contre Jean-sans-Terre, roi d'Angleterre.

Elle produit en abondance du blé, et des pommes dont on fait du cidre, boisson ordinaire des habitants. Ses vastes pâturages nourrissent des bestiaux et des chevaux très-estimés; la pêche y est considérable. La fertilité de la Normandie; ses nombreuses fabriques, dont les plus importantes sont celles de fil et d'étoffes de coton et de laine, d'épingles et d'aiguilles; enfin son immense commerce, en font la plus riche province de France.

La Normandie, avec une petite partie du Maine, forme cinq départements.

Département de la Seine-Inférieure. (720,000 hab.)

Rouen ‡ Δ ⚓ (92,000 hab.), sur la Seine, ancienne capitale de la province, est une des villes les plus considérables et les plus commerçantes du royaume. La marée permet aux bâtiments marchands de remonter jusque dans son port. Cette ville est remarquable par ses filatures, ses teintureries, ses étoffes de laine et de coton. Les deux Corneille et Fontenelle y sont nés.

Le Havre (26,000 hab.), ville forte à l'embouchure de la Seine, avec un port vaste et très-fréquenté, fait un commerce considérable avec l'Amérique et avec Paris. C'est la patrie de Bernardin de Saint-Pierre.

Dieppe (17,000 hab.), ville forte et commerçante, avec un port sur la Manche, fait un grand commerce de poissons, fabrique des ouvrages d'ivoire, et possède de beaux bains de mer. C'est la patrie de Duquesne.

Elbeuf (13,000 hab.), sur la Seine, a des manufactures de draps très-estimés.

Yvetot (9,000 hab.), a de nombreuses fabriques d'étoffes de coton.

Neufchatel (3,000 hab.); on y fait de bons fromages.

Forges (1,300 hab.), à 16 kilomètres S. E. de Neufchâtel, est connue par ses eaux minérales.

Arques (700 hab.), à 6 kilomètres S. E. de Dieppe, est célèbre par la victoire que Henri IV y remporta, en 1589, sur le duc de Mayenne, chef des ligueurs.

Département de l'Eure. (425,000 hab.)

Évreux † (10,000 hab.), se distingue par ses fabriques de coutil.

Louviers (10,000 hab.), ville renommée pour ses manufactures de draps.

Les Andelys (5,000 hab.), patrie du Poussin. A 15 kilomètres N. O. des Andelys se trouve la belle fonderie de cuivre de *Romilly*, l'établissement de ce genre le plus considérable de France.

Ivry (900 hab.), bourg sur l'Eure, à 28 kilomètres S. E. d'Évreux, est célèbre par la victoire de Henri IV sur Mayenne.

Département du Calvados. (502,000 hab.)

Nota. Ce département tire son nom des rochers qui se trouvent dans la Manche, près de la côte.

Caen Δ (42,000 hab.), port sur l'Orne, à 14 kilomètres

de la mer. Cette ville possède beaucoup de fabriques, parmi lesquelles on cite celles de blondes et de dentelles noires et blanches; elle fait un grand commerce maritime, particulièrement avec l'Amérique. Caen renferme le tombeau de Guillaume-le-Conquérant, et a vu naître Malherbe.

LISIEUX (11,000 hab.), sur la Toucques, est connue par ses toiles cretonnes.

FALAISE (10,000 hab.), est renommée pour ses teintures, sa bonneterie, et par la foire qui se tient à Guibray, l'un de ses faubourgs. C'est la patrie de Guillaume-le-Conquérant.

BAYEUX † (10,000 hab.), à 1 myriamètre de la mer, ville manufacturière et commerçante, fabrique des dentelles estimées, et vend beaucoup de beurre et d'oignons de fleurs.

HONFLEUR (9,000 hab.), bon port de mer à l'embouchure de la Seine, fait la pêche de la morue, de la baleine et du veau marin, au Groënland, et commerce avec l'Europe et l'Amérique.

VIRE (7,000 hab.), sur la Vire, a de bonnes fabriques de draps et de papier.

Département de la Manche. (594,000 hab.)

SAINT-LÔ (9,000 hab.) sur la Vire, a de bonnes fabriques de draps fins.

CHERBOURG (19,000 hab.), ville forte et commerçante, sur la Manche, a un bon port marchand et un port militaire très-important. La température y est si douce qu'on y cultive en pleine terre le myrte, le laurier et plusieurs plantes très-délicates, telles que le lin de la Nouvelle-Zélande, etc.

COUTANCES † (8,000 hab.), ville commerçante, a vu naître Tancrède de Hauteville dont les fils fondèrent le royaume des Deux-Siciles, l'amiral de Tourville, Saint-Évremont et l'abbé de Saint-Pierre.

GRANVILLE (7,600 hab.), port sur la Manche, fait un grand commerce d'huîtres dites de Cancale.

LA HOGUE, fort avec une rade sur la Manche, à 16 kilomètres N. E. de Valognes, est célèbre par la bataille navale que l'amiral de Tourville y perdit contre les Anglais, en 1692.

Département de l'Orne. (444,000 hab.)

ALENÇON (14,000 hab.), sur la Sarthe, fabrique des toiles et des dentelles.

L'AIGLE ou LAIGLE (5,500 hab.), sur la Rille, est remarquable par ses fabriques d'épingles et d'aiguilles.

SÉEZ † (4,600 hab.), sur l'Orne, est la résidence d'un évêque.

130.

ÎLE-DE-FRANCE.

Cette province faisait partie du domaine originaire de la couronne, sous Hugues Capet.

Son sol fournit beaucoup de pierres à bâtir et de plâtre. Presque entièrement formée de plaines, elle est fertile, bien cultivée, offre des forêts et des pâturages, et produit en abondance du blé, des légumes et des fruits. Son industrie, son commerce, et l'avantage qu'elle a de renfermer la capitale du royaume, la rendent très-riche et très-peuplée.

L'Ile-de-France forme en entier le département de la Seine, et en partie ceux de Seine-et-Oise, de Seine-et-Marne, de l'Aisne et de l'Oise, et une partie de celui d'Eure-et-Loir.

Département de la Seine. (1,107,000 hab.)

PARIS ‡ (909,000 hab.), sur la Seine, capitale du royaume, est la seconde ville de l'Europe par sa population et sa richesse; c'est le centre de la civilisation, des sciences, des lettres et des beaux-arts. Elle a produit une infinité de grands hommes, dont les plus célèbres sont Catinat, le prince Eugène de Savoie, le grand Condé, l'historien de Thou, Molière, Boileau, Voltaire, J. B. Rousseau, Rollin, d'Alembert, le peintre Lebrun, le géographe d'Anville, Lavoisier, madame Roland, madame de Stael, David, etc.

SAINT-DENIS (10,000 hab.), près de la Seine est célèbre par son église, qui renferme les tombeaux des rois et des princes de la maison royale de France. On y remarque une maison d'éducation pour les filles des membres de la Légion d'honneur.

Passy (5,700 hab.), bourg contigu à Paris, est connu par ses sources d'eaux minérales froides et ses raffineries de sucre.

Vincennes (3,000 hab.), village et château fort, à l'entrée d'une forêt et à 2 kilomètres E. de Paris, possède une école d'artillerie; on y voit aussi un magnifique dépôt d'armes.

Charenton (2,600 hab.), village sur la Marne, et près du confluent de cette rivière avec la Seine, est remarquable par son hospice d'aliénés. L'école vétérinaire d'Alfort est située près de Charenton.

Département de Seine-et-Oise. (450,000 hab.)

Il est formé de parties de l'Ile-de-France et de l'Orléanais.

Versailles † (30,000 hab.), est une belle ville, remarquable surtout par le magnifique château qu'y a fait construire Louis XIV. Ce château, qui a été jusqu'à la révolution la résidence des rois, est aujourd'hui un magnifique musée national. Versailles a vu naître Louis XV, Louis XVI, Louis XVIII, l'abbé de l'Épée, Ducis, Hoche, etc. Deux chemins de fer unissent Versailles à Paris.

Saint-Germain-en-Laye (11,000 hab.), sur une hauteur près de la Seine, et près d'une belle forêt, est remarquable par son château, qui fut quelquefois la résidence des rois de France, et dans lequel est mort Jacques II, roi d'Angleterre. C'est la patrie de Henri II, de Charles IX et de Louis XIV. Un chemin de fer unit Saint-Germain à Paris.

Étampes (8,000 hab.) exploite des carrières de grès pour le pavage de Paris, et envoie dans la même ville beaucoup de farine.

Pontoise (5,400 hab.), sur l'Oise, fait un commerce considérable de blé, de farine et de bestiaux. Cette ville a vu naître Philippe-le-Hardi.

Sèvres (4,000 hab.), bourg sur la Seine, à 8 kilomètres

O. de Paris, est connu par sa belle manufacture royale de porcelaine.

RAMBOUILLET (3,000 hab.) possède une belle bergerie de mérinos, et un château royal où est mort François 1er, en 1547.

SAINT-CLOUD (2,300 hab.), bourg sur la Seine, au-dessous et à côté de Sèvres, possède un château royal avec un beau parc ; c'est là que Henri III fut assassiné en 1589.

JOUY (1,900 hab.), village sur la Bièvre, à 4 kilomètres S. de Versailles, a une belle manufacture de toiles peintes.

ENGHIEN-MONTMORENCY (1,900 hab.), à 15 kilomètres N. de Paris, est connu par ses bains d'eaux minérales sulfureuses, et par le séjour qu'y ont fait J.-J. Rousseau et Grétry, dans une habitation appelée *l'Hermitage*.

Département de Seine-et-Marne. (326,000 hab.)

Il est formé de parties de l'Ile-de-France et de la Champagne.

MELUN (7,000 habitants), sur la Seine, est la patrie d'Amyot.

FONTAINEBLEAU (8,000 hab.), ville avec un château royal, au milieu d'une vaste forêt, est connue par l'excellent raisin qu'on récolte dans ses environs, et par ses exploitations de grès pour le pavage de Paris. C'est la patrie de Henri III et de Louis XIII.

MEAUX † (7,800 hab.), sur la Marne, siége d'un évêché que Bossuet a rendu célèbre.

PROVINS (6,000 hab.) fait un grand commerce de farine ; cette ville a des eaux minérales ; on y cultive une espèce de roses employées en médecine.

LA FERTÉ-SOUS-JOUARRE (3,900 hab.), sur la Marne, à 15 kilomètres E. de Meaux, fait un grand commerce de meules de moulin.

Département de l'Oise. (398,000 hab.)

Il est formé de parties de l'Ile-de-France et de la Picardie.

BEAUVAIS † (13,000 hab.) est connu par sa manufacture royale de tapisseries, ses fabriques de tapis et de toiles. Cette ville soutint, en 1472, un siége fameux contre

Charles-le-Téméraire, duc de Bourgogne; les femmes s'y distinguèrent sous la conduite de Jeanne Hachette. C'est la patrie du grand maître de Malte, Villiers de l'Ile-Adam, et du grammairien Restaut.

COMPIÈGNE (9,000 hab.), ville près de la forêt du même nom, est située sur l'Oise et possède un château royal. Jeanne d'Arc y fut prise par les Anglais, en 1430.

NOYON (6,000 hab.), près de l'Oise; Charlemagne y résida quelque temps; Hugues Capet y fut élu roi de France, en 987 ; Calvin y naquit.

SENLIS (5,000 hab.) a des fabriques de toiles et de dentelles.

Département de l'Aisne. (527,000 hab.)

Il est formé de parties de l'Ile-de-France, de la Picardie et de la Champagne.

LAON (8,000 hab.), ville forte sur une hauteur, a vu naître Lothaire et Louis V. Cette ville a été le séjour de quelques rois de la seconde race.

SAINT-QUENTIN (20,000 hab.), sur la Somme, et à la tête du canal de son nom, est une ville très-commerçante, et très-renommée pour ses filatures, sa blanchisserie, et ses belles fabriques de tissus de coton, de linons batistes, etc.

SOISSONS † (8,000 hab.), ville forte sur l'Aisne; Clovis y fit sa résidence dans le commencement de son règne.

CHATEAU-THIERRY (4,800 hab.), sur la Marne, est la patrie de La Fontaine.

VERVINS (2,600 hab.); est connu par le traité de paix conclu, en 1598, entre Henri IV et Philippe II, roi d'Espagne.

LA FÈRE (2,700 hab.), ville forte sur l'Oise, possède un arsenal et une école d'artillerie.

SAINT-GOBAIN (2,400 hab.), village, a la plus belle usine à couler les glaces qui existe en Europe.

LA FERTÉ-MILON (2,000 hab.) a vu naître Racine.

131.

CHAMPAGNE.

Cette province fut réunie à la couronne, en 1286, par suite du mariage de Philippe-le-Bel avec Jeanne de Navarre.

Elle renferme des plaines fertiles et bien cultivées, de très-beaux vignobles et de vastes forêts, mais aussi des parties entièrement stériles. La craie forme le sol d'une grande partie de la Champagne; on y trouve des mines de fer. Cette province produit des vins, renommés pour leur excellente qualité; elle fait un grand commerce de bois et élève beaucoup de bestiaux.

La Champagne forme les dép. de l'Aube, de la Haute-Marne, de la Marne, des Ardennes, et une partie de l'Yonne, de l'Aisne, de Seine-et-Marne (4 dép.).

Département de l'Aube. (254,000 hab.)

TROYES † (26,000 hab.), sur la Seine, ancienne capitale de la Champagne, a beaucoup de filatures, et fait un grand commerce de craie, de bonneterie et de charcuterie. Isabelle de Bavière, reine de France, y conclut, en 1420, l'infâme traité qui déshéritait le dauphin et donnait la couronne de France au roi d'Angleterre. Troyes est la patrie du pape Urbain IV, du sculpteur Girardon et du peintre Mignard.

Département de la Haute-Marne. (255,000 hab.)

CHAUMONT (6,000 hab.), près de la Marne.

LANGRES † (8,000 hab.), sur une hauteur près de la Marne, est une ville renommée pour ses fabriques de coutellerie. On trouve dans ses environs de belles usines à fer.

SAINT-DIZIER (6,000 hab.), ville où la Marne commence à porter bateau, renferme des forges et des fonderies.

BOURBONNE-LES-BAINS (3,600 hab.) est remarquable par ses eaux minérales.

VASSY (2,700 hab.), est une petite ville où les guerres de

religion commencèrent, en 1562, par le massacre de quelques protestants. Il y a plusieurs forges et fonderies dans les environs.

Département de la Marne. (345,000 hab.)

CHALONS-SUR-MARNE † ⚑ (13,000 hab.) est remarquable par une belle école des arts et métiers. Cette ville a donné naissance à l'astronome de La Caille. On dit que ce fut dans les plaines de Châlons qu'Aétius, Théodoric et Mérovée défirent Attila, roi des Huns.

REIMS ‡ (38,000 hab.) est entouré de collines qui produisent des vins, principale branche de son commerce, et a des manufactures d'étoffes de laine. C'est dans cette ville que Clovis fut baptisé et que l'on sacrait les rois de France. Elle a vu naître Colbert.

VITRY-LE-FRANÇAIS (7,000 hab.), ville forte sur la Marne. On voit près de là *Vitry-le-Brûlé;* Louis VII prit cette ville en 1143, et mit le feu à une église où trois mille habitants s'étaient retirés. C'est pour apaiser ses remords qu'il entreprit la seconde croisade.

ÉPERNAY (5,500 hab.), ville sur la Marne, est entourée de coteaux qui produisent les meilleurs vins de Champagne, dont elle fait un commerce considérable.

Département des Ardennes. (307,000 hab.)

MÉZIÈRES (4,000 hab.), ville forte sur la Meuse, fut assiégée, en 1521, par Charles-Quint, et défendue avec succès par Bayard.

SEDAN (14,000 hab.), ville forte, sur la Meuse, est renommée pour ses draps. C'est la patrie de Turenne.

CHARLEVILLE (9,000 hab.), sur la Meuse, est remarquable par sa manufacture royale d'armes à feu.

GIVET (4,300 hab.), ville forte sur la Meuse, a des usines à cuivre.

ROCROY (3,700 hab.), ville forte, est célèbre par la victoire que le grand Condé y remporta, en 1643, sur les Espagnols.

132.

LORRAINE.

Cette province fut réunie définitivement à la France, en 1766, après la mort de Stanislas, ancien roi de Pologne et dernier duc de Lorraine. Elle est en partie montagneuse et couverte de bois. Son sol renferme des mines de fer et des mines de sel gemme d'une étendue considérable. Il est fertile et produit en abondance du blé, du chanvre, du lin, des fruits, du vin, et nourrit beaucoup de bestiaux.

La Lorraine forme 4 départements.

Département de la Meurthe. (424,000 hab.)

NANCY † Δ (31,000 hab.), belle ville manufacturière près de la Meurthe. Les broderies sont les produits les plus renommés de Nancy. C'est près de là que Charles-le-Téméraire, dernier duc de Bourgogne, perdit, en 1476, la bataille où il périt. Nancy est la patrie du graveur Callot.

LUNÉVILLE (13,000 hab.), près de la Meurthe, a de belles fabriques de faïence et de gants. Cette ville fut la résidence du vertueux Stanislas. La France et l'Autriche y conclurent un traité de paix en 1801.

TOUL (7,000 hab.), sur la Moselle, a une grande manufacture de faïence et une belle imprimerie.

BACCARAT (3,000 hab.), à 24 kilomètres E. de Lunéville, sur la Meurthe, est remarquable par sa manufacture de cristaux.

Département de la Moselle. (427,000 hab.)

METZ † Δ ⊣ (43,000 hab.), ville très-forte, sur la Moselle, est manufacturière et commerçante. Elle possède une école d'application pour les élèves de l'artillerie et du génie. Le duc de Guise la défendit avec succès, en 1552, contre Charles-Quint, qui perdit presque toute son armée à ce siége. C'est la patrie du maréchal Fabert.

THIONVILLE (6,000 hab.), ville forte sur la Moselle; à 1 myriamètre O. se trouvent les belles usines d'Hayange pour la fonte du fer et la fabrication des projectiles de guerre.

SARREGUEMINES (4,000 hab.), sur la Sarre, est connu par ses fabriques de poteries et de tabatières en carton.

Département de la Meuse. (318,000 hab.)

BAR-LE-DUC (12,000 hab.), sur l'Ornain, est renommé pour ses vins et ses confitures. Le duc de Guise-le-Balafré est né à Bar.

VERDUN † (10,000 hab.), ville forte sur la Meuse, à l'endroit où elle commence à être navigable, est renommée pour ses serges croisées, ses dragées et ses liqueurs. C'est dans cette ville que les trois fils de Louis-le-Débonnaire firent le partage de la monarchie des Francs, en 843. Verdun a vu naître Chevert.

Département des Vosges. (411,000 hab.)

ÉPINAL (9,000 hab.), sur la Moselle, est connu par ses belles papeteries et par ses faïenceries.

SAINT-DIÉ † (8,000 hab.), sur la Meurthe, est le siége d'un évêché.

MIRECOURT (6.000 hab.) est remarquable par ses fabriques de dentelles, de velours, d'orgues et de serinettes.

BAINS (2,400 hab.), à 23 kilomètres S. E. d'Épinal, a un établissement d'eaux minérales, et une fabrique de fer-blanc très-renommée, qui est la plus ancienne de France.

PLOMBIÈRES (1,400 hab.) est célèbre par ses bains d'eaux minérales ; on y fabrique des ouvrages de fer et d'acier très-estimés.

DONREMY (300 hab.), à 1 myriamètre N. de Neufchâteau, est un village fameux par la naissance de Jeanne d'Arc.

133.

ALSACE.

Cette province a été réunie à la France, sous Louis XIV, par le traité de Westphalie, conclu en 1648. Les mon-

5

tagnes fournissent du fer et de la houille. Le sol est fertile en grains, en vins, en tabac, en garance, en lin, en chanvre, etc. Les prairies nourrissent beaucoup de bétail et des chevaux d'une belle race. L'Alsace est, après la Flandre, la province de France où l'agriculture est le plus perfectionnée; l'industrie et le commerce y sont dans un état florissant.

L'Alsace forme 2 départements.

Département du Bas-Rhin. (562,000 hab.)

STRASBOURG † ⚑ (58,000 hab.), l'une des villes les plus fortes de France, sur l'Ill, à peu de distance du Rhin, a été réunie à la France par Louis XIV, en 1681. Elle possède des manufactures de tous genres, et fait un grand commerce. Parmi ses monuments, on remarque la cathédrale, les tombeaux du maréchal de Saxe, de Kléber et de Desaix. C'est dans cette ville que l'imprimerie fut inventée par Jean Guttenberg de Mayence, en 1436.

HAGUENAU (10,000 hab.) possède des moulins à garance.

SCHÉLESTADT (10,000 hab.) est une ville forte sur l'Ill, où fut inventé l'art de vernisser les vases de terre.

MUTZIG (3,500 hab.) est un village remarquable par sa manufacture d'armes à feu.

KLINGENTHAL est un lieu connu par une manufacture d'armes blanches, de lames de fleurets, etc.

NIEDERBRONN (2,700 hab.) mérite d'être cité pour ses eaux minérales et ses forges.

SOULTZ-SOUS-FORÊTS (2,000 hab.), à 16 kilomètres N. E. d'Haguenau, a des sources salées exploitées depuis l'an 1600, et qui sont les premières où l'on ait construit des hangars d'évaporation.

Département du Haut-Rhin. (447,000 hab.)

COLMAR Δ (16,000 hab.), près de l'Ill, a dans son voisinage une grande manufacture de toiles peintes. C'est la patrie du poète allemand Pfeffel.

MULHAUSEN (17,000 hab.), sur l'Ill, est une ville très-renommée pour l'importance de son commerce et de ses manufactures, parmi lesquelles on cite celles de toiles peintes. Un chemin de fer unit Mulhausen à Thann.

SAINTE-MARIE-AUX-MINES (12,000 hab.) a des manufactures d'étoffes de coton, et des mines qu'on exploite dans son voisinage.

BELFORT (6,000 hab.), ville forte, fait un grand commerce avec la Suisse et l'Allemagne.

THANN (5,000 hab.), à 28 kilomètres N.-E. de Belfort, a de belles manufactures de toiles peintes et de machines.

134.

FRANCHE-COMTÉ.

Cette province fut conquise par Louis XIV, en 1674.

Elle est en partie plate, en partie montagneuse, et renferme des forêts étendues et de belles vignes. On y trouve des mines de fer et de manganèse, et des sources salées qui sont l'objet d'exploitations considérables. Le sol produit abondamment du blé et du vin; les pâturages sont excellents, et nourrissent des chevaux et des bestiaux estimés. On remarque dans cette province de belles usines pour la préparation et le travail du fer et de l'acier, ainsi que des fabriques d'horlogerie très-renommées; on y fait beaucoup de fromages dits *de Gruyère*. Tous ces produits sont l'objet d'un commerce important.

Département du Doubs. (276,000 hab.)

BESANÇON ‡ Δ ⊣ (30,000 hab.), sur le Doubs, ancienne capitale de la province, est une ville forte dont on remarque la citadelle, située sur un rocher. Elle possède de belles fabriques d'horlogerie, de bonneterie, et des brasseries renommées. Au moyen du Doubs, cette ville fait un commerce important avec le Midi. Elle a donné naissance à Mairet, auteur de la première tragédie régulière jouée en France, et à l'abbé Millot, historien.

A 17 kilomètres S.-O. de cette ville se trouve la *grotte d'Osselle*, qui a plus d'un quart de lieue de long, et qui est remarquable par les belles stalactites et les ossements fossiles qu'elle renferme.

MONTBELLIARD (5,000 hab.) est situé près de l'endroit où le canal de l'Est se joint au Doubs. Parmi les nombreuses usines qui se trouvent dans les environs, on distingue les forges d'Audincourt, les fabriques de mouvements de pendule et d'acier fondu de Badevel.

PONTARLIER (5,000 hab.), sur le Doubs, est un des premiers entrepôts du commerce avec la Suisse. Dans les environs de cette ville on fait beaucoup de fromages dits *de Gruyère.*

Département de la Haute-Saône. (343,000 hab.)

VESOUL (6,000 hab.) a des blanchisseries de cire. En 1586, la peste fit périr toute la population de cette ville, à l'exception de 75 habitants.

GRAY (6,500 hab.), sur la Saône, est remarquable par ses beaux moulins à farine; c'est l'entrepôt d'un grand commerce entre le midi et l'est de la France.

LUXEUIL (3,600 hab.) possède des eaux minérales.

Département du Jura. (315,000 hab.)

LONS-LE-SAULNIER (8,000 hab.) a une saline.

DÔLE (10,000 hab.), sur le Doubs, a des carrières de marbre rouge, des fabriques de produits chimiques et d'instruments aratoires. Cette ville, qui était autrefois la capitale de la Franche-Comté, fut prise en 1674, par Louis XIV, qui transféra à Besançon le siége du gouvernement de la province.

ARBOIS (7,000 hab.), ville renommée pour ses vins, est la patrie du général Pichegru.

SALINS (7,000 hab.), ville forte, a des salines et fait le commerce de vins et de bois.

SAINT-CLAUDE † (5,000 hab.) est connu par ses jolis ouvrages en corne, en buis et en ivoire.

SEPT-MONCEL (2,700 hab.) est renommé pour ses fromages et pour la taille des pierreries.

MOREZ (1,700 hab.) est un village très-industrieux; c'est dans le canton de Morez qu'on fabrique l'horlogerie dite *de Comté.*

135.

BOURGOGNE.

Cette province fut réunie à la France sous Louis XI, après la mort de Charles-le-Téméraire, dernier duc de Bourgogne.

Son sol renferme de nombreuses mines de fer, d'ocre rouge et jaune, des carrières de marbre et de pierres pour la lithographie ; il est fertile en grains, et produit surtout des vins très-renommés ; les prairies nourrissent beaucoup de bestiaux ; les forêts fournissent une grande quantité de bois.

L'industrie de cette province est très-active et son commerce important ; on y remarque un grand nombre de forges, d'usines où l'on travaille le fer et l'acier, des manufactures de cristaux, des fabriques de sucre de betteraves, de charbon et de vinaigre de bois.

La Bourgogne forme en entier les trois départements de la Côte-d'Or, de Saône-et-Loire et de l'Ain, et une partie de celui de l'Yonne (4 dép.).

Département de la Côte-d'Or. (386,000 hab.)

Dijon † Δ ⊜ (25,000 hab.), sur le canal de Bourgogne, a des fabriques de vinaigre et de moutarde ; cette ville fait un grand commerce de vins et de blé, et possède dans ses environs des pépinières considérables. Les hommes célèbres qui y ont reçu le jour sont : Philippe-le-Bon et Jean-sans-Peur, ducs de Bourgogne ; Bossuet, Crébillon, Piron, Rameau, Daubenton et Guyton-de-Morveau.

Beaune (11,000 hab.), ville renommée pour ses vins, est la patrie de Monge, un des fondateurs de l'École polytechnique.

Nuits (3,000 hab.) a des fabriques de charbon et de vinaigre de bois ; le vin de son territoire est très-estimé.

Montbard (2,100 hab.), à 16 kilomètres N.-E. de Semur, a donné le jour à Buffon.

Département de l'Yonne. (355,000 hab.)

Auxerre (12,000 hab.), sur l'Yonne, fait un grand

commerce de vins et de bois ; c'est la patrie de Sedaine, auteur dramatique, et du mathématicien Fourier.

SENS ǂ (9,000 hab.), sur l'Yonne, a des tanneries importantes ; sa cathédrale est fort belle.

JOIGNY (5,500 hab.), sur l'Yonne, fait un grand commerce de vins. C'est principalement dans les environs de cette ville que se fabrique le raisiné de Bourgogne.

TONNERRE (4,300 hab.) récolte de bons vins.

CHABLIS (2,500 hab.) est connu par ses vins blancs.

Département de Saône-et-Loire. (538,000 hab.)

MACON (12,000 hab.), sur la Saône, récolte de très-bons vins.

CHALONS-SUR-SAÔNE (12,000 hab.) est, au moyen du canal du Centre qui y aboutit, l'entrepôt des marchandises venant des ports de la Méditerranée et de l'Océan pour l'intérieur de la France. Cette ville fait un assez grand commerce de vins.

AUTUN † (10,000 hab.), sur l'Arroux, possède des fabriques de tapis de pied. C'est une des villes de France qui renferment le plus d'antiquités.

ÉPINAC (1,650 hab.), à 16 kilomètres E. d'Autun, a une grande exploitation de houille.

LE CREUZOT (1,200 hab.) possède de riches mines de houille, des forges et fonderies célèbres où l'on fabrique des machines à vapeur.

Département de l'Ain. (346,000 hab.)

BOURG (10,000 hab.); à 1 myriamètre de cette ville est la vallée de Droin, qui quelquefois se change subitement en un lac et se dessèche aussi promptement. Bourg est la patrie de l'amiral Coligny, du grammairien Vaugelas et de l'astronome de Lalande.

BELLEY † (4,000 hab.) est le siége d'un évêché.

NANTUA (3,700 hab.), au bord du petit lac de même nom, est une ville très-industrieuse.

TRÉVOUX (2,600 hab.), sur la Saône, possédait autrefois un des principaux colléges des jésuites.

SEYSSEL (2,300 hab.), sur le Rhône, est connu par ses

mines d'asphalte. C'est à Seyssel que le Rhône commence à être navigable.

FERNEY (1,000 hab.), à 1 myriamètre S. de Gex, est célèbre par le séjour de Voltaire.

136.

LYONNAIS.

Philippe-le-Bel acquit cette province en 1312.

Elle offre des montagnes, des collines et des plaines; son sol renferme des mines de houille très-abondantes, des mines de fer et de cuivre, et des eaux minérales; il produit des vins et des marrons très-renommés. On voit dans les montagnes une grande quantité de chèvres qui fournissent de bons fromages et un duvet très-estimé. Le Lyonnais est une des provinces de France les plus industrieuses; on y trouve de nombreuses usines où l'on travaille le fer et l'acier; des fabriques de papier, de chapeaux, de cuirs, mais surtout des fabriques d'étoffes de soie, d'or et d'argent les plus belles que l'on connaisse. Le commerce de cette province est aussi important que son industrie est active.

Le Lyonnais forme 2 départements.

Département du Rhône. (482,000 hab.)

LYON ‡ ⁋ Δ (200,000 hab.), au confluent de la Saône et du Rhône, est, après Paris, la ville de France la plus importante par sa population, son industrie et son commerce. Ses fabriques d'étoffes de soie sont célèbres dans le monde entier; sa chapellerie et sa bonneterie sont renommées. Lyon est la patrie des empereurs Claude, Marc-Aurèle et Caracalla; des agronomes Poivre et Rosier; des sculpteurs Coustou et Coisevox; du célèbre botaniste de Jussieu, et de Camille Jordan.

TARARE (8,000 hab.); ses fabriques de mousselines occupent dans le Lyonnais de 50 à 60 mille ouvriers.

CONDRIEUX (3,600 hab.), sur le Rhône, récolte de bons vins blancs.

CHESSY (600 hab.), village à 25 kilomètres N. de Lyon, possède de riches mines de cuivre.

Département de la Loire. (412,000 hab.)

MONTBRISON (6,000 hab.) a des eaux minérales, des fabriques de toile et de batiste.

SAINT-ÉTIENNE (42,000 hab.) est une ville très-remarquable par l'accroissement rapide de son industrie et de sa population. Elle possède de vastes exploitations de houille, une manufacture royale d'armes, des forges, des fabriques d'acier fondu, de couteaux, d'outils, de rubans de soie, etc. Son commerce est facilité par le chemin de fer qui la joint à Lyon et à la Loire, et se prolonge jusqu'à Roanne. C'est dans cette ville qu'est placée l'école des mineurs.

ROANNE (10,000 hab.), sur la Loire, à l'endroit où ce fleuve commence à être facilement navigable, est une ville très-commerçante.

RIVE-DE-GIER (10,000 hab.) fait un commerce considérable de houille, de produits métalliques et de verrerie. Cette ville communique avec le Rhône par un canal qui aboutit à Givors.

137.

DAUPHINÉ.

Cette province fut cédée, en 1349, à Philippe de Valois, par Humbert II, dauphin de Viennois, sous la condition que le fils aîné du roi de France prendrait le titre de *dauphin*.

Le Dauphiné est couvert en partie de montagnes très-élevées, où l'on trouve beaucoup de bois et de pâturages; il est très-riche en minéraux, tels que fer, plomb, marbre, porphyre, albâtre, cristal de roche, amiante, mine à crayons, pierres lithographiques et eaux minérales. Les principales productions végétales sont: le sapin, la térébenthine qu'il fournit, le châtaignier, le chanvre, plusieurs plantes médicinales et des vins très-estimés. On élève beaucoup de vers à soie dans le Dauphiné. On trouve sur les montagnes l'ours, le chamois et le bouquetin; les pâturages nourrissent de nombreux troupeaux, et les fromages de Sassenage, près de Grenoble, ont de la réputation. Le commerce tire du Dauphiné, outre les produits dont nous venons de parler, du cuivre laminé, des acides minéraux, du papier, du drap, des toiles et des gants.

Le Dauphiné forme 3 départements.

Département de l'Isère. (574,000 hab.)

GRENOBLE † Δ (29,000 hab.), sur l'Isere, ville forte, avec une école de droit, un arsenal de construction pour l'artillerie, fabrique des gants et des liqueurs. C'est la patrie de Condillac, de Mably son frère, et de Vaucanson. Aux environs de cette ville, on voit la *Grande Chartreuse,* dans une contrée sauvage, entre d'énormes rochers.

VIENNE (16,000 hab.) fabrique du papier et des draps; c'est dans son voisinage qu'on récolte les vins de Côte-Rôtie. Il s'y tint, en 1311, un concile qui abolit l'ordre des Templiers. On croit que Ponce-Pilate y mourut en exil. C'est la patrie du poète Claudien.

VOIRON (7,600 hab.); on y fabrique des toiles de chanvre dont cette ville fait un commerce considérable.

ALLEVARD (2,600 hab.) possède les mines de fer les plus riches du Dauphiné. A 7 kilomètres de cette ville, on voit les ruines du Château-Bayard, où naquit l'illustre chevalier de ce nom.

Département de la Drôme. (305,000 hab.)

VALENCE † (11,000 hab.), sur le Rhône, près de son confluent avec l'Isère, est le dépôt des vins et des soies du pays. On fabrique dans cette ville des cotonnades et du cuir. Valence a une école régimentaire d'artillerie. Le pape Pie VI y est mort en 1799. C'est à *Tain,* à 20 kilomètres N. de Valence, que se fait le principal commerce de vins de l'Hermitage.

ROMANS (10,000 hab.), sur l'Isère, ville manufacturière, fait un assez grand commerce.

MONTELIMAR (8,000 hab.), près du Rhône, est situé dans une vallée tres-riche en mûriers. Le nougat de Montélimar est estimé.

Département des Hautes-Alpes. (131,000 hab.)

Gap † (8,000 hab.); on y taille le marbre vert.

Briançon (3,500 hab.), près des sources de la Durance, ville très-forte, dans un site pittoresque, est la plus élevée de France; elle fabrique des crayons et fait un grand commerce du talc crayeux de Piémont appelé *craie de Briançon.*

138.

PROVENCE.

Cette province fut réunie à la couronne en 1481, sous Louis XI.

Ses principales productions naturelles sont : le marbre et l'albâtre; diverses espèces de chênes, parmi lesquelles on remarque le chêne-liége et le chêne à kermès; les oliviers, qui donnent d'excellentes huiles; le vin; des fruits de toute espèce, dont les plus estimés sont les prunes de Brignoles, les figues de Salernes, les oranges, les citrons et les amandes; des truffes, des câpres, du tabac et des plantes médicinales; le miel et la soie. On élève dans cette province des troupeaux *transhumants*, c'est-à-dire des troupeaux qui passent la belle saison sur les Alpes et l'hiver dans les plaines, sans jamais entrer dans les étables. On pêche près des côtes, du thon et des anchois. Ses fabriques les plus importantes sont celles de savon, de soude, d'armes, de coutellerie, de bonneterie pour le Levant, de bijoux en corail; d'acides, de parfums et de liqueurs. La Provence fait un grand commerce avec l'intérieur de la France, avec l'Espagne, l'Italie, la Turquie, la Barbarie et l'Égypte.

La Provence forme 3 départements.

Département des Bouches-du-Rhône. (362,000 hab.)

Marseille † ⚑ (146,000 hab.), sur la Méditerranée, a un excellent port qui peut contenir environ 1,200 vaisseaux, et dont le commerce s'étend à toutes les parties du monde. On trouve dans cette ville des fabriques de savon, des raffineries de sucre, de soufre, et une manufacture de tabac. Le lazaret de Marseille est le plus beau de l'Europe. Cette ville est la plus ancienne de France; elle fut bâtie par les Phocéens, 600 ans avant J. C. C'est la patrie de l'astronome Pythéas, de Mascaron, de Dumarsais, du Puget, sculpteur; Pétronne est né dans les environs.

Aix ‡ Δ (25,000 hab.), ancienne capitale de la Provence, possède une école de droit. Cette ville est renommée pour ses huiles d'olive, pour la teinture en rouge du coton, et pour ses eaux minérales. C'est près d'Aix que Marius détruisit l'armée des Teutons, l'an 101 avant J. C. Brueys, auteur dramatique, les botanistes Tournefort et Adanson, le peintre Vanloo, et le moraliste Vauvenargues, sont nés à Aix.

Arles (20,000 hab.), sur le Rhône, fait le commerce de vin, de blé, d'huile, de fruits et de saucissons. Cette ville fut, pendant quelque temps, la métropole des Gaules, et plus tard la capitale du royaume d'Arles. A peu de distance, se trouve l'île de la Camargue, formée par les deux branches principales du Rhône; elle nourrit une grande quantité de moutons, ainsi que des bœufs et des chevaux qui y vivent presque dans l'état sauvage. La Crau, vaste plaine pierreuse, s'étend à l'est du Rhône; elle se couvre d'herbe pendant l'hiver et nourrit alors de nombreux troupeaux.

Tarascon (11,000 hab.), sur le Rhône, vis-à-vis de Beaucaire, fait le commerce de garance, de chardons pour les draps, et de graines.

Les Martigues (7,000 hab.), port situé sur l'étang de Berre, fait le commerce d'huile et de sel.

Salon (6,000 hab.) possède des moulins à huile. Le canal de Craponne, qui arrose une partie du dép. des Bouches-du-Rhône, passe dans cette ville.

La Ciotat (5,400 hab.), port sur la Méditerranée, est renommée pour ses vins muscats.

Département des Basses-Alpes. (159,000 hab.)

Digne † (6,000 hab.) a dans ses environs des eaux minérales très-fréquentées. Gassendi est né dans cette ville.

MANOSQUE (5,000 hab.) fait le commerce de truffes et d'olives; cette ville a éprouvé un violent tremblement de terre en 1708.

Département du Var. (323,000 hab.)

DRAGUIGNAN (10,000 hab.) a des fabriques de gros drap, de sel de Saturne (acétate de plomb), et fait un grand commerce d'huile d'olive.

TOULON (35,000 hab.), ville forte sur la Méditerranée, a un vaste et excellent port pour les vaisseaux de guerre. Livrée aux Anglais au mois d'août 1793, elle fut reprise au mois de décembre de la même année, après un siége mémorable, où commença la réputation de Napoléon.

GRASSE (13,000 hab.), jolie ville, fait le commerce d'huile d'olive, de savon, de parfums et de liqueurs.

HYÈRES (9,000 hab.), à 5 kilomètres de la mer; on y voit des jardins d'orangers, et d'autres arbres du Midi; elle possède des salines. Cette ville a donné le jour à Massillon.

CANNES (4,000 hab.) est un port très-commerçant, surtout en anchois et en sardines. C'est au golfe Juan, près de Cannes, que Napoléon débarqua à son retour de l'île d'Elbe en 1815.

SAINT-TROPEZ (3,600 hab.); fait la pêche du thon; le corail qu'on trouve dans le voisinage passe pour le plus beau des côtes de la Méditerranée.

FRÉJUS † (3,000 hab.); son port, autrefois important, est aujourd'hui comblé, et se trouve à 2 kilomètres de la mer. Cette ville a vu naître Agricola et Cornélius Gallus.

139.

LANGUEDOC.

Cette province fut réunie à la France en 1271, sous le règne de Philippe-le-Hardi, à la mort du comte de Poitiers, frère de saint Louis.

Son climat est généralement chaud et salubre. Une partie est naturellement très-fertile; l'autre est montagneuse, stérile, et ce n'est qu'à force de travail que les habitants sont parvenus à la rendre productive. Les produits les plus remarquables du règne minéral sont : des marbres pour l'architecture et la sculpture; du fer, du plomb, de l'argent, un peu d'or qu'on recueille dans le sable de quelques rivières; de la houille excellente, du bitume, enfin du sel. Les produits végétaux qui distinguent le Languedoc sont : les vins, les grenades, les figues, les olives, les mûriers, les châtaigniers, les truffes, les plantes médicinales et celles qui servent à la teinture. Le miel et la soie du Languedoc sont fort estimés. Parmi les animaux, on remarque les mulets, qu'on élève en grande quantité. L'industrie de cette province est très-développée; on y trouve des forges, des usines pour la fabrication des ouvrages en fer, en acier et en cuivre; des manufactures de draps pour le Levant, de bonneterie en soie, de chapeaux de paille; enfin de très-belles fabriques d'eau-de-vie et d'esprit-de-vin. Le Languedoc envoie ses productions et celles du nord en Espagne, en Italie et en Turquie.

Il forme en entier les départements du Tarn, de l'Aude, de l'Hérault, du Gard, de la Lozère, de l'Ardècne; la moitié de ceux de la Haute-Loire et de la Haute-Garonne, et l'arrondissement de Castel-Sarrazin, dans le département de Tarn-et-Garonne.

Département de la Haute-Garonne. (455,000 hab.)

Il est formé de parties du Languedoc et de la Guyenne.

Toulouse ‡ Δ ⚑ (77,000 hab.), sur la Garonne, près du canal du Languedoc, est l'ancienne capitale de cette province. C'est l'entrepôt des denrées du nord que la France envoie à l'Espagne. Toulouse possède une école de droit, une école d'artillerie et une fonderie de canons. On y remarque la plus ancienne académie de l'Europe, celle des *jeux floraux*, fondée par Clémence Isaure. Cette ville a donné naissance au pape Benoît XII, à Cujas et à Fermat.

Saint-Gaudens (6,000 hab.), sur la Garonne, a des filatures de laine et des fabriques de porcelaine et de maroquin.

Département du Tarn. (347,000 hab.)

Alby ‡ (12,000 hab.), sur le Tarn; on y extrait le bleu

de la plante appelée *pastel*. Cette ville a donné son nom aux Albigeois, secte d'hérétiques, contre laquelle une croisade a eu lieu à la fin du douzième siècle. Elle a vu naître le navigateur la Pérouse.

CASTRES (18,000 hab.) a de nombreuses fabriques de draps et d'étoffes de coton.

Département de l'Aude. (281,000 hab.)

CARCASSONNE † (19,000 hab.), sur l'Aude et sur le canal du Midi, est renommé depuis le douzième siècle pour ses fabriques de draps dont une grande partie est envoyée dans le Levant; on y fait un commerce considérable d'eau-de-vie.

NARBONNE (11,000 hab.), ville commerçante et manufacturière, est connue par son excellent miel. Elle donna jadis son nom au midi de la France, qu'on appelait *Gaule narbonnaise*, sous les Romains.

CASTELNAUDARY (10,000 hab.), sur le canal du Midi, fait le commerce des draps et des farines. Le duc de Montmorency fut vaincu et fait prisonnier par les troupes de Louis XIII sous les murs de Castelnaudary, en 1632.

LIMOUX (7,000 hab.), sur l'Aude, a du vin blanc estimé, appelé *blanquette de Limoux*.

Département de l'Hérault. (358,000 hab.)

MONTPELLIER † Δ ⚑ (36,000 hab.), sur le Lez, par lequel cette ville communique à la Méditerranée, a de belles fabriques d'eau-de-vie et de produits chimiques, et possède une école de médecine célèbre. On y voit le premier jardin botanique qui ait été formé en Europe. C'est la patrie de la Peyronie, fondateur de l'école de chirurgie de Paris, et du médecin Barthès.

BÉZIERS (16,000 hab.), sur le canal du Languedoc, fait un grand commerce de vins et d'eaux-de-vie. En 1209, cette ville fut prise d'assaut par les troupes croisées contre les Albigeois, et traitée avec la dernière barbarie. Elle a donné naissance à Riquet, auteur du canal du Languedoc.

CETTE (12,000 hab.), sur la Méditerranée, port le plus

important du Languedoc, fait un très-grand commerce. On y construit de bons navires marchands.

LODÈVE (11,000 hab.), a des manufactures de draps; c'est la patrie du cardinal de Fleury.

PÉZENAS (8,000 hab.), près de la rivière de l'Hérault, à des fabriques de verdet (acétate de cuivre), et fait un commerce considérable de vins et d'eaux-de-vie.

AGDE (8,000 hab.), avec un port sur l'Hérault, à deux kilomètres de la mer, fait le commerce de cabotage avec le midi et l'ouest de la France, et avec les côtes de l'Italie et de l'Espagne.

LUNEL (6,000 hab.), sur le canal du même nom, est une ville très-commerçante, connue par son vin muscat.

GANGES (4,500 hab.), près de l'Hérault, est remarquable par ses filatures et ses fabriques de bas de soie.

FRONTIGNAN (1,900 hab.) récolte d'excellents vins muscats.

BALARUC, près de Frontignan, sur l'étang de Thau, a des eaux minérales chaudes.

Département du Gard. (366,000 hab.)

NÎMES † Δ (43,000 hab.) a de belles fabriques de soieries, et fait un commerce considérable, avec le Nord, de graines et de plantes propres à la médecine ou à la teinture. Cette ville est riche en beaux monuments romains, dont les plus remarquables sont les Arènes, la Maison Carrée, et l'aqueduc, appelé *Pont du Gard,* qui est à 24 kilomètres de la ville. Nîmes est la patrie de l'empereur Antonin.

ALAIS (14,000 hab.), sur le Gard ou Gardon, a dans ses environs des eaux minérales, des mines de houille et d'antimoine; on y fabrique beaucoup de couperose verte (sulfate de fer) et de verrerie; on y fait un grand commerce de soie et de rubans.

BEAUCAIRE (10,000 hab.), sur le Rhône et sur un canal qui fait communiquer ce fleuve au canal du Languedoc, est célèbre par la foire qui s'y tient annuellement et qui attire des négociants de toutes les parties du monde.

SAINT-GILLES (6,000 hab.), sur le canal de Beaucaire, fait un grand commerce de vins.

Département de la Lozère. (142,000 hab.)

(Tire son nom d'une petite chaîne de montagnes.)

MENDE † (6,000 hab.), sur le Lot, fait le commerce de serges avec l'intérieur de la France, l'Allemagne, l'Espagne et l'Italie.

VILLEFORT (1,300 hab.) possède des mines où l'on exploite du plomb, du cuivre et de l'argent ; et une fonderie centrale pour les mines de Vialas et des environs.

Département de la Haute-Loire. (295,000 hab.)

Il est formé en partie du Languedoc, en partie de l'Auvergne.

LE PUY † (15,000 hab.), près de la Loire, a des fabriques de dentelles, de grelots pour les chevaux, et d'outres pour le vin. C'est la patrie du cardinal de Polignac.

YSSENGEAUX (8,000 hab.) possède une mine de plomb.

BRIOUDE (5,000 hab.) a des mines de houille et d'antimoine. A 4 kilomètres de là, on remarque, sur l'Allier, un pont formé d'une seule arche, faussement attribué aux Romains.

Département de l'Ardèche. (354,000 hab.)

PRIVAS (4,200 hab.) fait le commerce de soie.

ANNONAY (9,000 hab.), ville renommée pour ses papeteries et ses soies blanches, est la patrie de Montgolfier, inventeur des aérostats et du bélier hydraulique.

AUBENAS (4,700 hab.), près de l'Ardèche, fait le commerce de soie, de marrons et de truffes.

TOURNON (4,200 hab.), sur le Rhône ; on y remarque un beau pont suspendu en fil de fer.

VIVIERS † (2,600 hab.), près du Rhône ; on y élève une grande quantité de vers à soie.

SAINT-PÉRAY (2,500 hab.), vis-à-vis de Valence, sur la rive droite du Rhône, est un bourg renommé pour ses vins blancs.

140.

ROUSSILLON.

Cette province fut conquise en 1642 par Louis XIII, et réunie définitivement à la France en 1649, sous Louis XIV, par le traité des Pyrénées.

Quoique montagneuse, elle est très-fertile. Le sol renferme du fer, de la houille, de l'antimoine, de beaux marbres et des eaux minérales. Le climat du Roussillon est assez doux, même en hiver, pour qu'on puisse cultiver en pleine terre les orangers, les citronniers, les grenadiers, etc. La province produit aussi beaucoup de mûriers, de chênes à liége et de chênes à kermès. L'olivier et le blé donnent de belles récoltes, et les vins du Roussillon sont renommés. On y élève des chèvres du Thibet, des bestiaux pour l'Espagne, des vers à soie et des abeilles. Les fabriques d'objets en fer et en acier, celles de draps et d'eau-de-vie sont les plus remarquables.

Le Roussillon forme un département.

Département des Pyrénées-Orientales. (164,000 hab.)

Perpignan † ⊕ (18,000 hab.), ville forte sur la Tet, à 1 myriamètre de la Méditerranée, a une bergerie royale, des fabriques d'étoffes de laine, et fait un grand commerce de vins.

Rivesaltes (3,400 hab.) produit des vins muscats.

Collioure (3,300 hab.), place forte et petit port sur la Méditerranée, fait le commerce de vins, de laine et de sardines.

Port-Vendre (1,000 hab.), place forte et petit port, le plus méridional de France.

141.

COMTÉ DE FOIX.

Cette province faisait partie du domaine d'Henri IV, et fut réunie à la couronne en 1589, par l'avénement de ce prince au trône.

Située au pied des Pyrénées, elle renferme des landes,

et près du dixième de sa superficie est couvert de bois. Son sol fournit du marbre, des pierres de touche, des terres alumineuses, de l'amiante, du jayet et des eaux minérales. Le liége et les résines sont les principaux produits du règne végétal. Une partie des habitants élèvent des troupeaux; ses établissements d'industrie les plus remarquables sont les forges à la catalane, les fabriques d'objets de fer et d'acier, de chevilles en cuivre pour la marine, et de produits chimiques. Cette province fait avec l'Espagne un commerce assez considérable de bestiaux et de laine.

Le comté de Foix, avec une partie de la Guyenne, forme un département.

Département de l'Ariége. (260,000 hab.)

Foix (5,000 hab.), sur l'Ariége, possède une forge à la catalane et une belle fabrique d'acier.

Pamiers † (7,000 hab.), sur l'Ariége, a des fabriques d'acier, de limes et de faux. Bayle est né dans un village près de cette ville, appelé le Carlet.

Saint-Girons (4,300 hab.), à 25 kilomètres des frontières d'Espagne, fait avec ce royaume un grand commerce de bestiaux, de mulets et de laine.

Ax (1,900 hab.), à 32 kilomètres S. E. de Foix, sur l'Ariége, est remarquable par ses eaux minérales.

142.

BÉARN.

Cette province, qui faisait partie du domaine d'Henri IV, fut réunie à la France en 1589.

Le sol en est très-varié; des forêts en couvrent une partie. On y trouve du cuivre, des ardoises, du marbre. Le chêne à noix de galle, l'agaric, l'arbousier et le lin, sont les productions végétales les plus remarquables. Parmi les animaux sauvages, on distingue l'ours et le chamois. Les chevaux et les mulets de cette province sont très-estimés, et les bestiaux font l'objet d'un commerce assez considérable avec l'Espagne.

On tire du Béarn du lin, de la laine, du cuir, des étoffes, des tapis et des bonnets de laine; on en tire aussi des jambons et du chocolat.

Le Béarn, avec une petite partie de la Guyenne, forme un département.

Département des Basses-Pyrénées. (446,000 hab.)

PAU Δ (13,000 hab.), sur le Gave ou torrent du même nom, fabrique beaucoup de toiles et de linge de table, et fait le commerce de vin de Jurançon. On récolte ce vin sur les coteaux qui sont en vue du château où naquit Henri IV. Pau a aussi donné naissance à Henri d'Albret, aïeul d'Henri IV, et à Gaston de Foix.

BAYONNE † ⚑ (16,000 hab.), ville forte et port sur l'Adour, à 4 kilomètres de l'Océan, a des chantiers de construction pour la marine militaire et la marine marchande, et arme des bâtiments pour la pêche de la morue ainsi que pour les colonies. Le chocolat de Bayonne et ses jambons (qui viennent en partie d'Orthès) sont renommés. Cette ville fait un grand commerce avec l'Espagne, dont elle importe les piastres. Elle a donné son nom à la baïonnette qui y fut inventée.

SALIES (9,000 hab.) a des sources salées, d'où l'on retire du sel très-blanc auquel on attribue la bonne qualité des jambons du pays.

OLORON (7,000 hab.), ville très-industrieuse, fait un grand commerce de laine, de chevaux et de bois de mâture.

EAUX-BONNES, à 32 kilomètres S. E. d'Oloron, a des bains d'eaux minérales assez fréquentés.

143.

GUYENNE ET GASCOGNE.

Ces provinces qui, pendant trois siècles, avaient été possédées par les Anglais, furent réunies à la France par Charles VII, en 1451. Une partie de la Gascogne appartenait à Henri IV, et fait partie du royaume depuis 1589.

Ces provinces sont généralement fertiles, à l'exception d'une partie des grandes landes qui se trouvent le long de la mer, entre Bordeaux et Bayonne. Leurs productions les plus remarquables sont : dans le règne minéral, le fer, le marbre, le granit ; dans le règne végétal, la vigne, le blé, les truffes, le chêne, le liége, le pin, le chanvre ; dans le règne animal, les chevaux, les mulets, les bestiaux, les abeilles et les vers à soie. L'industrie de ces provinces est très-développée. On y construit beaucoup de navires ; les fabriques les plus considérables sont celles de poterie, de poudre, de tabac, de sucre, de toiles à voiles, de cordages, de tonneaux et de draps. Le commerce a pour objet les vins, les eaux-de-vie et les denrées coloniales.

La Guyenne et la Gascogne forment, avec une très-petite partie du Languedoc, 9 départements entiers, et ont cédé quelques portions de leur territoire aux départements de la Haute-Garonne et des Basses-Pyrénées.

Département de la Gironde. (556,000 hab.)

Bordeaux ‡ Δ ⚑ (100,000 hab.), sur la Garonne, à 10 myriamètres de son embouchure dans l'Océan, a un port sûr et commode qui peut contenir près de mille vaisseaux, et communique avec la Méditerranée par le canal du Languedoc. On a construit sur la Garonne un très-beau pont en pierre. La position de cette ville, l'industrie de ses habitants, l'excellente qualité des vins qu'on récolte dans le département, font de Bordeaux l'une des villes les plus riches et les plus commerçantes de France. Les principaux objets de son commerce sont les vins, les eaux-de-vie et les denrées coloniales. Cette ville a vu naître le poète Ausone. Le château de Montaigne, où naquit le célèbre moraliste de ce nom, est situé près de Bordeaux.

Libourne (10,000 hab.), sur la Dordogne, reçoit des navires marchands dans son port, et fait un grand commerce de vins.

Blaye (4,000 hab.), sur la Gironde, avec une citadelle, avait une rade qui est aujourd'hui encombrée par les dépôts de la rivière. C'est dans l'arrondissement de Blaye, sur la rive gauche de la Gironde, qu'on récolte les vins de Médoc.

Département de la Dordogne. (487,000 hab.)

PÉRIGUEUX † (12,000 hab.), sur l'Isle, ville renommée pour ses truffes, a un marché aux porcs, le plus considérable de France.

SARLAT (6.000 hab.), est la patrie de la Boétie et de Fénelon.

Département de Lot-et-Garonne. (347,000 hab.)

AGEN † Δ (13,000 hab.), sur la Garonne, ville très-commerçante, a une fabrique royale de toiles à voiles; ses teintures en écarlate et en cramoisi sont estimées; elle fait aussi le commerce d'eaux-de-vie et de prunes. C'est la patrie de Scaliger, et de Bernard de Palissy, inventeur de la peinture en émail.

NÉRAC (7,000 hab.); Henri IV y tint sa cour lorsqu'il n'était encore que roi de Navarre.

Département du Lot. (287,000 hab.)

CAHORS † (12,000 hab.), sur le Lot, fait un grand commerce de vins du pays, de truffes et de draps. Cette ville fut prise d'assaut par Henri IV, en 1580. C'est la patrie de Clément Marot.

Département de l'Aveyron. (371,000 hab.)

RODEZ † (10,000 hab.), au bord de l'Aveyron, fait un grand commerce de laines.

VILLEFRANCHE (9,000 hab.), sur l'Aveyron; la ville et les environs possèdent de nombreuses forges, des fonderies et des fabriques d'objets en cuivre.

SAINT-AFFRIQUE (6,400 hab.); à 1 myriamètre E. de cette ville est le village de Roquefort, qui donne son nom à un fromage de lait de brebis très-renommé.

Département de Tarn-et-Garonne. (242,000 hab.)

Une partie de ce département appartient au Languedoc.

MONTAUBAN † (24,000 hab.), sur le Tarn; les fortifica tions de cette ville furent rasées par le cardinal de Riche lieu.

MOISSAC (11,000 hab.), sur le Tarn, fait un commerc considérable en farine, en huile, en safran, en vins et e laines.

CASTEL-SARRAZIN (7,500 hab.), près de la Garonne fabrique beaucoup de serges.

Département des Landes. (285,000 hab.)

MONT-DE-MARSAN (4,000 hab.), sur la Midouze, fait l commerce de vins, d'eaux-de-vie et de térébenthine.

DAX (4,800 hab.), sur l'Adour, ville très-commerçante est connue par ses eaux minérales chaudes. Celles qui son dans un grand bassin, au milieu de la ville, ont 49° degré de chaleur. Saint Vincent de Paul est né à Pouy, près d Dax.

AIRE † (4,000 hab.), sur l'Adour, a été la résidenc d'Alaric, roi des Visigoths.

Département du Gers. (313,000 hab.)

AUCH ‡ (10,000 hab.), sur un coteau près du Gers, fait un grand commerce des eaux-de-vie de l'ancienne province d'Armagnac, dont elle était capitale.

CONDOM (7,000 hab.) est une ville commerçante où Bossuet fut évêque avant d'occuper le siége de Meaux.

LECTOURE (6,500 hab.), sur le Gers, fabrique des cuirs.

Département des Hautes-Pyrénées. (244,000 hab.)

TARBES † (13,000 hab.), sur l'Adour, est l'entrepôt de tout le commerce du département.

BAGNÈRES-DE-BIGORRE (8,000 hab.), près de l'Adour, et le petit bourg de BARRÉGES, sont renommés pour leurs bains d'eaux minérales.

144.

CORSE.

Cette île fut cédée à Louis XV, en 1768, par les Génois.

Le climat de la Corse est salubre; elle est couverte de hautes montagnes, offre des vallées profondes, mais rarement des plaines. Quoique une grande partie du sol soit naturellement fertile, un tiers seulement est cultivé. La Corse est riche en marbre et en pierres fines. On pêche de beau corail près d'Ajaccio et de Bonifacio. Les forêts fournissent des bois de construction et de mâture, parmi lesquels on doit distinguer le *pinus altissima*, espèce de pin qui s'élève plus haut que tous les autres arbres de l'Europe. On ramasse sur les rochers des lichens pour la fabrication de la couleur jaune et de la couleur écarlate; celui qu'on appelle *mousse de Corse* est un vermifuge très-efficace. Cette île donne les mêmes productions végétales que le midi de la France; on a essayé avec succès d'y cultiver la canne à sucre, le coton et l'indigo.

La Corse renferme une grande quantité de mouflons ou moutons sauvages et de sangliers. Les habitants élèvent beaucoup de bestiaux; les ânes, les mulets, les chevaux sont vigoureux et agiles, les chèvres d'une belle race. La soie, le miel et la cire de cette île sont recherchés dans le commerce.

L'industrie de la Corse est peu développée; mais ses habitants sont sobres, hospitaliers et courageux.

La Corse forme un département.

Département de la Corse. (208,000 hab.)

Ajaccio † (9,000 hab.), place forte, avec un port commode et spacieux, a vu naître l'empereur Napoléon.

Bastia Δ ⚐ (13,000 hab.), ancienne capitale de la Corse, est une ville forte, avec un port, qui fait le commerce de corail, de poil de chèvre et de cuirs.

145.

ANGOUMOIS.

Cette province fait partie de la France depuis l'an 1371,

époque à laquelle Charles V la réunit à la couronne; mais elle ne fut entièrement affranchie du joug de l'étranger que par Charles VII.

Le climat de l'Angoumois est généralement doux ; l'air y est pur.

Les principaux minéraux que renferme le sol sont : les pierres lithographiques, le zinc, le fer ; les rochers des bords du Baudiat forment des cavernes immenses, où l'on voit des concrétions pierreuses fort remarquables. Dans l'Angoumois, les forêts sont nombreuses, la vigne et les truffes très-abondantes. On y élève un grand nombre de bestiaux, des ânes et des mulets; les abeilles y sont communes. Les produits les plus remarquables de l'industrie de cette province sont le papier et l'eau-de-vie, surtout celle de Cognac.

L'Angoumois forme un département.

Département de la Charente. (365,000 hab.)

ANGOULÊME † (17,000 hab.), sur un rocher près de la Charente, a des fabriques de très-beaux papiers. Cette ville fait un grand commerce d'eaux-de-vie. Elle a vu naître Balzac, l'ingénieur Montalembert et le physicien Coulomb. A Ruelle, à 8 kilomètres N. E. d'Angoulême, est une fonderie de canons en fer pour la marine.

COGNAC (4,000 hab.), sur la Charente, fait un immense commerce de ses eaux-de-vie. On y remarque un vieux château où naquit François Ier.

JARNAC (2,300 hab.), sur la Charente, fait un grand commerce d'eaux-de-vie. En 1569, Henri III y remporta une victoire sur les calvinistes.

146.

SAINTONGE ET PAYS D'AUNIS.

Ces deux provinces furent réunies à la France en même temps que l'Angoumois.

Le pays est plat et en partie marécageux; le climat est salubre, excepté dans les cantons où se trouvent les marais. Le sol renferme beaucoup de tourbe, et de la marne très-fine pour les fabriques de verre et de savon. Il est couvert d'un grand nombre de marais salants d'où l'on retire une énorme quantité de sel, regardé comme le meilleur de l'Europe. Le terrain, quoique formé en grande partie de craie et de sable, est fertile en céréales, en chanvre, en lin, etc. Les vignobles sont étendus et donnent des vins estimés. On trouve dans les forêts de très-bons bois pour la marine. La pêche des sardines et des huîtres vertes alimente un commerce considérable. La fabrication de l'eau-de-vie et la préparation du sel sont les principaux objets vers lesquels se dirige l'industrie de ces provinces.

La Saintonge et l'Aunis forment un département.

Département de la Charente-Inférieure. (449,000 hab.)

La Rochelle † (15,000 hab.), ville forte, a un bon port sur l'Océan et une rade très-sûre. Possédée par les calvinistes depuis 1557, elle fut prise sur eux, en 1628, par le cardinal de Richelieu. C'est la patrie du physicien Réaumur.

Rochefort (15,000 hab.), ville forte, avec un des trois grands ports militaires de France, et un bon port marchand sur la Charente, à 1 myriamètre de son embouchure dans l'Océan, est remarquable par ses beaux établissements pour la marine.

Saintes (10,000 hab.), sur la Charente, a d'excellentes fabriques d'eau-de-vie. Ancienne capitale de la Saintonge, elle a été pendant quelques années le chef-lieu du département.

Marennes (4,500 hab.), à 3 kilomètres de l'Océan, fournit des huîtres vertes.

Marans (4,500 hab.), au confluent de la Sèvre Niortaise et de la Vendée, a une bonne rade pour les bâtiments marchands; les marais salants des environs sont très-productifs.

Royan (3,000 hab.), petit port à l'embouchure de la Gironde, a des bains de mer très-fréquentés par les Anglais.

147.

POITOU.

Cette province fut conquise par Charles V et réunie à la France en 1371.

On y trouve des mines de fer, d'antimoine, et des marais salants considérables. Le bois, le blé, le chanvre, le lin, les truffes, les châtaignes et le miel, sont les productions les plus remarquables et les plus abondantes. Cette province a d'excellents pâturages, et on y élève une très-grande quantité de mulets. Les principales fabriques sont celles de soude de varrech, de coutellerie, d'armes blanches, de peaux, de gants, d'étoffes de laine et de coton.

Le Poitou forme 3 départements.

Département de la Vienne. (288,000 hab.)

Poitiers † Δ (22,000 hab.) possède des tanneries considérables et des fabriques de draps croisés. C'est à *Vouillé*, village à 16 kilomètres O. de Poitiers, que Clovis vainquit Alaric II, roi des Visigoths, en 507. On croit aussi que c'est dans les plaines voisines de cette ville que Charles Martel défit, en 732, l'armée des Sarrasins. Poitiers a donné son nom à la célèbre bataille où le roi de France Jean fut fait prisonnier, l'an 1356.

Chatellerault (10,000 hab.) est renommé pour sa coutellerie; on y fabrique des armes blanches.

Département des Deux-Sèvres. (304,000 hab.)

Niort (18,000 hab.) sur la Sèvre Niortaise, a des fabriques de gants et d'autres objets en peau. C'est la patrie de madame de Maintenon et de M. de Fontanes.

Département de la Vendée. (341,000 hab.)

Bourbon-Vendée ou Napoléon-Vendée (5,000 hab.), autrefois la *Roche-sur-Yon*, a été bâti en grande partie en 1807, époque à laquelle il comptait à peine 800 habitants.

Fontenay-le-Comte (8,000 hab.), sur la Vendée, est la ville la plus importante du département.

Les Sables-d'Olonne (5,000 hab.), port sur l'Océan; on y construit des vaisseaux marchands, et on y fait un grand commerce de sel et de sardines.

Luçon † (4,000 hab.) est le siége d'un évêché qui fut occupé par le cardinal de Richelieu.

148.

ANJOU.

Cette province fut réunie à la France, en 1480, à la mort de René, roi de Sicile et comte d'Anjou, qui l'avait cédée à Louis XI par testament.

Elle possède les meilleures carrières d'ardoises de France, renferme d'excellents pâturages et des forêts considérables. Son sol produit en abondance du grain, du chanvre, du lin et des vins. Outre les usines à fer, les principales fabriques de l'Anjou sont celles de toiles à voiles et de mouchoirs.

L'Anjou forme le dép. de Maine-et-Loire, et une petite partie de ceux de la Sarthe et de la Mayenne.

Département de Maine-et-Loire. (477,000 hab.)

Angers †Δ (36,000 hab.), sur la Maine ou Mayenne, à 7 kilomètres de son confluent avec la Loire, est une ville renommée pour ses ardoises, ses toiles à voiles, ses mouchoirs et ses vins blancs. Elle possède une école royale d'arts et métiers. Angers a vu naître le jurisconsulte Jean Bodin et le voyageur Bernier.

Saumur (12,000 hab.), sur la Loire, a des fabriques d'ouvrages en émail, et possède une école de cavalerie pour l'armée.

Chollet (9,000 hab.) est connu par ses mouchoirs et ses toiles.

Beaugé (3,500 hab.); c'est sous les murs de cette ville que l'armée de Charles VII vainquit les Anglais en 1421.

149.

BRETAGNE.

Cette province fut réunie à la France en 1491, par le mariage de Charles VIII avec Anne de Bretagne.

Elle forme une presqu'île entre la Manche et l'Océan, et jouit d'un climat tempéré. Ses productions les plus remarquables sont : parmi les minéraux, l'argent, le plomb, l'étain, la houille; parmi les végétaux, le chanvre, le lin, le tabac; elle a aussi de vastes prairies où l'on nourrit des chevaux et beaucoup de bestiaux. La Bretagne fait un grand commerce de fil, de toiles et de beurre, dont le plus estimé est celui de la *Prévalaye*. Cette province a des ports nombreux dont les habitants se livrent au commerce et à la pêche. Les équipages de la marine marchande française sont principalement composés de Bretons.

La Bretagne forme 5 départements.

Département d'Ille-et-Vilaine. (547,000 hab.)

RENNES † Δ ⚑ (36,000 hab.), sur la Vilaine, fait un grand commerce de beurre et de miel; on fabrique dans les environs beaucoup de toiles à voiles. Rennes a une école de droit et une école d'artillerie. C'est la patrie de du Guesclin.

SAINT-MALO (10,000 hab.), ville forte, a sur la Manche un port très-fréquenté, quoique d'un accès difficile. Le tabac est cultivé avec succès dans les environs. Saint-Malo a vu naître Jacques Cartier qui, en 1534, prit possession du Canada, au nom de François Ier; c'est aussi la patrie de l'astronome Maupertuis et de l'amiral Dugay-Trouin.

CANCALE (5,000 hab.) est un petit port connu par ses huîtres.

SAINT-AUBIN, village à 18 kilomètres N. E. de Rennes, est célèbre par la bataille où le duc d'Orléans, depuis Louis XII, fut fait prisonnier, en 1488.

Département des Côtes-du-Nord. (606,000 hab.)

SAINT-BRIEUC † (11,000 hab.), sur la rivière de Gouet, à 4 kilomètres de la mer, a un port qui reçoit des vaisseaux de 500 tonneaux.

DINAN (7,500 hab.), près de la Rance; son territoire produit beaucoup de lin, avec lequel on fabrique les toiles dites de Bretagne. Il y a près de la ville des eaux minérales. Dinan est la patrie de Duclos.

LOUDÉAC (7,000 hab.) possède près de mille métiers pour la fabrication des toiles.

GUINGAMP (6,500 hab.) fabrique des toiles et fait le commerce de fil et de lin.

QUINTIN (4,500 hab.) a des manufactures d'excellentes toiles fines. A 10 kilomètres de cette ville se trouve la belle forêt de Lorges.

Département du Finisterre ou *Finistère.*(547,000 hab.)

Tire son nom de sa position à l'extrémité ouest de la France.

QUIMPER † (10,000 hab.) a un petit port commode pour les navires de 200 tonneaux, au confluent de 2 rivières, et à 16 kilomètres de l'Océan. On y fait un commerce assez considérable.

BREST (30,000 hab.), ville forte, a un port militaire le plus beau et le plus sûr de l'Europe; elle est surtout remarquable par les établissements de la marine et par l'école navale. C'est à Brest et à Toulon que se font les grands armements de la France.

MORLAIX (10,000 hab.), sur la rivière du même nom, à 1 myriamètre de l'Océan, a un bon port, une rade commode et sûre; on y fait un commerce considérable. C'est à Morlaix que se trouve l'entrepôt des mines de plomb et d'argent de Poulaoüen. Cette ville a vu naître le général Moreau.

OUESSANT, île près de laquelle se livra, en 1778, un combat naval entre les Français et les Anglais.

SAINT-POL-DE-LÉON (6,500 hab.), sur une colline près de la mer, a un petit port assez fréquenté.

Département du Morbihan. (450,000 hab.)

Vannes † (12,000 hab.), à 16 kilomètres de l'Océan, auquel cette ville communique par le canal du Morbihan, fait un commerce assez considérable. C'est la patrie de le Sage.

Lorient (19,000 hab.), avec un port sur l'Océan et une rade sûre, fait un grand commerce avec les Indes orientales.

Pontivy (6,500 hab.), sur le Blavet et le canal de Nantes à Brest, fabrique des toiles.

Hennebon (5,000 hab.), petit port sur le Blavet, est célèbre par la belle défense qu'y fit, en 1342, la comtesse de Montfort, assiégée par Charles de Blois.

Auray (4,000 hab.), sur un petit fleuve de même nom; Charles de Blois y fut vaincu et tué par l'armée du comte de Montfort, dans une bataille où du Guesclin fut fait prisonnier en 1364.

Quiberon (2,000 hab.) est situé à l'extrémité d'une petite presqu'île, célèbre par la malheureuse descente qu'y firent les émigrés français en 1795.

Département de la Loire-Inférieure. (471,000 hab.)

Nantes † ꟻ (76,000 hab.), avec un port sur la Loire, est le magasin général des vivres et des munitions de la marine; on y construit beaucoup de navires. Cette ville fait un commerce considérable avec l'Asie, l'Afrique et l'Amérique, notamment en instruments d'agriculture. Elle est connue dans l'histoire par l'édit qu'Henri IV y rendit, en 1598, en faveur des protestants, et qui fut révoqué, en 1685, par Louis XIV. Nantes est la patrie de Pierre Bouguer, mathématicien et astronome.

Paimbœuf (4,000 hab.) a un port sur la Loire, à 12 kilomètres de son embouchure. Les gros vaisseaux y débarquent leurs marchandises que de petits navires transportent jusqu'à Nantes.

Le Pouliguen, petit port au milieu des marais salants, fournit annuellement une immense quantité de sel.

150.

MAINE.

Le Perche faisait partie de ce gouvernement.

Charles, comte du Maine, légua cette possession, ainsi que la Provence, à Louis XI, en 1481.

Les principales productions du règne minéral, dans cette province, sont le fer, la houille, le marbre et même l'ambre jaune. Le sol est fertile, et produit beaucoup de grains, de fruits, de chanvre et de lin. Les volailles du Maine sont recherchées ; les abeilles donnent du miel et de la cire en abondance. On tire de cette province du fer, des toiles et de la bougie.

Le Maine, avec une petite partie de l'Anjou, forme les départements de la Sarthe et de la Mayenne, et la moitié de celui d'Eure-et-Loir.

Département de la Sarthe. (467,000 hab.)

LE MANS † (23,000 hab.), sur la Sarthe, fait le commerce d'étamines, de bougie et de volailles.

LA FLÈCHE (6,500 hab.), sur le Loir, possède le collége royal militaire. Cette école était autrefois un collége de jésuites, auquel Henri IV légua son cœur, et dans lequel étudia Descartes.

MAMERS (6,000 hab.), fabrique des toiles et des tissus de laine et de coton.

SABLÉ (4,000 hab.), sur la Sarthe, est une ville très-industrieuse, près de laquelle on exploite des carrières de marbre.

CHATEAU-DU-LOIR (3,000 hab.) récolte des vins blancs estimés.

LA FERTÉ-BERNARD (2,600 hab.) a des fabriques de toile pour les colonies, qui emploient près de mille métiers dans la ville et dans les environs.

Département de la Mayenne. (362,000 hab.)

LAVAL (18,000 hab.), sur la Mayenne, est connu par ses toiles. C'est la patrie du médecin Ambroise Paré.

MAYENNE (10,000 hab.), sur la Mayenne, fabrique beaucoup de toiles et de calicots.

151.

ORLÉANAIS.

Cette province faisait partie du domaine de Hugues Capet lorsqu'il monta sur le trône en 987.

L'Orléanais renferme de belles forêts où l'on trouve des bois de construction. Le sol en est généralement gras et fertile, excepté dans la partie qui est au midi de la Loire et qu'on appelle *Sologne;* il produit beaucoup de grains et de fruits; des vins, dont les plus estimés sont ceux de la côte du Cher ; le chanvre, le safran, le chardon du bonnetier et quelques plantes à teinture sont les autres végétaux les plus utiles de cette province. Parmi les animaux qu'on y élève, on cite les bœufs, les mérinos, des chevaux pour la cavalerie; les rivières et de nombreux étangs fournissent abondamment du poisson; les abeilles donnent du miel de bonne qualité. Les principales fabriques sont celles d'eau-de-vie, de vinaigre, de sucre de betteraves, de sucre raffiné, de réglisse; d'étoffes de laine, de bonneterie pour l'Orient; de poterie, de verrerie, de papier, de cuir, de parchemin. Tous ces produits sont l'objet d'un commerce important.

L'Orléanais, avec des parties du Maine, de l'Ile-de-France et du Berry, forme trois départements. Quelques petites portions de son territoire appartiennent aux départements de Seine-et-Oise et de la Nièvre.

Département du Loiret. (316,000 hab.)

ORLÉANS † Δ (40,000 hab.), sur la Loire, a des raffineries de sucre, des fabriques de vinaigre, d'eau-de-vie, de bonneterie française et orientale, et un grand nombre d'autres. Cette ville est célèbre par deux siéges qu'elle a soutenus : le premier en 450, contre Attila, roi des Huns; le second, en 1428, contre les Anglais, qui furent repoussés par Jeanne d'Arc. C'est la patrie de Robert, roi de France, du jurisconsulte Pothier et du médecin Petit.

MONTARGIS (8,000 hab.), sur le canal de Briare, près de l'endroit où il se réunit au canal d'Orléans, a dans ses environs des papeteries.

PITHIVIERS (4,000 hab.) fait un grand commerce de safran.

Département d'Eure-et-Loir. (285,000 hab.)

CHARTRES † (15,000 hab.), sur l'Eure, fait un grand commerce de grains; ses pâtés sont recherchés; sa cathédrale est une des plus belles de France. Chartres a vu naître le poète satirique Régnier, Nicole de Port-Royal, le général Marceau, et Colin d'Harleville, auteur dramatique.

NOGENT-LE-ROTROU (7,000 hab.); on y voit un château qui fut habité par Sully.

DREUX (6,500 hab.) a des fabriques de serge drapée et de toile. C'est près de cette ville que se livra, en 1562, une bataille fameuse entre les catholiques et les protestants, où les généraux des deux partis furent faits prisonniers. Dreux a vu naître Rotrou, poète tragique.

Département de Loir-et-Cher. (244,000 hab.)

BLOIS † (14,000 hab.), sur la Loire, a des fabriques de vinaigre et de jus de réglisse. C'est dans le château de Blois que fut assassiné Henri, duc de Guise. Louis XII y est né.

VENDÔME (8,000 hab.), sur le Loir, fabrique des gants.

ROMORANTIN (7,000 hab.), ancienne capitale de la Sologne, possède de nombreuses fabriques de draps.

152.

TOURAINE.

Cette province fut réunie à la couronne de France, en 1202, par Philippe-Auguste, qui la confisqua sur Jean sans Terre.

La Touraine, arrosée par la Loire et par un grand nombre de rivières, a été nommée le jardin de la France, à cause de sa beauté et de sa fertilité. Ses productions minérales les plus remarquables sont les pierres meulières et lithographiques, la marne, et les *faluns*, immenses ama de coquilles fossiles, qu'on emploie pour améliorer le terres. Cette province possède des forêts, produit beau coup de fruits et de plantes utiles; on y élève des abeille et des vers à soie. Elle fait un commerce considérable de diverses productions de son sol, et particulièrement d fruits secs.

La Touraine ne forme qu'un département.

Département d'Indre-et-Loire. (304,000 hab.).

Tours ǂ ⁋ (27,000 hab.), sur la Loire, a beaucou de fabriques, parmi lesquelles on remarque celles d'étoffe de soie, de draps et de cuirs; elle possède aussi un lavoi de laine, et fait un grand commerce de pruneaux e d'autres fruits secs. C'est la patrie de Destouches, auteu comique.

Chinon (7,000 hab.), sur la Vienne; Henri II, ro d'Angleterre, y mourut, et Charles VII, roi de France y séjourna pendant que les Anglais occupaient Paris Rabelais est né dans les environs.

Amboise (4,700 hab.), sur la Loire, possède une bell manufacture de limes. Cette ville est connue par la con juration qui s'y forma, en 1560, contre les Guise. C'est la patrie de Charles VIII et de George d'Amboise, ministre de Louis XII.

La Haye (1,200 hab.), sur la Creuse, à 1 myriamètre de son confluent avec la Vienne, a donné le jour à Descartes.

153.

BERRY.

Cette province fut achetée, en 1100, par Philippe Ier. Le sol du Berry renferme des mines de fer. Il est en grande partie pierreux et sablonneux; cependant il est assez fertile, mais mal cultivé. Les forêts de cette province fournissent du bois à Paris, et son chanvre vaut celui de la Russie. Elle récolte abondamment du vin et des châtaignes, et nourrit des bestiaux et des chevaux très-forts. On y fait le commerce de sangsues. Sous le rapport de l'industrie, cette province est une des moins avancées. Le drap, la porcelaine et le papier sont les produits les plus remarquables de ses manufactures.

Le Berry, avec quelques parties du Bourbonnais et de la Touraine, forme 2 départements.

Département du Cher. (277,000 hab.)

BOURGES ☨ Δ ⚑ (25,000 hab.) a des fabriques de coutellerie et de drap. C'est la patrie du célèbre négociant Jacques Cœur, de Louis XI et de Bourdaloue.

VIERZON (5,000 hab.), sur le Cher, a des forges et des fonderies très-considérables, et une fabrique de porcelaine.

SANCERRE (3,500 hab.), près de la Loire, produit des vins assez estimés. Cette ville fut prise, en 1575, par les troupes de Charles IX, après avoir enduré toutes les horreurs de la famine.

Département de l'Indre. (257,000 hab.)

CHATEAUROUX (14,000 hab.), sur l'Indre, fait le commerce de laine et fabrique des draps estimés.

ISSOUDUN (12,000 hab.) fabrique de bons draps.

154.

NIVERNAIS.

Cette province a été réunie à la couronne, sous Louis XIV, par l'extinction de la féodalité.

Le Nivernais oriental, nommé *le Morvan*, est montagneux et en partie stérile; tandis que le Nivernais occidental, qui offre de vastes plaines, est fertile. Le sol renferme des mines de fer abondantes, de la houille et du marbre. La sixième partie de la province est couverte de bois. Les principaux produits de la culture sont : le grain, le vin, les fruits et le chanvre. Dans les prairies, on élève beaucoup de bestiaux. Le travail du fer et de l'acier fait la moitié de l'industrie du département; les fabriques de faïence sont nombreuses, et l'on remarque aussi celles d'objets en émail et de cordes de violon.

Le Nivernais, avec de petites parties de l'Orléanais et de la Bourgogne, forme 1 département.

Département de la Nièvre. (298,000 hab.)

NEVERS † (17,000 hab.), sur la Loire, au confluent de la Nièvre, possède des fonderies pour la marine, des fabriques de quincaillerie, de faïence, de porcelaine et de cordes de violon. L'émail de cette ville a une antique réputation.

Dans les environs de Nevers, à moins de 15 kilomètres de distance, on voit les forges de *Fourchambaud*, la fabrique de cuivre laminé d'*Imphy*, la fonderie de *la Chaussade* pour les canons et ancres de la marine royale; et la petite ville de *Pougues*, où se trouve un établissement d'eaux minérales ferrugineuses.

CLAMECY (6,000 hab.), sur l'Yonne, fait le commerce de bois.

COSNE (5,500 hab.), sur la Loire, a plusieurs forges dans ses environs.

POUILLY (3,000 hab.), sur la Loire, produit des vins blancs.

155.

BOURBONNAIS.

Cette province fut réunie à la couronne, par confiscation, sous François Ier, en 1531.

On trouve dans les montagnes qui la traversent du fer, de la houille et des eaux minérales, dont les plus remarquables sont celles de Bourbon-l'Archambault, de Vichy et de Néris. La cinquième partie du Bourbonnais est couverte de bois. Le sol est fertile, et quoique l'agriculture ait fait peu de progrès dans cette province, les récoltes en blé, en vin, etc., sont plus que suffisantes pour sa consommation; on y élève des bœufs. Les établissements d'industrie les plus remarquables sont les exploitations de houille, les forges et autres usines pour le travail du fer, les manufactures de coutellerie, de porcelaine, de glaces et de verrerie.

Le Bourbonnais, avec une petite partie de l'Auvergne,

forme le département de l'Allier ; une portion de son territoire est comprise dans le département du Cher.

Département de l'Allier. (309,000 hab.)

Moulins † (15,000 hab.), sur l'Allier, est connu par sa coutellerie. Cette ville possède le mausolée du duc de Montmorency, qui fut décapité à Toulouse, sous le ministère de Richelieu; elle a vu naître les maréchaux de Berwick et de Villars.

Montluçon (5,000 hab.), sur le Cher, est à la tête du canal de Berry. Dans ses environs sont les houillères de *Commentry*.

156.

MARCHE.

Cette province fut réunie à la couronne sous François Ier, en même temps que le Bourbonnais.

Elle est en grande partie marécageuse et peu fertile. Le sol renferme de la houille et des eaux minérales, dont les plus connues sont celles d'Évaux. Les forêts sont assez considérables, mais difficiles à exploiter. Parmi les autres productions végétales, les plus abondantes sont les châtaignes, le seigle et l'avoine. Les pâturages nourrissent des chevaux et des moutons dont la laine est estimée. Les principaux produits de l'industrie de la Marche sont les tapisseries et le papier. Chaque année, plus de 2,000 ouvriers maçons, scieurs, etc., quittent cette province pour aller travailler dans les provinces voisines et à Paris.

La Marche, avec une petite partie du Berry, forme le département de la Creuse, et près de la moitié du département de la Haute-Vienne.

Département de la Creuse. (276,000 hab.)

Guéret (5,000 hab.), près de la Creuse.

Aubusson (6,000 hab.), sur la Creuse, est connu par sa manufacture royale de tapis.

Felletin (3,000 hab.), sur la Creuse, a des fabriques de tapis dans le genre de ceux d'Aubusson.

157.

LIMOUSIN.

Charles V conquit cette province sur les Anglais, en 1369. Elle possède des mines d'étain, de cuivre, de plomb, et des terres à porcelaine, appelées *kaolin* et *pétunsé*, qui sont très-recherchées. Le Limousin est en grande partie couvert de montagnes boisées ; les châtaigniers y abondent, et l'on y trouve aussi des noyers et des bois de construction. Le terrain est en général peu fertile; mais les pâturages sont très-beaux, et nourrissent beaucoup de bestiaux ainsi que des chevaux de belle race. La vigne est cultivée avec succès sur quelques coteaux ; le sol renferme des truffes. Les habitants sont très-industrieux; ils s'occupent de la fabrication de la porcelaine et des creusets, de la chaudronnerie et de la papeterie. On remarque aussi dans cette province des usines à fer, et une manufacture royale d'armes, à Souilhac près de Tulle.

Tous les ans, il y a, surtout dans le département de la Haute-Vienne, une émigration de maçons, de charpentiers, de tuiliers et de scieurs de long, dont une grande partie se rend à Paris.

Le Limousin forme 2 départements: le dép. de la Corrèze en entier, et une partie du dép. de la Haute-Vienne, dont le reste a été pris dans la Marche, le Poitou et le Berry.

Département de la Haute-Vienne. (293,000 hab.)

LIMOGES † Δ (30,000 hab.), sur la Vienne, a des manufactures de porcelaine. C'est la patrie du chancelier d'Aguesseau.

SAINT-YRIEIX (7,000 hab.) fournit une énorme quantité de terres pour les manufactures de porcelaine; elle en possède une.

A 1 myriamètre N. de cette ville est situé le bourg de *Roche-Abeille*, où l'on exploite une belle carrière de serpentine. Ce bourg est célèbre par le combat qui s'y livra, en 1569, entre le duc d'Anjou et Coligny, et dans lequel Henri IV fit ses premières armes.

On remarque encore, à 2 myriamètres N. O. de Saint-Yrieix, la ville de *Chalus;* en l'assiégeant, Richard Cœur de Lion fut blessé mortellement, en 1199.

SAINT-LÉONARD (6,000 hab.), sur la Vienne, est une des villes les plus importantes du département par ses papeteries, et ses martinets pour la fabrication d'ustensiles en cuivre. Aux environs de cette ville, on a découvert une mine d'étain.

VAULRY (800 hab.), à 1 myriamètre S. E. de Bellac, possède une mine d'étain, la première qui ait été exploitée en France.

Département de la Corrèze. (302,000 hab.)

TULLE † (10,000 hab.), sur la Corrèze, fait un grand commerce d'armes à feu.

BRIVES (9,000 hab.), sur la Corrèze, vend beaucoup de truffes.

A 3 myriamètres N. O. de Brives, est le haras royal de *Pompadour.*

158.

AUVERGNE.

François Ier réunit cette province à la France, par confiscation, en 1531.

Elle est couverte en grande partie par une chaîne de montagnes dont les pics les plus élevés sont le Puy-de-Dôme, le Mont-Dor, et le Cantal. Ce qui caractérise ces montagnes, c'est le grand nombre de volcans éteints et de matières volcaniques qu'on y trouve. Au-dessous du Puy-de-Dôme s'étend, sur le bord de l'Allier, la Limagne dont les vallées sont d'une grande fertilité. Les montagnes d'Auvergne renferment de l'antimoine, du plomb, de la houille, du granit, du basalte, des marbres, et des eaux minérales dont les plus renommées sont celles du Mont-Dor. Les châtaignes, les bestiaux et le fromage sont les principales ressources d'une partie de l'Auvergne. On y élève une race de chevaux très-convenables pour les troupes légères. La chaudronnerie, le papier, la colle forte, les fils de caoutchouc, les confitures et les pâte de fruits, sont les produits les plus remarquables de l'in dustrie des Auvergnats. Un grand nombre d'entre eu émigrent chaque année, pour aller à Paris et dans d'autre parties de la France, comme ouvriers, colporteurs e portefaix.

L'Auvergne forme en entier les deux départements d Puy-de-Dôme et du Cantal, et une partie de celui de l Haute-Loire, dont le reste appartenait au Languedoc.

Département du Puy-de-Dôme. (590,000 hab.)

CLERMONT-FERRAND † (32,000 hab.), près du Puy-de-Dôme, est une ville très-commerçante. On y remarque une école de dessin appliqué aux arts et métiers. C'est la patrie de Pascal.

RIOM (12,000 hab.) a donné naissance à Grégoire de Tours.

THIERS (10,000 hab.) a des fabriques de quincaillerie et de coutellerie, des papeteries, et fait un commerce considérable.

VOLVIC (3,500 hab.), à 6 kilomètres S. O. de Riom, est remarquable par l'école d'architecture, de coupes de pierres, de dessin et de sculpture, établie pour l'instruction des ouvriers qui exploitent les carrières de pierre noire, de lave, etc., qu'on trouve abondamment à Volvic.

Département du Cantal. (262,000 hab.)

AURILLAC (11,000 hab.), ville commerçante, est la patrie du pape Gerbert et du maréchal de Noailles.

SAINT-FLOUR † (6,000 hab.), sur une hauteur escarpée, possède des fabriques de colle forte.

A 24 kilomètres S. de cette ville, sont les eaux minérales de *Chaudes-Aigues*, dont la température est de 65°; ces eaux ont des vertus médicinales; les habitants les emploient pour chauffer leurs maisons. Près de Chaudes-Aigues se trouve *Sainte-Marie*, dont les bains attirent chaque année 1200 ou 1500 malades.

159.

PRINCIPAUTÉ D'ORANGE ET COMTAT D'AVIGNON.

La principauté d'Orange fut cédée par le roi de Prusse à la France, en 1713, par suite du traité d'Utrecht; le comtat d'Avignon n'y fut réuni qu'en 1791.

Le sol de ces provinces est très-varié; il offre des plaines, des marais, des coteaux, des montagnes élevées, dont le pic le plus remarquable est le mont Ventoux. Au pied de cette montagne, on trouve toutes les productions des pays chauds, tandis qu'on voit celles des Alpes vers son sommet, qui est couvert de neige pendant une partie de l'année. Le sol fournit de très-beau jaspe, du sulfate de fer et des eaux minérales.

La vigne est cultivée avec beaucoup de soin et donne d'excellents vins; mais la garance, le safran, les plantes médicinales et aromatiques sont, avec la soie, les principaux objets du commerce de ces provinces, dans lesquelles on cultive aussi l'olivier. Parmi les fabriques on remarque les fonderies de canons et d'objets en cuivre, les laminoirs pour le plomb et le cuivre, les fabriques de chapeaux et celles de parfums.

La principauté d'Orange et le comtat d'Avignon forment, avec une partie de la Provence, le département de Vaucluse, qui tire son nom de la fontaine que les vers de Pétrarque ont rendue si célèbre.

Département de Vaucluse. (246,000 hab.)

AVIGNON ‡ (32,000 hab.), sur le Rhône, près de l'embouchure de la Durance, s'occupe principalement de la préparation de la garance, du safran, de la soie, et de la fabrication des étoffes de soie. Cette ville fut pendant longtemps la résidence des papes; elle a vu naître Folard, qui a écrit sur l'art militaire, le brave Crillon, et le peintre Joseph Vernet.

CARPENTRAS (9,000 hab.) a beaucoup de fabriques d'acide nitrique et sulfurique. C'est un des marchés les plus considérables et les plus fréquentés pour l'achat des productions du pays, et surtout du safran. Fléchier est né Pernes, à 6 kilomètres de cette ville.

Vaqueiras, à 1 myriamètre de Carpentras, possèd un établissement d'eaux minérales.

Orange (9,000 hab.) est une ville commerçante. On voit beaucoup d'antiquités romaines. Elle a donné soi nom à la famille des princes d'Orange qui règne aujour d'hui en Hollande. A 1 myriamètre S. d'Orange, sur un hauteur près du Rhône, est le bourg de *Châteauneuf* où l'on récolte un des meilleurs vins de France.

Cavaillon (7,000 hab.), sur la Durance, est remar quable par son marché pour la soie, et par le grand nombr d'antiquités qu'on y trouve.

Vaucluse (300 hab.), à 3 myriamètres E. d'Avignon, est un village, connu par la belle fontaine ou source dont il est voisin, et qui forme la rivière de Sorgue, affluent du Rhône.

BELGIQUE.

4,260,000 habitants. — *Superficie :* 29,400 kilomètres carrés.

Longitude E. entre 0° 15′ et 3° 46′.
Latitude N. entre 49° 30′ et 51° 30.

160.

NOTIONS HISTORIQUES.

La Belgique a longtemps appartenu à la maison d'Autriche. Elle fut conquise par les Français pendant les guerres de la révolution, et réunie à la France. En 1814, un nouveau royaume fut formé de la Hollande et de la Belgique; on le désigna sous le nom de royaume des Pays-Bas : mais en 1830 les Belges se séparèrent des Hollandais. Ils forment à présent un état particulier, dont le gouvernement est une monarchie constitutionnelle. La religion catholique est celle de la très-grande majorité des Belges.

161.

Description générale.

La Belgique offre une agréable variété de bois, de prairies et de champs aussi fertiles que bien cultivés. Le sol renferme des mines de houille et de fer, et produit du blé, de la navette, du chanvre et du lin. Les Belges ne sont pas moins riches par leur industrie que par la fertilité de leur sol ; leurs toiles et leurs dentelles sont surtout très-estimées.

Tous les fleuves de la Belgique appartiennent au bassin de la mer du Nord ; ces fleuves sont liés entre eux par un grand nombre de canaux.

Un vaste système de chemins de fer parcourt la Belgique du sud au nord, de Mons à Anvers ; et de l'ouest à l'est, d'Ostende à Verviers : il doit lier cette ville à Cologne dans les États prussiens.

(Divisions, *voyez* n° 36.)

162.

VILLES ET LIEUX REMARQUABLES.

BRUXELLES (100,000 hab.), sur un canal qui communique avec l'Escaut, et sur un chemin de fer. On y fabrique de belles dentelles. A 13 kil. S. E. de Bruxelles, est le village de *Waterloo*, où Napoléon fut vaincu par les alliés en 1815.

GAND (80,000 hab.), ville commerçante, au confluent de l'Escaut et de la Lys, a vu naître Charles-Quint.

ANVERS (62,000 hab.), ville forte et commerçante, a un beau port sur l'Escaut. Le peintre Rubens, secrétaire de cette ville où il avait fixé son séjour, y mourut en 1611.

LIÉGE (58,000 hab.), sur la Meuse, a des fabriques d'armes, et fait un grand commerce, particulièrement de houille. A 30 kil. S. E. de Liége, est *Spa*, bourg connu par ses eaux minérales.

BRUGES (41,000 hab.), à 13 kilomètres de la mer, est

une ville commerçante entrecoupée de canaux. On y vo le mausolée de Charles le Téméraire.

TOURNAY (29,000 hab.), place forte sur l'Escaut, pr de laquelle se trouve le village de *Fontenoy*, où Louis X vainquit les Anglais et les Hollandais en 1745.

LOUVAIN (26,000 hab.) fabrique beaucoup de bière et possède une université.

MALINES (24,000 hab.) fabrique des dentelles recher chées.

MONS (23,000 hab.); à 4 kil. de cette ville est le vi lage de *Jemmapes*, où les Français remportèrent, en 1792 une victoire célèbre.

NAMUR (19,000 hab.), au confluent de la Sambre et d la Meuse. A 23 kil. O. de cette ville est le bourg de *Fleurus* où les Français ont remporté trois victoires: la première en 1690, gagnée par le maréchal de Luxembourg sur le Allemands; la seconde, en 1794, gagnée par le généra Jourdan sur les alliés; et la troisième, en 1815, gagné par Napoléon sur les Prussiens.

VERVIERS (19,000 hab.), sur le chemin de fer de Liég à Cologne, est renommé pour ses manufactures de draps

HOLLANDE ou NÉERLANDE.

2,840,000 hab. — *Superficie:* 34,000 kil. carrés.

Longitude E. entre 1° et 4° 52′.
Latitude N. entre 50° 45′ et 53° 28′.

163.

NOTIONS HISTORIQUES.

Les Hollandais étaient sous la dépendance des rois d'Espagne, lorsqu'ils se révoltèrent et formèrent une république, en 1579. Leur industrie et leur marine leur procurèrent bientôt d'immenses richesses. La Hollande fut conquise par les Français dans les guerres de la rélution. En 1815, elle forma, avec la Belgique, le yaume des Pays-Bas. Ces deux états se sont séparés .1830.

Le gouvernement de la Hollande est une monarchie nstitutionnelle. La religion protestante domine dans pays.

163 (*bis*).

Description générale.

La Hollande est une vaste plaine, dont quelques parties nt plus basses que les eaux de la mer : on a été obligé construire des digues immenses pour les garantir des ondations. Cependant les précautions des Hollandais ont pu les mettre à l'abri de toutes les invasions de la er, qui a plusieurs fois submergé des provinces entières : Zuider-zée n'était autrefois qu'un lac qui a été réuni à mer par une inondation.

Le climat de la Hollande est humide, variable et maln : les habitants se garantissent de ses pernicieux effets r une extrême propreté. Ce pays est couvert de beaux turages, et fournit de la tourbe, de la garance, du pac et de belles fleurs. Il est coupé d'une multitude de naux qui aident à l'écoulement des eaux, et qui étassent une communication facile entre les différentes les. Tous ses fleuves appartiennent au bassin de la mer Nord.

Le commerce et l'industrie font la principale richesse s Hollandais : leurs toiles, leurs cuirs et leurs fromages nt très-estimés; la pêche du hareng leur procure un venu considérable.

Divisions, *voyez* n° 36 (*bis.*)

164.

VILLES ET LIEUX REMARQUABLES.

La Haye (56,000 hab.), près de la mer du Nord, est la us jolie ville de la Hollande et le siége du gouvernement.

AMSTERDAM (239,000 hab.), sur le Zuider-zée, ave un port qui peut contenir plus de 1,000 vaisseaux, es une des villes les plus florissantes de l'Europe. Elle a v naître Spinosa.

ROTTERDAM (73,000 hab.), sur la Meuse, est la ville l plus commerçante de la Hollande, après Amsterdam; o y remarque le palais de la Bourse. C'est la patrie d'Érasme

UTRECHT (35,000 hab.) a des fabriques de velours. L'u nion des provinces de la Hollande fut établie dans cett ville, en 1579, et la paix y fut signée entre la France, l Hollande et l'Angleterre, en 1713.

LEYDE (35,000 hab.) possède une célèbre université; le médecin Boërhaave y fut professeur.

HARLEM (22,000 hab.), près du lac ou mer de ce nom On y voit la statue de Laurent Coster, auquel les Hollan dais attribuent l'invention de l'imprimerie.

NIMÈGUE (13,000 hab.), sur le Vahal, branche du Rhin, est célèbre par le traité que Louis XIV y conclut en 1678, avec les principales puissances de l'Europe.

SAARDAM (10,500 hab.), sur le Zuider-zée, à 8 kilo mètres d'Amsterdam, est le plus grand bourg de la Hol lande. On y voit encore la petite maison que Pierre le Grand habitait, lorsqu'il apprit, dans ce port, la construc tion des vaisseaux.

165.

ADDITIONS A LA GÉOGRAPHIE PHYSIQUE.

COURS DES FLEUVES.

1° Le *Rhin* prend sa source au mont Saint-Gothard, en Suisse, traverse le lac de Constance, sépare la Suisse, la France et la Bavière rhénane du grand-duché de Bade, arrose les états de Hesse-Darmstadt et de Nassau, les duchés du Bas-Rhin et de Clèves-Berg, et la Hollande.

Les principales rivières qu'il reçoit sont: l'Aar, le Necker, le Main et la Moselle.

Le Rhin passe à Schaffouse, à Bâle, près de Strasbourg

t de Spire, à Manheim, Mayence, Coblentz, Bonn, Colo-
ne, Dusseldorf; puis il forme quatre grandes branches : e Vahal et le Leck, qui se joignent à la Meuse; l'Yssel, qui asse à Deventer, à Zwolle, et se jette dans le Zuider-zée; nfin le Rhin, qui passe à Arnheim, à Utrecht, à Leyde, t se jette dans la mer du Nord.

2° La *Meuse* prend sa source en France, dans le dépar-ment de la Haute-Marne, traverse les départements de a Meuse et des Ardennes, la Belgique et la Hollande.

Elle reçoit la Sambre, le Vahal et le Leck.

La Meuse passe, en France, à Verdun, à Sedan, à Mé-ières; dans la Belgique, à Namur, à Liége; dans la Hol-nde, à Maëstricht, à Dordrecht, à Rotterdam, et va se ter dans la mer du Nord.

3° L'*Escaut* prend sa source dans le département de Aisne, traverse le département du Nord, reçoit la Lys, asse à Cambray, à Valenciennes; puis, entrant dans la elgique, il passe à Tournay, Audenarde, Gand, Anvers, divise en Escaut oriental et en Escaut occidental : le pre-nier passe à Berg-op-Zoom, en Hollande; et le second rend le nom de Houdt à son entrée dans la mer du Nord, rès de Flessingue.

ÎLES.

Le Zuider-zée est presque fermé au nord par un cordon 'îles, dont la principale est le Texel.

La province de Zélande se compose d'un groupe d'îles rmées par les bouches de l'Escaut et de la Meuse.

165 (*bis*).

POSSESSIONS HORS DE L'EUROPE.

Les principales possessions des Hollandais son : 1° en *frique :* Saint-Georges-de-la-Mine, dans la Guinée eptentrionale; 2° en *Amérique :* la Guyane hollandaise, ap. Paramaribo, sur le fleuve Surinam, la partie sud-st de l'île Saint-Martin, et l'île Saint-Eustache, au N. es petites Antilles; Curaçao, au S. des petites Antilles; onair et Aruba près de Curaçao; 3° dans l'*Océanie :*

une grande partie de l'île de Sumatra, v. pr. Padang et Palembang; Banca, près de Sumatra; Biliton, à l'est de Banca; l'île de Java, cap. Batavia; un établissement à Timor; les Moluques, où l'on remarque Amboine, qui est après Batavia la colonie des Hollandais la plus considérable; la plus grande partie de l'île de Célèbes, et plusieurs parties de l'île de Bornéo.

SUISSE.

2,200,000 hab. — *Superficie* : 38,000 kil. carrés.

Longitude E. entre 3° 37′ et 8° 9′.
Latitude N. entre 45° 49′ et 47° 50.

166.

NOTIONS HISTORIQUES.

La Suisse portait autrefois le nom d'*Helvétie;* les pays de l'est faisaient partie de la *Rhétie*. Les habitants de cette contrée se sont toujours distingués par leur courage; cependant ils furent soumis à la puissance romaine par Jules César. La Suisse fit ensuite partie de la France, puis fut réunie à l'Allemagne pendant plusieurs siècles. Mais, en 1308, la tyrannie des gouverneurs excita, contre l'empereur Albert Ier, la révolte des cantons de Schwitz, d'Uri et d'Underwald, qui fondèrent la confédération suisse. Cette confédération s'accrut successivement, jusqu'au commencement du XVIe siècle, des cantons de Lucerne, de Zurich, de Glaris, de Zug, de Berne, de Fribourg, de Soleure, de Bâle, de Schaffouse et d'Appenzell. A ces 13 cantons Napoléon ajouta, en 1802, ceux d'Argovie, de Saint-Gall, des Grisons, du Tésin, de Thurgovie et de Vaud; enfin, les puissances alliées y réunirent, en 1815, ceux de Genève et du Valais, et celui de Neufchâtel, qui reconnaît le roi de Prusse comme souverain.

La Suisse est aujourd'hui une république fédérative,

composée de 22 cantons, qui ont chacun leur gouvernement particulier. La diète fédérale se réunit tous les ans dans le chef-lieu de l'un des trois cantons directeurs, qui sont : Zurich, Berne, et Lucerne ; elle est présidée par l'avoyer ou bourgmestre du canton où elle s'assemble.

Les six dixièmes de la population suisse sont protestants, les autres sont catholiques.

Le peu de ressources que les Suisses trouvent dans leur pays les force à louer leurs services militaires à plusieurs puissances de l'Europe.

167.

Description générale.

La Suisse est, après la Savoie et les Alpes tyroliennes, le pays le plus élevé et le plus montagneux de l'Europe ; elle présente les sites les plus pittoresques et les plus variés. On voit à la base des montagnes des champs bien cultivés et de riches pâturages ; à leurs sommets, des rochers inaccessibles et d'immenses glaciers, d'où les avalanches se précipitent quelquefois avec un horrible fracas. Un grand nombre de fleuves et de rivières y prennent leur source. Ils appartiennent à quatre bassins principaux : celui du Rhin, fleuve qui s'écoule dans la mer du Nord ; celui du Rhône, qui va se jeter dans la Méditerranée ; celui du Pô, affluent de la mer Adriatique ; et celui du Danube, qui se jette dans la mer Noire. Le climat de cette contrée varie suivant la hauteur et l'exposition des montagnes sur lesquelles on se trouve ; on jouit dans les vallées d'une douce température.

On trouve beaucoup de mines et d'eaux minérales dans les montagnes de la Suisse ; quelques rivières y roulent de la poudre d'or.

Les céréales, le lin et le chanvre, qu'on récolte dans les vallées, ne peuvent suffire à la consommation des habitants ; leurs troupeaux font leur principale richesse. Parmi les animaux sauvages, on remarque les ours, les chamois, les bouquetins, les marmottes, et le gypaète, vautour très-grand et très-fort.

(Divisions, Ire Part., n° 37.)

Nota. Les 22 cantons de la Suisse ont été nommés dans le n° 37. Nous ferons seulement remarquer ici que le canton de Bâle se divise en deux : *Bâle ville*, ch.-l. Bâle, et *Bâle campagne*, ch.-l. Liestal; celui d'Appenzell est partagé en *Rhodes intérieurs*, ch.-l. Appenzell, et *Rhodes extérieurs*, ch.-l. Hérisau et Trogen. Dans le *Tésin*, Bellinzona, Lugano et Locarno sont alternativement siéges du gouvernement. Underwald se partage en *Underwald-sous-bois*, ch.-l. Stanz; et *Underwald-sur-bois*, ch.-l. Sarnen.

168.

VILLES ET LIEUX REMARQUABLES.

GENÈVE (25,000 hab.), sur le lac du même nom, à la sortie du Rhône, est la ville la plus importante de la Suisse. Elle est remarquable par ses établissements d'instruction publique et par ses fabriques, surtout par celles d'horlogerie. Calvin y introduisit la religion réformée en 1535. C'est la patrie de J.-J. Rousseau, de Bonnet, de Saussure et de Necker.

BALE (15,000 hab.), sur le Rhin, est la ville la plus commerçante de la Suisse. On prétend que l'art de faire le papier y fut inventé. La cathédrale renferme le tombeau d'Érasme. Bâle est la patrie d'Euler.

BERNE (18,000 hab.), sur l'Aar, chef-lieu du canton le plus considérable de la confédération, a vu naître Haller.

LAUSANNE (12,000 hab.), sur le lac de Genève; la beauté des rives de ce lac attire à Lausanne un grand nombre d'étrangers.

ZURICH (11,000 hab.), sur le lac du même nom, est la première ville de Suisse qui se sépara de l'église romaine, et embrassa la réforme de Zuingle, en 1519. Les Français y remportèrent une grande victoire en 1799, sur l'armée combinée des Russes et des Autrichiens. Gessner et Lavater sont nés à Zurich.

SCHAFFOUSE (7,000 hab.); à 4 kil. de cette ville on voit la cataracte de Laufen, où le Rhin tombe d'une hauteur de 20 mètres, dans un endroit où il a 100 mètres de largeur.

FRIBOURG (6,000 hab.); près de cette ville se trouve *Gruyères*, qui fait un grand commerce de fromages.

NEUFCHATEL (5,000 hab.), sur le lac de ce nom, a des fabriques d'horlogerie.

ALTORF (4,000 hab.) est le berceau de la liberté helvétique, et la patrie de Guillaume Tell. On y remarque une fontaine à l'endroit où se plaça Tell, lorsqu'il fut obligé, dit-on, d'abattre avec une flèche une pomme posée sur la tête de son fils; une autre fontaine a remplacé le tilleul sous lequel était l'enfant.

ZUG (2,800 hab.); près de cette ville est le mont *Morgaten*, où 1,400 Suisses vainquirent, en 1315, une armée de 20,000 Autrichiens.

SION (2,500 hab.), sur le Rhône; dans le Valais, dont cette ville est le chef-lieu, on trouve beaucoup de ces êtres malheureux qu'on appelle *crétins* : ils sont sourds, muets, imbéciles, presque insensibles, et ont des goîtres énormes.

MORAT (1,300 hab.), sur le lac de Morat, près de celui de Neufchâtel; Charles le Téméraire y fut défait, en 1476, par les Suisses, qui formèrent deux pyramides avec les os des Bourguignons.

169.

ADDITIONS A LA GÉOGRAPHIE PHYSIQUE.

MONTAGNES.

Les montagnes et les cols les plus remarquables de la Suisse sont : 1° le *grand Saint-Bernard* (3,371 m.); on y trouve, à 2,490 m. de hauteur, un passage célèbre qui fut franchi par l'armée française en 1800, et près duquel est situé un hospice qui est l'habitation la plus élevée de l'Europe; 2° le mont *Saint-Gothard* (3,229 m.), où sont les sources du Rhin et celles de plusieurs rivières qui coulent dans différentes directions; 3° le col du *Simplon* (2,000 m.), où les Français ont ouvert, en 1801, une très-belle route; 4° les monts *Jura*, qui séparent la Suisse de la France, et qui sont beaucoup moins hauts que les Alpes; le mont

Tendre, leur pic le plus élevé en Suisse, n'a que 1,690 m. de hauteur.

EMPIRE D'AUTRICHE.

36,100,000 hab. — *Superficie :* 667,000 kilom. carrés (1).
Longitude E. entre 6° 10′ et 24° 5′.
Latitude N. entre 42° 8′ et 51°.

170.

NOTIONS HISTORIQUES.

L'empire d'Autriche renferme les contrées qu'on appelait autrefois *Rhétie*, *Norique*, *Pannonie* et *Dacie*. Charlemagne, qui s'empara de la Norique, lui donna le nom d'*Autriche* (*Œsterreich*), qui signifie pays de l'Est. Les empereurs d'Autriche, qui étaient avant 1806 empereurs d'Allemagne, prétendent être les successeurs des empereurs romains et de Charlemagne. Au milieu du quinzième siècle, ils ont joint à leur empire la Hongrie et la Bohême; la Gallicie leur échut, en 1772, dans le partage de la Pologne; et le royaume Lombard-Vénitien, l'Illyrie et la Dalmatie leur ont été cédés, en 1814, par les puissances alliées.

Le gouvernement de l'Autriche est une monarchie absolue, excepté dans la Hongrie et la Transylvanie, où les états partagent avec l'empereur le droit de faire les lois.

La religion catholique est dominante dans cet empire, mais on y trouve beaucoup de protestants et de chrétiens grecs; la liberté de conscience est entière.

171.

Description générale.

L'Autriche jouit d'une température douce; le climat en

(1) Le royaume Lombard-Vénitien est compris dans ces deux évaluations.

est généralement sain. Cette contrée est traversée par plusieurs chaînes de montagnes, formées par les monts Karpaths, les Alpes et leurs prolongements ; on trouve de vastes plaines dans la Gallicie, la Bohême et la Hongrie. L'Autriche est arrosée par plusieurs fleuves et rivières qui établissent une communication facile entre les diverses provinces; depuis quelques années on a uni par des canaux plusieurs de ces cours d'eau.

La plus grande partie de l'empire d'Autriche est comprise dans le bassin du Danube, affluent de la mer Noire. Le royaume Lombard-Vénitien, la Dalmatie, avec une partie de la Croatie, de l'Illyrie et du Tyrol, sont dans le bassin de l'Adriatique ; la Bohême appartient au bassin de l'Elbe, dont les eaux s'écoulent dans la mer du Nord; la Silésie autrichienne est presque en entier dans le bassin de l'Oder, fleuve qui se jette dans la mer Baltique ; la Gallicie se partage entre le bassin de la Vistule, affluent de la Baltique, et les bassins du Dniester et du Danube, affluents de la mer Noire.

L'empire possède des mines d'or, d'argent, de fer, de cuivre, de plomb, etc. Les mines d'or de la Hongrie sont les plus riches de l'Europe, quoiqu'elles ne soient point comparables à celles de l'Amérique.

Le sol est fertile et bien cultivé ; il produit, comme celui de la France, tout ce qui est nécessaire aux premiers besoins de la vie.

En Hongrie, on récolte le vin de Tokay, qui est très-estimé; dans quelques provinces, le coton annuel a très-bien réussi.

On trouve en Autriche à peu près les mêmes animaux qu'en France ; mais les bêtes sauvages y sont en bien plus grand nombre, à cause des vastes forêts qui couvrent la cinquième partie de cet empire.

C'est seulement dans le siècle dernier que l'industrie a commencé à faire de grands progrès en Autriche. Les verres de Bohême, les cuirs de Hongrie, les aciers de Styrie, les faux, les limes, etc., sont les produits fabriqués les plus remarquables.

172.

(Divisions, Ire Part., n° 38.)

* SUBDIVISIONS.

ARCHIDUCHÉ D'AUTRICHE (2,632,000 hab.).

Il se divise en deux parties, savoir : 1° *les pays au-dessous de l'Ens* ou *Basse Autriche*, cap. Vienne, v. pr. Neustadt; 2° *les pays au-dessus de l'Ens* ou *Haute Autriche*, cap. Linz, v. pr. Steyer et Salzbourg.

STYRIE (880,000 hab.).

Le duché de Styrie ou Autriche intérieure renferme 5 cercles, qui portent chacun le nom de leur chef-lieu : 1° le cercle de Judenbourg, v. pr. Murau; 2° le cercle de Bruck, v. pr. Léoben; 3° le cercle de Gratz, v. pr. Radkersbourg; 4° le cercle de Marbourg, v. pr. Pettau; 5° le cercle de Cilly.

ILLYRIE (1,440,000 hab.).

Le royaume d'Illyrie comprend 4 provinces : 1° la *Carinthie*, v. pr. Klagenfurth et Villach; 2° la *Carniole*, cap. Laybach, v. pr. Zirknitz, Gurkfeld, Adelsberg et Neustædtl; 3° le *gouvernement de Trieste*, cap. Trieste, v. pr. Gorizia; 4° l'*Istrie*, cap. Pisino, v. pr. Rovigno, Capo-d'Istria.

TYROL (800,000 hab.).

Le comté de Tyrol se divise en 2 parties : 1° le *Vorarlberg*, cap. Brégentz; 2° le *Tyrol*, cap. Inspruck, v. pr. Trente et Rovérédo.

BOHÊME (4,350,000 hab.).

Le royaume de Bohême se divise en 16 cercles et 1 district, qui sont le district de Prague; les cercles de Saatz, Ellbogen, Rakonitz, Béraun, Pilsen, Klattau, Prachin (ch.-l. Pisek), Budweis, Leitméritz, Jung-Bunzlau, Bidschow, Kœnigingratz, Kaurzim, Czaslau, Chrudim et Tabor.

MORAVIE (2,227,000 hab.).

Le margraviat de Moravie se compose de deux parties principales : la Moravie et la Silésie autrichienne.

La *Moravie* comprend 6 cercles : Brunn, Olmutz, Prérau, Hradisch, Znaym et Iglau.

La *Silésie* comprend 2 cercles : Troppau et Teschen.

GALLICIE (4,684,000 hab.).

Le royaume de Gallicie et Lodomérie se divise en 16 cercles : Wadowice, Bochnia (v. pr. Wiélicza), Tarnow, Rzeszow, Zolkiew, Zloczow, Lemberg, Przémysl, Iaslo, Sandec, Sanok, Stry, Brzézany, Stanislawow, Koloméa, Tchernowitz ou Bukovine.

HONGRIE (11,956,000 hab., avec la Sclavonie, la Croatie et les confins militaires).

Le royaume de Hongrie se divise en 4 cercles :

1° Cercle en deçà du Danube, cap. Bude, v. pr. Presbourg, Kremnitz, Schemnitz, Pesth, Ketskemet, Thérésienstadt, Zombor, Neusatz;

2° Cercle au delà du Danube, cap. OEdenbourg, v. pr. Raab, Comorn, Albe-Royale;

3° Cercle en deçà de la Theiss, v. pr. Erlau, Miskolcz, Kaschau, Tokay;

4° Cercle au delà de la Theiss, v. pr. Débretzin, Szégédin, Témesvar.

SCLAVONIE.

Le royaume de Sclavonie se divise en 2 parties : 1° *la partie civile*, cap. Eszek; 2° *les provinces ou confins militaires*, ch.-l. Péterwardein, Neu-Gradiska et Brod, v. pr. Semlin et Carlowitz.

CROATIE.

Le royaume de Croatie se divise en partie civile et en partie militaire.

1° *Partie civile*, cap. Agram, v. pr. Warasdin.

2° La *partie militaire*, v. pr. Carlstadt, Bélovar, Ségna ou Zeng, et Carlopago.

Nota. Le gouverneur général des provinces militaires réside à Agram; les paysans de ces provinces sont exempts de toute contribution, mais ils doivent prendre les armes au premier ordre du gouvernement.

TRANSYLVANIE (2,227,000 hab.).

La principauté de Transylvanie est divisée en 3 parties, d'après les 3 principales nations qui l'habitent : les Hongrois, les Szeklers et les Saxons.

1° *Pays des Hongrois*, à l'ouest, cap. Klausenbourg, v. pr. Carlsbourg; 2° *pays des Szeklers*, à l'est, cap. Neumarkt ou Maros-Vasarhély; 3° *pays des Saxons*, au sud et au nord, cap. Hermanstadt, v. pr. Kronstadt.

DALMATIE (340,000 hab.).

Le royaume de Dalmatie se divise en 4 cercles, savoir : 2 dans l'ancienne Dalmatie vénitienne, ch.-l. Zara et Spalatro, v. pr. Macarsca et Sébénico; 1 dans l'ancienne république de Raguse, ch.-l. Raguse; 1 dans l'ancienne Albanie vénitienne, ch.-l. Cattaro.

173.

VILLES ET LIEUX REMARQUABLES.

VIENNE (320,000 hab.), sur le Danube, est la plus grande ville de l'Allemagne. Elle a soutenu deux siéges contre les Turcs : le premier en 1529, et le deuxième en 1683 ; elle a été prise par les Français en 1809. C'est à Vienne que s'est tenu, en 1814 et en 1815, le congrès qui a fixé les limites actuelles des puissances européennes.

PRAGUE (117,000 hab.), ville forte sur la Moldau, possède une école polytechnique. C'est la patrie de Jean Hus et de Jérôme de Prague, célèbres sectaires.

PESTH (61,000 hab.), sur le Danube, n'est séparé de Bude que par ce fleuve. C'est la ville la plus considérable de la Hongrie.

TRIESTE (42,000 hab.), sur la mer Adriatique, est le principal port de l'empire d'Autriche, et celui par lequel il fait tout son commerce maritime.

PRESBOURG (41,000 hab.), sur le Danube, est l'ancienne capitale de la Hongrie. Les empereurs d'Autriche s'y font sacrer comme souverains de ce royaume.

BUDE ou OFEN (33,000 hab.), sur le Danube; cette ville fut prise, en 1526, par les Turcs, qui la conservèrent pendant quelques années avec une grande partie du royaume.

SALZBOURG (13,000 hab.), ville forte, entourée de trois montagnes, est l'ancienne capitale d'une province du même nom; elle est riche en productions minérales, et particulièrement en sel gemme.

ALBE-ROYALE ou STHUL-WEISSEMBOURG (13,000 hab.) renferme les tombeaux des anciens rois de Hongrie.

TRENTE (11,000 hab.), sur l'Adige, est célèbre par le concile qui s'y tint, en 1545, contre les protestants.

LAYBACH (11,000 hab.), près de la Save; il s'y tint, en 1820, un congrès à la suite duquel les royaumes de Naples et de Sardaigne furent occupés par les troupes autrichiennes.

Fiume (8,500 hab.) a un port franc sur la mer Adriatique.

Schemnitz (7,000 hab.) possède des mines d'or, d'argent et de plomb, regardées comme les plus riches de l'Europe.

Idria (5,000 hab.), dans l'Illyrie, possède de riches mines de mercure

Péterwardein (4,000 hab.), sur le Danube ; le prince Eugène de Savoie y remporta une grande victoire sur les Turcs en 1716.

Austerlitz (2,000 hab.), petite ville, est célèbre par la victoire que les Français y remportèrent, en 1805, sur les armées russes et autrichiennes.

Wagram ; les Français y gagnèrent une grande bataille contre les Autrichiens, en 1809.

Mariazell, en Styrie, est fréquenté par un grand nombre de pèlerins

174.

ADDITIONS A LA GÉOGRAPHIE PHYSIQUE.

Indépendamment des *lacs* cités dans la première partie de cet ouvrage, on remarque, dans l'Illyrie, le lac de Zirknitz, dont les eaux s'écoulent quelquefois par des canaux souterrains, de sorte que l'on peut, dans la même année, pêcher, chasser et labourer sur le sol qu'il occupe.

La *mer Adriatique* est la seule qui baigne cette contrée : elle forme quelques *golfes* remarquables, qui sont ceux de Trieste, de Carnéro, et les bouches de Cattaro.

Les *îles Illyriennes* sont les seules qui appartiennent à l'Autriche ; les principales sont : Cherso et Véglia, dans l'Illyrie ; Arbo, Pago, Grossa, Brazza, Lézina, Corzola et Méléda, dans la Dalmatie.

L'*Istrie* forme une *presqu'île* remarquable au fond de la mer Adriatique.

PRUSSE.

14,300,000 hab. — *Superficie:* 276,000 kilomètres carrés.

Longitude E. entre 3° 36′ et 20° 30′.
Latitude N. entre 49° 12′ et 55° 53′.

175.

NOTIONS HISTORIQUES.

Les chevaliers teutoniques subjuguèrent la Prusse orientale au milieu du XIIIe siècle, et la convertirent au christianisme. Albert de Brandebourg, grand maître de l'ordre, s'appropria ce pays exclusivement, et ses descendants augmentèrent leurs états de plusieurs souverainetés d'Allemagne. Frédéric, l'un d'eux, obtint le titre de *roi* en 1701. Les rois de Prusse prirent part aux démembrements de la Pologne; c'est ainsi qu'ils obtinrent une partie de la Prusse occidentale et le grand-duché de Posen.

Le gouvernement de la Prusse est une monarchie héréditaire. Le luthéranisme domine dans ce pays, mais on y trouve aussi beaucoup de catholiques.

176.

Description générale.

La Prusse occupe une vaste étendue de l'est à l'ouest; elle est composée de provinces d'un aspect différent, mais dont le terrain est généralement plat. Il faut en excepter les pays couverts par les montagnes du Hartz, dans la province de Saxe; par celles de Riesen ou monts des Géants, entre la Silésie et la Bohême, et quelques autres cantons; on n'y trouve pas de pics très-élevés.

La Prusse est traversée par un grand nombre de fleuves et de rivières; les bords de la mer Baltique sont couverts de lacs et de baies.

La partie orientale de la Prusse appartient au bassin de la mer Baltique; la partie occidentale est comprise dans le bassin de la mer du Nord; ces deux bassins sont unis, en Prusse, par le canal de Finow, qui joint l'Oder au Havel, affluent de l'Elbe.

On trouve des mines dans les provinces du Bas-Rhin, de la Westphalie, et dans les montagnes du Hartz. Le sol n'est pas partout également fertile, mais ses produits suffisent pour l'entretien de sa nombreuse population. Le climat est trop froid pour la culture de la vigne et des plantes du Midi; cependant quelques cantons du duché du Bas-Rhin produisent des vins estimés. La Prusse offre beaucoup de pâturages où l'on élève de nombreux troupeaux. L'industrie manufacturière y est très-développée, surtout pour la fabrication des toiles, des étoffes de laine et des ouvrages en fer; la porcelaine de Saxe est très-estimée; le commerce est actif.

177.

* SUBDIVISIONS.

Les 8 provinces militaires de la Prusse comprennent 25 régences civiles, nommées d'après leurs chefs-lieux. Ce sont : 1° Potsdam et Francfort-sur-l'Oder, dans *le Brandebourg;* 2° Stettin, Kœslin et Stralsund, dans la *Poméranie;* 3° Magdebourg, Mersebourg et Erfurth, dans la *province de Saxe;* 4° Breslau, Liegnitz et Oppeln, dans la *Silésie;* 5° Munster, Minden et Arensberg, dans la *Westphalie;* 6° Cologne, Dusseldorf, Aix-la-Chapelle, Coblentz et Trèves, dans la province rhénane; 7° Kœnigsberg, Gumbinnen, Dantzig et Marienwerder, dans la *Prusse proprement dite;* 8° Posen et Bromberg, dans le *grand-duché de Posen.*

Le roi de Prusse possède encore le canton de Neufchâtel, en Suisse.

178.

VILLES ET LIEUX REMARQUABLES.

Berlin (288,000 hab.), sur la Sprée, est une des plus belles villes de l'Europe. On y fabrique des ouvrages en fer, de belles porcelaines et de très-bonnes voitures. Berlin a vu naître le grand Frédéric.

Breslau (90,000 hab.), sur l'Oder, ville manufacturière et commerçante, est la seconde du royaume par sa population.

KŒNIGSBERG (70,000 hab.), sur la Prégel, près d'une baie de la Baltique, appelée Frisch-Haff, est la patrie du philosophe Kant. On y travaille l'ambre.

COLOGNE (70,000 hab.), sur le Rhin, fabrique une eau spiritueuse et aromatique connue sous le nom d'*eau de Cologne*, et fait un grand commerce de vins du Rhin et de la Moselle. Sa cathédrale est un beau monument d'architecture gothique. Cette ville a vu naître saint Bruno et le peintre Rubens.

DANTZIG (63,000 hab.), sur la Vistule, à 4 kil. de la mer Baltique, est la principale place forte du royaume; il s'y fait un grand commerce, surtout des eaux-de-vie qu'on y fabrique. Cette ville a été prise plusieurs fois : la première, en 1734, par les Russes et les Saxons, lorsque Stanislas s'y réfugia; la seconde, en 1807, par les Français. Le physicien Fahrenheit est né à Dantzig.

MAGDEBOURG (48,000 hab.), sur l'Elbe; Othon de Guérike y inventa la machine pneumatique, en 1654.

AIX-LA-CHAPELLE (40,000 hab.) a des bains d'eaux minérales fréquentés. Cette ville fut la résidence habituelle de Charlemagne et de plusieurs empereurs d'Allemagne.

STETTIN (34,000 hab.), sur l'Oder, est une ville forte très-commerçante.

POSEN (32,000 hab.), sur la Warthe, place forte, était autrefois la capitale de la grande Pologne.

POTSDAM (32,000 hab.) est la seconde résidence du roi. Près de cette ville est le château de Sans-Souci, séjour favori du grand Frédéric.

ELBERFELD (30,000 hab.) est une des villes les plus industrieuses, les plus commerçantes et les plus riches de l'Allemagne.

HALLE (24,000 hab.) possède des salines. Cette ville est remarquable par son université et par d'autres établissements d'instruction.

MUNSTER (21,000 hab.); c'est dans cette ville que fut conclu, en 1648, la paix de Wetsphalie, qui établit la balance entre les principales puissances de l'Europe.

FRANCFORT-SUR-L'ODER (17,000 hab.) est une place forte et commerçante.

STRALSUND (16,000 hab.), sur la Baltique, ancienne capitale de la Poméranie suédoise, a un port très-fréquenté.

TRÈVES (16,000 hab.), est la plus ancienne ville d'Allemagne.

COBLENTZ (15,000 hab.), ville forte au confluent de la Moselle et du Rhin.

TILSIT (12,000 hab.), sur le Niémen, est célèbre par le traité de paix qui y fut conclu en 1807, entre les souverains de la France, de la Russie et de la Prusse.

THORN (14,000 hab.), place forte, sur la Vistule, est la patrie de Copernic.

GLOGAU ou GRAND-GLOGAU (12,000 hab.), sur l'Oder, est une forteresse importante.

SOLINGEN (10,000 hab.) a des manufactures d'armes blanches.

MÉMEL (9,000 hab.), place forte, et port à l'entrée du lac appelé *Curisch-Haff*, est la ville la plus septentrionale de la Prusse.

CUSTRIN (6,000 hab.), ville forte au confluent de la Warthe et de l'Oder, est entourée de marais.

MARIENBOURG (5,000 hab.) est l'ancienne résidence du grand maître de l'ordre teutonique.

ZULPICH, à 35 kilomètres S. O. de Cologne, est regardée comme l'ancienne TOLBIAC, où Clovis gagna une bataille après laquelle il se fit chrétien.

LUTZEN est une ville connue par deux grandes batailles : la première, gagnée en 1632 sur les troupes de l'empereur d'Allemagne, par Gustave-Adolphe, roi de Suède, qui y périt; la seconde, gagnée par Napoléon sur les Russes et les Prussiens, en 1813.

ROSBACH, à 20 kilomètres de Lutzen, est célèbre par la victoire que le grand Frédéric y remporta sur les Français et les Autrichiens, en 1757.

179.

ADDITIONS A LA GÉOGRAPHIE PHYSIQUE.

COURS DES FLEUVES.

1° Le *Niémen* prend sa source au sud de Minsk, en

Russie, sépare cet empire du royaume de Pologne, traverse la Prusse orientale, passe à Grodno, à Tilsit, et se jette dans le Curisch-Haff.

2° La *Vistule* prend sa source aux monts Karpaths, dans la Gallicie, traverse le royaume de Pologne et la Prusse occidentale, reçoit le Bug, passe à Cracovie, à Varsovie, à Thorn, et se jette dans la mer Baltique, par plusieurs branches, entre Elbing et Dantzig.

3° L'*Oder* prend sa source aux monts Karpaths, sur les frontières de la Moravie, traverse la Silésie, le Brandebourg et la Poméranie, reçoit la Warthe, arrose Breslau, Glogau, Francfort-sur-l'Oder, Stettin et Custrin, et se jette dans la mer Baltique.

ÎLES.

La Prusse possède quelques îles dans la mer Baltique, dont la principale est l'île de Rugen; cap. Bergen (2,200 hab.)

CONFÉDÉRATION GERMANIQUE

OU

ALLEMAGNE.

39,000,000 d'hab., dont 24,000,000 appartiennent aux états allemands de l'Autriche, de la Prusse, de la Hollande et du Danemark, et 15,000,000 aux états secondaires. — *Superficie :* 641,844 kilomètres carrés pour toute la confédération, dont 407,300 pour la superficie des grands états, et 234,544 pour celle des états secondaires.

Longitude E. entre 3° 30′ et 16° 52′.
Latitude N. entre 44° 48′ et 54° 50′

180.

NOTIONS HISTORIQUES.

L'Allemagne portait autrefois le nom de *Germanie :*

jamais elle ne fut entièrement soumise aux Romains. C'est de ce pays que sont sorties les innombrables hordes de barbares qui, sous les noms de *Suèves*, de *Francs*, de *Saxons*, de *Vandales*, de *Lombards*, etc., ravagèrent longtemps l'Europe. L'Allemagne fut enfin conquise par Charlemagne, qu'on doit regarder comme le véritable fondateur de cet empire. Les empereurs dominèrent longtemps sur la Confédération germanique; mais, en 1806, l'empereur actuel renonça à la suprématie, et prit le titre *d'empereur d'Autriche*. L'ancienne constitution germanique fut abolie, et la Confédération du Rhin formée sous la protection de la France. Cet état de choses dura jusqu'à l'année 1814, époque à laquelle la Confédération germanique fut établie par le congrès de Vienne, telle qu'elle est aujourd'hui.

La Confédération germanique, en y comprenant les états qui dépendent de l'Autriche, de la Prusse, du Danemark et des Pays-Bas, est composée de 40 états, de forces inégales, qui sont réunis pour leur défense et leurs intérêts communs. Tous les membres de la Confédération sont indépendants les uns des autres. Les affaires se règlent dans une assemblée permanente, appelée *diète*, dont le siége est à Francfort-sur-le-Main, et qui a pour président le représentant de l'Autriche.

Toutes les religions sont tolérées en Allemagne; la religion catholique domine dans le sud, et la religion protestante dans le nord.

L'instruction est très-répandue dans cette contrée, et l'on y compte un grand nombre d'universités célèbres.

181.

Description générale des états secondaires.

La Bavière et le Wurtemberg sont traversés par des chaînes de montagnes qui forment des vallées agréables, d'où sortent beaucoup de fleuves et de rivières. Le milieu de l'Allemagne est couvert d'immenses forêts, dont la plus remarquable est la forêt Noire, dans le grand-duché de Bade et le Wurtemberg. Le nord n'offre guère que de vastes plaines, des landes et des marécages; on y trouve cependant quelques montagnes peu élevées.

Les états secondaires de l'Allemagne appartiennent principalement au bassin de la mer du Nord; le bassin du Danube, dépendance du bassin de la mer Noire, comprend une partie du Wurtemberg et la plus grande partie de la Bavière. On travaille, dans ce dernier royaume, à un canal qui doit joindre la Regnitz, affluent du Main, à l'Athmühl, affluent du Danube, et qui fera ainsi communiquer le bassin de la mer du Nord à celui de la mer Noire.

Les montagnes du Harz sont très-abondantes en mines d'argent, de plomb, et de plusieurs autres métaux. Ces mines et celles de Saxe sont les plus remarquables de l'Europe, tant par la richesse de leurs produits que par la beauté et la perfection des travaux qui s'y exécutent. On trouve aussi en Allemagne des salines et des eaux minérales. Les productions végétales de ce pays sont les grains, les fruits, le chanvre, le vin, le houblon, la navette, le tabac et la garance. La vigne n'y croît que dans quelques parties, et donne sur les bords du Rhin des vins estimés. Le gibier est abondant en Allemagne; les pâturages y nourrissent de nombreux troupeaux, et fournissent des chevaux à plusieurs contrées; les laines de Saxe sont très-recherchées.

Depuis un siècle, toutes les branches de l'industrie ont fait de grands progrès en Allemagne; on vante surtout la porcelaine et les ouvrages en fer et en acier de la Saxe, ceux en or et en argent de la Bavière et de la Hesse; les ouvrages en bois de Nuremberg, les draps et les toiles de la Saxe et du Brunswick. La librairie est aussi, pour l'Allemagne, l'objet d'un commerce très-considérable.

182.

* TABLEAU DES ÉTATS DE LA CONFÉDÉRATION GERMANIQUE.

N^os d'ordre.	ÉTATS.	POPULATION.	Superficie en kilomètres carrés.	CAPITALES.
1.	AUTRICHE, pour l'archiduché d'Autriche, le Tyrol, le Vorarlberg, la Styrie, l'Illyrie, la Bohême, la Moravie et la Silésie autrichienne....	12,329,000	210,830	Vienne.
2.	PRUSSE, pour les provinces de Silésie, de Brandebourg, de Poméranie, de Saxe, de Westphalie et la province rhénane..	10,775,000	184,200	Berlin.
3.	BAVIÈRE...............	4,316,000	75,872	Munich.
4.	ROYAUME DE SAXE.......	1,656,000	14,890	Dresde.
5.	HANOVRE.............	1,688,000	38,160	Hanovre.
6.	WURTEMBERG...........	1,654,000	19,620	Stuttgard.
7.	BADE.................	1,265,000	15,366	Carlsruhe.
8.	HESSE ÉLECTORALE......	705,000	11,470	Cassel.
9.	HESSE-DARMSTADT.......	783,000	8,400	Darmstadt.
10.	HOLSTEIN ET LAUENBOURG.	450,000	9,700	Kiel *et* Lauenbourg.
11.	LUXEMBOURG...........	158,000	2,370	Luxembourg.
12.	SAXE-WEIMAR..........	246,000	3,670	Weimar.
13.	SAXE-ALTENBOURG.......	121,000	1,361	Altenbourg.
14.	SAXE-MEININGEN........	147,000	2,370	Meiningen.
15.	SAXE-COBOURG-GOTHA....	138,000	1,959	Cobourg.
16.	MECKLENBOURG-SCHWÉRIN	479,000	12,286	Schwérin.
17.	MECKLENBOURG-STRÉLITZ..	92,000	1,985	Strélitz.
18.	BRUNSWICK.............	251,000	3,862	Brunswick.
19.	NASSAU................	379,000	4,860	Wiesbaden.
20.	ANHALT-DESSAU.........	63,000	893	Dessau.
21.	ANHALT-BERNBOURG......	49,000	868	Bernbourg.
22.	ANHALT-COETHEN........	40,000	823	Cœthen.
23.	SCHWARZBOURG-SONDERSHAUSEN.............	55,000	926	Sondershausen.
	A reporter......	37,799,000	626,941	

Nos d'ordre.	ÉTATS.	POPULATION.	Superficie en kilomètres carrés.	CAPITALES.
	Report.......	37,799,000	626,941	
24.	SCHWARZBOURG - RUDOLSTADT..................	65,000	1,030	Rudolstadt.
25.	HOLSTEIN-OLDENBOURG.....	264,000	6,448	Oldenbourg.
26.	HOHENZOLLERN-HÉCHINGEN..	20,000	281	Héchingen.
27.	HOHENZOLLERN-SIGMARINGEN	42,000	1,004	Sigmaringen.
28.	LICHTENSTEIN.......... ...	6,000	137	Vadutz *ou* Lichtenstein.
29.	WALDECK................	56,000	1,201	Corbach.
30.	REUSS-GREITZ...........	30,000	374	Greitz.
31.	REUSS-LOBENSTEIN........	32,000	624	Lobenstein.
32.	REUSS-SCHLEIZ...........	28,000	535	Schleiz.
33.	LIPPE-DETMOLD...........	77,000	1,152	Detmold.
34.	LIPPE-SCHAUMBOURG.......	26,000	538	Buckebourg.
35.	HESSE-HOMBOURG.........	24,000	429	Hombourg.
	Villes libres.			
36.	Francfort-sur-le-Main.....	54,000	237	
37.	Lubeck............. ...	47,000	302	
38.	Brême..................	52,000	175	
39.	Hambourg.	150,000	391	
40.	Seigneurie de Kniphausen..	2,900	45	Kniphausen.
		38,774,900	641,844	

VILLES ET LIEUX REMARQUABLES DES ÉTATS SECONDAIRES.

183.

BAVIÈRE.

La Bavière a été érigée en royaume dans l'année 1806. Son gouvernement est une monarchie constitutionnelle. Le roi et les deux tiers des habitants sont catholiques.

Elle se compose de deux parties, qui sont : la *Bavière proprement dite*, dans le milieu de l'Allemagne ; et la *Bavière rhénane* ou *cercle du Rhin*, sur la rive gauche de ce fleuve.

MUNICH (100,000 hab.), sur l'Isar, est une des plus belles villes de l'Allemagne : le palais du roi est magnifique. Elle possède depuis peu une université qui était auparavant à Landshut.

NUREMBERG (38,000 hab.); on y fabrique beaucoup de jouets d'enfants, dont il se fait un grand commerce. Au commencement du XVIe siècle, Pierre Hèle y inventa les montres, appelées d'abord *œufs de Nuremberg*.

AUGSBOURG ou AUGUSTE (34,000 hab.), sur le Lech, renferme un très-bel hôtel de ville. Les protestants y présentèrent, en 1530, leur confession de foi à l'empereur Charles-Quint; et la paix de religion y fut conclue en 1555. Augsbourg est une des premières places de l'Europe pour les affaires de banque.

RATISBONNE (26,000 hab.), sur le Danube, était autrefois le siége de la diète de l'empire germanique. L'astronome Keppler y est né.

WURTZBOURG (24,000 hab.), sur le Main, possède une université catholique très-renommée.

SPIRE (8,000 hab.) est le chef-lieu du cercle du Rhin; c'est à la diète tenue en cette ville, en 1529, que le nom de *protestant* prit naissance.

LANDAU (6,000 hab.), cédé par les Français en 1815, est depuis cette époque une forteresse de la Confédération germanique.

DEUX-PONTS (5,800 hab.) était autrefois capitale du duché de ce nom

184

SAXE.

La Saxe a été érigée en royaume en 1806. Le roi est catholique, mais la plupart des habitants sont protestants.

DRESDE (70,000 hab.), sur l'Elbe, est une des villes les plus belles et les plus industrieuses de l'Allemagne; on y remarque le pont sur l'Elbe et l'église catholique. Les Français y remportèrent une victoire en 1813.

LEIPZIG (45,000 hab.) est célèbre par son université, par ses foires où se fait un immense commerce de librairie, et par la grande bataille que les Français y perdirent en 1813. Cette ville a vu naître Leibnitz.

CHEMNITZ (23,000 hab.), ville très-manufacturière, est la patrie de Puffendorf, publiciste.

FREYBERG (12,000 hab.) possède des mines d'argent remarquables par leur richesse et par les beaux travaux qu'on y exécute.

BAUTZEN (8,500 hab.) est connue par la bataille que les Français y gagnèrent en 1813.

185.

HANOVRE.

Le Hanovre forme, depuis 1814, un royaume constitutionnel. La religion protestante y domine.

HANOVRE (28,000 hab.); on y voit un monument élevé à Leibnitz; cette ville est la patrie de l'astronome Herschell.

OSNABRUCK (11,000 hab.); c'est dans cette ville, ainsi qu'à Munster, que fut conclue, en 1648, la paix de Westphalie, qui mit fin à la guerre de trente ans.

GŒTTINGUE (11,000 hab.) est célèbre par son université.

CLAUSTHAL (8,000 hab.) a des mines d'argent et de plomb.

186.

WURTEMBERG.

Le Wurtemberg a été érigé en royaume en 1806. Son gouvernement est constitutionnel. Les deux tiers des habitants sont protestants.

STUTTGARD (32,000 hab.), sur le Necker, est la première résidence du roi.

ULM (14,000 hab.), sur le Danube; en 1805 les Français prirent cette ville, et y firent prisonnière une armée autrichienne. Ulm est une forteresse de la Confédération germanique.

LOUISBOURG (7,000 hab.) est la seconde résidence du roi.

187.

AUTRES ÉTATS DE L'ALLEMAGNE.

HAMBOURG (130,000 hab.), sur l'Elbe, à 90 kil. de son

embouchure, est la ville la plus commerçante de l'Allemagne, et possède, parmi ses fabriques, de nombreuses raffineries de sucre.

Francfort-sur-le-Main (60,000 hab.) est le siége de la Confédération germanique. On y remarque l'hôtel de ville, où les empereurs étaient élus, et dans lequel on conservait la *bulle d'or*, renfermant les constitutions de l'Empire; on y remarque aussi l'église catholique de Saint-Barthélemi, où les empereurs étaient sacrés.

Brême (41,000 hab.), sur le Wéser, à 80 kil. de son embouchure, est une ville très-commerçante.

Brunswick (36,000 hab.); le sculpteur Jungens y inventa le rouet à filer.

Mayence (31,000 hab.), au confluent du Main et du Rhin, est la place la plus forte de la confédération. Elle a vu naître Jean Guttemberg, inventeur de l'imprimerie.

Lubeck (27,000 hab.), ville très-commerçante, à 18 kil. de la Baltique, a des raffineries de sucre.

Rostock (19,000 hab.), la plus grande ville du duché de Mecklenbourg-Schwérin, fait un commerce considérable par son port, qui est au bourg de Warnemunde.

Iéna (5,500 hab.), dans le grand-duché de Saxe-Weimar, est célèbre par son université, et par la victoire que les Français y remportèrent sur les Prussiens en 1806.

Constance (5,000 hab.), sur le lac du même nom, est une ville connue par le concile qui s'y tint en 1414.

188.

ADDITIONS A LA GÉOGRAPHIE PHYSIQUE.

L'*Elbe* prend sa source en Bohême, aux monts Riesen ou des Géants, arrose la Bohême, le royaume de Saxe, la Prusse, sépare le Hanovre du Mecklenbourg et du Danemark; il reçoit la Saale, et le Havel, grossi par la Sprée; passe à Dresde, à Magdebourg, à Lauenbourg, à Hambourg, à Altona, et se jette dans la mer du Nord.

Le *Wéser* se forme des deux rivières de Werra et de Fulde, coule du sud au nord dans la Hesse, la Westphalie, le Hanovre et le grand-duché d'Oldenbourg, reçoit l'Aller, passe à Brême, et se jette dans la mer du Nord.

CONTRÉES DU SUD DE L'EUROPE.

PORTUGAL.

3,800,000 hab. — *Superficie* : 94,800 kil. carrés.
Longitude O. entre 8° 35′ et 11° 51′.
Latitude N. entre 36° 57′ et 42° 5′.

189.

NOTIONS HISTORIQUES.

Le royaume de Portugal était une partie de l'ancienne *Lusitanie*. Il fut conquis par les Maures, de 712 à 715, avec le reste de la péninsule. Alphonse Henriquez, de la maison de Bourgogne, ayant remporté de grandes victoires sur les musulmans, fut proclamé roi de Portugal en 1139. Philippe II, roi d'Espagne, s'empara, en 1580, du Portugal, qui resta sous le joug des Espagnols jusqu'en 1640. A cette époque, les Portugais se révoltèrent, et placèrent Jean IV, duc de Bragance, sur le trône que ses descendants occupent encore.

Les Portugais se rendirent célèbres, dans le 15e et le 16e siècle, par leurs expéditions maritimes. On leur doit la découverte de presque toutes les côtes de l'Afrique; sous la conduite de Vasco de Gama, ils doublèrent le cap de Bonne-Espérance, et parvinrent aux Indes en 1498. Ils se virent maîtres en peu de temps d'immenses possessions en Asie, en Afrique et en Amérique; mais les Hollandais leur enlevèrent bientôt celles de l'Asie.

Le Brésil, ancienne colonie du Portugal, forme actuellement un état séparé.

Le gouvernement de Portugal est une monarchie constitutionnelle. La presque totalité des habitants professe la religion catholique.

190.

Description générale.

Le Portugal, compris en entier dans le bassin de l'océan Atlantique, est une contrée peu étendue, coupée de montagnes et de belles vallées, et arrosée par plusieurs fleuves. Le climat est doux et salubre. Ce pays abonde en minéraux : on trouve de l'or, de l'argent, du fer, du plomb, du cuivre, du sel, du marbre, etc. Le sol est fertile, mais mal cultivé; il produit tous les fruits du Midi, et surtout beaucoup d'oranges, de citrons; on y récolte des vins estimés. On élève en Portugal des chevaux, des bestiaux, des vers à soie.

(Divisions, *voyez* Ire Part., n° 41.)

191.

VILLES ET LIEUX REMARQUABLES.

LISBONNE (250,000 hab.), à l'embouchure du Tage, est un des ports les meilleurs et les plus vastes de l'Europe. Parmi les édifices qui décorent cette ville, on remarque l'aqueduc d'Alcantara, qui a 35 arches et qui est construit en marbre blanc. Lisbonne fut presque entièrement détruite par un tremblement de terre, en 1755.

PORTO (80,000 hab.), ville la plus riche et la plus commerçante du royaume, après Lisbonne, avec un port à l'embouchure du Douro, a des vins renommés. Elle a donné son nom au *Portugal.*

COIMBRE (16,000 hab.), sur le Mondégo, siége de la direction générale de l'instruction publique dans le Portugal, possède une université célèbre. C'est dans cette ville que périt Inès de Castro.

SÉTUVAL (15,000 hab.), ville forte, avec un port, fait un grand commerce de sel.

BRAGA (14,000 hab.), ville forte, a des manufactures d'armes à feu. Elle a été la capitale du royaume des Suèves.

Elvas (12,000 hab.), forteresse importante, a une manufacture d'armes.

Évora (12,000 hab.) possède une belle cathédrale et un haras royal. Cette ville fut la capitale du gouvernement de Sertorius. C'est dans les environs que les Espagnols furent défaits par les Portugais, sous les ordres du duc de Schomberg.

Bragance (4,000 hab.); la famille régnante descend des anciens ducs de Bragance.

192.

ADDITIONS A LA GÉOGRAPHIE PHYSIQUE.

COURS DES FLEUVES.

Le *Douro* prend sa source aux monts Ibériens, dans la province de Soria, en Espagne, arrose la Vieille-Castille et le royaume de Léon, sert de limite entre ce royaume et la province des Tras-os-Montes, sépare cette province et celle d'entre Douro et Minho de celle de Beira; il passe à Soria, à Zamora, à Miranda, à Porto, et se jette dans l'Océan, au-dessous de cette ville.

Le *Tage* prend sa source aux monts Ibériens, dans la Nouvelle-Castille, arrose cette province et l'Estramadure, en Espagne; sépare le Beira de l'Alentéjo, et traverse l'Estramadure, en Portugal; il passe à Aranjuez, à Tolède, à Talavéra, à Alcantara, à Lisbonne, et se jette dans l'Océan, au-dessous de cette ville.

Le *Mondégo*, qui est compris tout entier dans la province de Beira, et le *Sadao*, qui arrose l'Alentéjo et l'Estramadure, sont, après le Douro et le Tage, les seuls fleuves qui méritent d'être cités.

MONTAGNES.

Les deux chaînes principales sont: dans le Beira, la *Sierra d'Estrella;* et, dans les Algarves, la *Sierra de Monchique*, qui sépare en partie cette province de l'Alentéjo.

CAPS.

On remarque en Portugal le cap de Roca, à l'O. de

Lisbonne, et le cap Saint-Vincent, au S.-O. du Portugal.

POSSESSIONS HORS DE L'EUROPE.

Les Portugais possèdent : 1° en *Asie*, les villes de Diu et de Goa, dans l'Hindoustan, et l'île de Macao, dans la Chine; 2° en *Afrique*, les îles Açores, les îles de Madère, les îles du Cap-Vert; l'île de Saint-Thomas, dans le golfe de Guinée; la ville de Géba, au sud-ouest de la Sénégambie; l'Angola, le Benguéla et une partie du Congo, dans la Guinée méridionale; le Mozambique, et des établissements dans le Monomotapa et sur la côte de Zanguebar : Mozambique est le centre de toutes les possessions de la côte orientale; 3° dans l'*Océanie*, un établissement à Timor.

ESPAGNE.

12,100,000 hab.—*Superficie* : 454,250 kil. carrés.

Entre 1° *de longitude E.* et 11° 37′ *de longitude O.* *Latitude N. entre* 36° 5′ et 43° 56′.

193.

NOTIONS HISTORIQUES.

L'Espagne fut autrefois soumise aux Romains, à qui elle avait résisté 200 ans. Les Visigoths, chassés des Gaules par Clovis, s'y établirent vers l'an 500. L'Espagne resta sous leur domination jusqu'à la fin du VIIe siècle, et tomba, en 711, au pouvoir des Arabes, qui y établirent le mahométisme. Les princes chrétiens luttèrent pendant huit siècles contre les mahométans, et les chassèrent peu à peu; Ferdinand et Isabelle achevèrent la délivrance de l'Espagne, en 1492, par la prise de Grenade. L'Amérique fut aussitôt après découverte par Christophe Colomb, et les Espagnols s'emparèrent de la plus grande et de la plus riche partie de ce nouveau monde; ils formèrent aussi beaucoup d'établissements dans l'Océanie. Depuis quelques années, ils ont perdu toutes leurs possessions d'Amérique, excepté les îles de Cuba et de Portorico. La faiblesse de leur marine ne leur permet pas de conserver de grandes relations avec leurs autres colonies.

Le gouvernement de l'Espagne est une monarchie constitutionnelle; la religion catholique y domine exclusivement : c'est une des contrées de l'Europe où l'instruction est le moins répandue.

194.

Description générale.

L'Espagne est comprise dans les deux bassins de l'océan Atlantique et de la Méditerranée, séparés par les monts Ibériens. Elle est traversée en différents sens par un grand nombre de chaînes de montagnes. Le climat y est très-chaud sur les côtes; il est tempéré au centre par la grande élévation du sol. La terre y est généralement fertile, mais très-mal cultivée.

Le sol de l'Espagne renferme beaucoup de mines; les plus riches sont celles de fer, de mercure, de plomb et de cuivre; on n'exploite plus que quelques mines d'argent dans l'Estramadure; celles d'or, autrefois si célèbres, sont tout à fait abandonnées. On recueille dans cette contrée d'excellents vins, des oranges, des citrons, des olives, du sucre, du coton, de la garance, de la soude qu'on obtient en brûlant des plantes marines, etc.; elle fournit aussi beaucoup de miel, de cire, de soie et de kermès. Les animaux sauvages sont les mêmes que ceux du midi de la France. Les chevaux de l'Andalousie sont renommés; on y voit aussi des taureaux sauvages. Les moutons d'Espagne, appelés *mérinos*, donnent une grande quantité de laine très-fine; c'est de ce pays qu'on a tiré ceux qui sont à présent dans plusieurs contrées de l'Europe. L'industrie de l'Espagne est peu développée, et son commerce consiste principalement dans l'exportation de quelques produits de son territoire.

195.

* SUBDIVISIONS.

En 1833, l'Espagne a été divisée en 48 provinces qui sont presque toutes désignées par le nom de leur chef-lieu.

1° Dans la Galice, la *Corogne*, cap. Santiago de Compostelle, v. pr. la Corogne et le Ferrol; *Lugo; Pontévédra; Orensé :* 2° Dans les Asturies, *Oviédo :* 3° dans les provinces Basques, *Bilbao*, *S. Sébastien*, v. pr. Fontarabie; *Vittoria :* 4° dans la Navarre, *Pampelune :*

5° Dans le royaume de Léon, *Léon*, v. pr. Astorga; *Zamora; Salamanque*, v. pr. Ciudad-Rodrigo : 6° dans la Vieille-Castille, *Santander; Burgos; Palencia; Valladolid; Logrono; Soria; Ségovie; Avila :* 7° dans la Nouvelle-Castille, *Guadalaxara; Madrid*, v. pr. Alcala de Hénarez; *Tolède*, v. pr. Aranjuez et Talavera-de-la-Reyna; *Cuenca; Ciudad-Réal :* 8° dans l'Estramadure ou Estrémadure, *Cacérès*, v. pr. Alcantara; *Badajoz*, v. pr. Mérida

9° Dans l'Andalousie, *Jaen*, v. pr. la Carolina, Andujar et Baéza; *Cordoue; Séville*, v. pr. Cazalla, Écija et Osuna; *Huelva; Cadix*, v. pr. San-Lucar de Barraméda, Xérès, Puérto Santa-Maria, Algéciras et Tarifa; *Malaga*, v. pr. Antéquéra, Ronda et Vélez-Malaga : *Grenade; Alméria :* 10° dans le royaume de Murcie, *Albacète; Murcie*, v. pr. Lorca et Carthagène :

11° Dans l'Aragon, *Huesca; Saragosse*, v. pr. Tarazona et Calatayud; *Téruel*, v. pr. Albarracin; 12° dans la Catalogne, *Girone*, v. pr. Figuères; *Barcelone*, v. pr. Vich et Mataro; *Lérida; Tarragone*, v. pr. Reus et Tortose : 13° dans le royaume de Valence, *Castellon*, v. pr. Ségorbe; *Valence*, v. pr. Murviédro et Liria; *Alicante*, v. pr. San-Félipe et Orihuéla :

14° Les *îles Baléares*, qui sont : Majorque, cap. Palma; Minorque, cap. Port-Mahon; Yviça, cap. Yviça; et Formentéra.

196.

VILLES ET LIEUX REMARQUABLES.

Madrid (200,000 hab.), sur le Mançanarez, est la capitale de l'Espagne depuis 1563. Elle a été prise par les Français en 1808.

BARCELONE (150,000 hab.), sur la Méditerranée, est la place la plus forte de l'Espagne, et possède un des plus beaux ports de l'Europe.

VALENCE (80,000 hab.) ; la ville de Grado lui sert de port. L'évêque de Valence est le premier de l'Espagne.

SÉVILLE (80,000 hab.), sur le Guadalquivir, la plus belle ville du royaume, a vu naître Las Casas.

GRENADE (80,000 hab.) était la capitale du dernier royaume que les Maures aient conservé en Espagne.

CADIX (70,000 hab.), ville très-forte, dans une petite île, qui est jointe par une chaussée à l'île de Léon, a un excellent port, très-fréquenté par les vaisseaux étrangers. Elle a été prise par les Français en 1823.

MALAGA (52,000 hab.), ville commerçante, avec un bon port, est connue par ses vins.

SARAGOSSE (43,000 hab.), sur l'Èbre, est célèbre par le siége qu'elle soutint contre les Français en 1809.

CARTHAGÈNE (30,000 hab.), fondée par les Carthaginois, est un des principaux ports de l'Europe sur la Méditerranée.

SANTIAGO DE COMPOSTELLE (28,000 hab.) ; les Espagnols y vont révérer les réliques de l'apôtre saint Jacques, patron de l'Espagne.

CORDOUE (26,000 hab.), sur le Guadalquivir, ancienne capitale d'un royaume des Maures, est aujourd'hui bien déchue.

LA COROGNE (24,000 hab.), ville forte et commerçante, a un port sur l'Océan.

VALLADOLID (21,000 hab.) sur la Pisuerga, affluent du Douro, est la résidence du capitaine général de la Vieille-Castille.

XÉRÈS (21,000 hab.), produit des vins très-estimés. Les Arabes, qui venaient envahir l'Espagne, y vainquirent les Visigoths en 711.

PORT-MAHON (20,000 hab.) fut, dit-on, fondé par les

Carthaginois. Les Français le prirent d'assaut, après un siége mémorable, en 1756.

ALICANTE (18,000 hab.), près de la Méditerranée, est renommée pour ses vins.

TOLÈDE (15,000 hab.), sur le Tage, fut capitale de l'Espagne avant Madrid.

SALAMANQUE (15,000 hab.), possède l'université la plus célèbre de l'Espagne.

LE FERROL (15,000 hab.), ville forte, a un arsenal de marine et un excellent port pour les vaisseaux de guerre.

VÉLEZ-MALAGA (14,000 hab.); ses vignes fournissent les meilleurs raisins dits de *Corinthe*.

PAMPELUNE (14,000 hab.); près de cette ville est la vallée de Roncevaux, où fut tué Roland, neveu de Charlemagne. Pampelune a été prise par les Français en 1808 et en 1823.

TARRAGONE (12,000 hab.), ville autrefois considérable, avec un port sur la Méditerranée, fut capitale d'une grande partie de l'Espagne au temps des Romains.

BURGOS (10,000 hab.) est la patrie du Cid.

ALMADEN (10,000 hab.), à 9 myriamètres S. O. de Ciudad-Réal, possède des mines de mercure qui sont, avec celles d'Idria en Autriche, les plus riches de l'Europe.

MURVIÉDRO (5,000 hab.) est bâti sur l'emplacement de l'ancienne Sagonte, qui fut détruite par Annibal.

PALOS (500 hab.), petit port près de l'embouchure du Tinto. Christophe Colomb en partit, l'an 1492, pour aller à la découverte du nouveau monde.

ALCALA DE HÉNAREZ a vu naître Michel Cervantès.

CALATRAVA, près de la Guadiana, est le chef-lieu de l'ordre militaire du même nom.

197.

ADDITIONS A LA GÉOGRAPHIE PHYSIQUE.

COURS DES FLEUVES.

Le *Minho* prend sa source dans les monts Cantabres, au N. de la Galice, arrose cette province, sépare l'Espagne du Portugal et se jette dans l'Océan.

La *Guadiana* prend sa source aux monts Ibériens, dans la Nouvelle-Castille, arrose cette province et l'Estramadure en Espagne, l'Alentéjo en Portugal, sépare l'Algarve de l'Andalousie, passe à Badajoz et se jette dans l'Océan à l'est de Tavira. A 5 myriamètres environ de sa source, la Guadiana disparaît, et après avoir parcouru à peu près 12 kilomètres sous terre, elle sort par deux ouvertures appelées les *yeux de la Guadiana.*

Le *Guadalquivir* prend sa source dans les monts Ibériens, en Andalousie, arrose cette province, passe à Cordoue, à Séville, et se jette dans l'Océan, au nord de Cadix.

L'*Èbre* prend sa source aux monts Cantabres, arrose une petite partie de la Vieille-Castille, qu'il sépare des provinces Basques et de la Navarre, traverse l'Aragon, passe à Saragosse, à Tortose, et se jette dans la Méditerranée, au-dessous de cette ville.

Les fleuves secondaires sont : la Bidassoa, le Jucar et la Ségura.

Les principales rivières sont : la Pisuerga et l'Esla, qui se jettent dans le Douro; le Mançanarez, qui passe à Madrid; l'Aragon, le Gallégo et la Sègre, qui se jettent dans l'Èbre; et le Jénil, qui passe à Grenade et se jette dans le Guadalquivir.

LAC.

Le lac d'Albuféra, au sud de Valence, est le seul remarquable en Espagne.

MONTAGNES.

Les pics les plus élevés des chaînes nommées dans la

première partie sont : *le mont Maudit* (3,482 mèt.), dans les Pyrénées ; *le mont Serrat*, au N. O. de Barcelone, où l'on voit un monastère célèbre, d'où sortit, en 1522, Ignace de Loyola, fondateur de l'ordre des jésuites ; *le pic de Mulhacen* (3,555 mèt.), dans la Sierra-Névada.

CAPS.

Les principaux caps de l'Espagne sont : les caps Ortégal et Finisterre, dans la Galice ; le cap Trafalgar, célèbre par un combat naval où les Anglais vainquirent, en 1805, les flottes française et espagnole réunies ; le cap de Palos, à la pointe S. E. du royaume de Murcie ; le cap Saint-Martin, à l'est du royaume de Valence ; et le cap Creus, au N. E. de la Catalogne.

198.

POSSESSIONS HORS DE L'EUROPE.

De toutes les anciennes possessions de l'Espagne hors de l'Europe, il lui reste seulement : 1° en *Afrique*, Ceuta dans la Barbarie ; les îles Canaries ; l'île d'Annabona, dans le golfe de Guinée ; 2° en *Amérique*, l'île de Cuba et celle de Portorico ; 3° dans l'*Océanie*, les Philippines et les Marie-Anne.

ITALIE.

21,300,000 hab. — *Superficie* : 337,000 kilomètres carrés.

Longitude E. entre 3° 20′ et 16° 12′.
Latitude N. entre 37° 56′ et 46° 40′.

199.

NOTIONS HISTORIQUES.

Rome, fondée l'an 752 avant J. C., fut d'abord gouvernée par des rois, et s'érigea en république 243 ans après sa fondation. Sa puissance s'étendit graduellement sur l'Italie et sur la plus grande partie du monde connu des anciens. 30 ans avant J. C., Auguste détruisit le gouvernement républicain et se fit proclamer empereur. Ses successeurs conservèrent toutes les provinces de la république pendant 400 ans. Dans le ve siècle, les Barbares démembrèrent l'empire romain, et l'Italie elle-même fut envahie, d'abord par les Ostrogoths, ensuite par les Lombards, qui fondèrent une monarchie. Charlemagne soumit presque toute cette contrée à la France en 774. Après sa mort, elle passa au pouvoir de divers souverains et se divisa en plusieurs états; c'est alors que la puissance temporelle des papes prit un grand accroissement. L'Italie a été souvent envahie par les Allemands, les Français et les Espagnols. A la fin du XVIIIe siècle, les Français l'ont conquise; ils l'ont perdue en 1814.

Cette contrée est partagée en plusieurs états; on indiquera le gouvernement de chacun. La religion catholique domine dans toute l'Italie.

Les sciences, les lettres et les arts y sont encore cultivés avec succès, sans y jeter autant d'éclat qu'autrefois.

200.

Description générale.

L'Italie, l'une des contrées les plus méridionales de l'Europe, jouit d'un climat chaud et généralement sain, excepté dans la partie centrale, où les marais Pontins causent tous les ans des maladies épidémiques. Ce pays charme les voyageurs par les riches plaines qui bordent le Pô; par la variété des sites qu'offrent les Alpes, qui bornent l'Italie au nord, et les Apennins, qui la traversent dans toute sa longueur, et séparent le bassin de l'Adriatique de celui de la Méditerranée proprement dite; mais il excite encore plus d'intérêt par les monuments qu'on y rencontre à chaque pas. Quelques parties de cette contrée sont exposées à de violents tremblements de terre.

Les montagnes renferment des marbres variés, du fer, du cuivre, etc.

L'heureuse situation de l'Italie, la douceur de son climat, le grand nombre de fleuves et de rivières qui l'arrosent, surtout au nord, en feraient une des plus riches contrées de l'Europe, si ses habitants étaient plus industrieux. Elle donne toutes les productions des climats tempérés, et l'on y cultive avec succès le riz, le coton, la canne à sucre, l'olivier, l'oranger, le limonier, etc. On y élève beaucoup d'abeilles et de vers à soie. Les bestiaux y sont communs; c'est, avec la Grèce, la seule contrée de l'Europe où l'on trouve encore des buffles.

La Sicile a été de tout temps renommée pour sa fertilité, surtout en grains. Elle est, ainsi que la Sardaigne, couverte de montagnes.

Les principales manufactures de l'Italie sont celles d'étoffes de soie, de glaces, de faïence et de porcelaine, d'ouvrages en paille. On y fabrique aussi des pâtes, connues sous le nom de *pâtes d'Italie.*

Le commerce de cette contrée a beaucoup perdu de son activité.

(Divisions; *voyez* n° 43.).

SUBDIVISIONS.

201.

ROYAUME DE SARDAIGNE (4,600,000 hab.).

Cette monarchie absolue, restaurée en 1814, est gouvernée par l'ancienne maison de Savoie. Elle comprend cinq parties : 1° le duché de PIÉMONT, cap. *Turin*, v. pr. Novare, Verceil, Casal, Alexandrie, Asti, Saluces et Mondovi; 2° le duché de SAVOIE, cap. *Chambéry*, v. pr. Annecy; 3° le comté de NICE, cap. *Nice;* 4° le duché de GÊNES, cap. *Gênes;* v. p. Savone et Chiavari; 5° l'île de SARDAIGNE, cap. *Cagliari*, v. pr. Sassari.

Pour l'administration les États Sardes sont partagés en dix intendances ou divisions, dont les chefs-lieux sont : Turin, Novare, Coni, Aoste, Alexandrie, Chambéry, Nice, Gênes, Cagliari et Sassari.

Nota. La petite ville de *Monaco* forme une principauté particulière sous la protection du roi de Sardaigne

202.

ROYAUME LOMBARD-VÉNITIEN (4,560,000 hab.).

Ce royaume a été principalement formé de l'ancien duché de Milan et des possessions en Italie de l'ancienne république de Venise. Il appartient à l'empereur d'Autriche, dont le gouvernement est absolu.

Il est divisé en deux parties : 1° le gouvernement de MILAN, cap. *Milan;* v. pr. Pavie, Lodi, Crémone, Mantoue, Brescia et Bergame ; 2° le gouvernement de VENISE, cap. *Venise;* v. pr. Chioggia, Padoue, Vérone, Vicence, Trévise et Udine.

203.

GRAND-DUCHÉ DE TOSCANE. (1,430,000 hab.).

Cet état est gouverné par un grand-duc qui a été rétabli en 1814.

La capitale est *Florence*, et les villes principales Pise, Livourne, Sienne, Arezzo, Grosséto.

Le grand-duc possède encore le *marquisat de Pontrémoli*, au sud du duché de Parme ; et l'*île d'Elbe*, cap. Porto-Ferrajo.

204.

ÉTATS DE L'ÉGLISE (2,600,000 hab.).

Cet état est gouverné par le Pape.

Il est partagé en 21 divisions administratives, dont les villes principales sont : *Rome*, cap., Ferrare, Bologne, Faënza, Ravenne, Rimini, Ancône, Pérouse, Civita-Vecchia, Tivoli, Ponté-Corvo et Bénévent, qui sont enclavés dans le royaume de Naples.

Le petit état de *Saint-Marin*, enclave de l'État de l'Église, forme une république sous la protection du Pape.

* Les 21 provinces des États de l'Église sont : Ferrare, Bologne, Ravenne, Forli, Urbin et Pésaro, Ancône, Lorette, Macérata, Fermo, Ascoli, Camérino, Pérouse, Orviéto, Spolète, Viterbe, Civita-Vecchia, Riéti, Rome, Vellétri, Frosinoné, Bénévent.

205.

ROYAUME DES DEUX-SICILES (7,120,000 hab.).

Cette monarchie absolue est gouvernée par un roi de la maison de Bourbon.

Elle comprend deux parties principales ; le royaume de Naples sur le continent, et l'île de Sicile.

Le royaume de NAPLES se divise en 15 provinces, dont les villes principales sont *Naples*, capitale, Gaète, Salerne, Foggia, Bari, Brindes, Leccé, Tarente et Reggio.

La SICILE se divise en 7 provinces, dont les capitales sont : *Palerme*, Messine, Trapani, Caltanisetta, Catane, Girgenti et Syracuse.

206.

* Les 15 provinces du royaume de Naples sont : l'*Abruzze ultérieure Ire*, cap. Téramo; l'*Abruzze ultérieure IIe*, cap. Aquila ; l'*Abruzze citérieure*, cap. Chiéti ; *Sannio* ou *Molise*, cap. Campobasso ; la *Terre de Labour*, cap. Caserte ; *Naples*, cap. Naples ; la *Principauté ultérieure*, cap. Avellino ; la *Principauté citérieure*, cap. Salerne ; la *Capitanate*, cap. Foggia ; la *Terre de Bari*, cap. Bari ; la *Terre d'Otrante*, cap. Leccé ; la *Basilicate*, cap. Potenza ; la *Calabre citérieure*, cap. Cosenza ; la *Calabre ultérieure IIe*, cap. Catanzaro ; la *Calabre ultérieure Ire*, cap. Reggio.

207.

DUCHÉ DE PARME (466,000 hab.).

Depuis 1814, ce duché est gouverné par une archiduchesse d'Autriche.

Il a pour capitale *Parme*, et pour v. pr. Plaisance.

208.

DUCHÉ DE MODÈNE (367,000 hab.).

Ce duché est gouverné, depuis 1814, par un archiduc de la maison d'Autriche.

Il a pour cap. *Modène*, et pour v. pr. Reggio et Carara.

209.

DUCHÉ DE LUCQUES (155,000 hab.).

Depuis 1815, ce duché est gouverné par un infant d'Espagne.
La capitale est *Lucques*.

VILLES ET LIEUX REMARQUABLES.

210.

SARDAIGNE.

TURIN (120,000 hab.), très-belle ville sur le Pô, possède une célèbre académie des sciences. C'est la patrie du géomètre Lagrange.

GÊNES (115,000 hab.), belle et forte ville, avec un port sur la Méditerranée, a été la capitale d'une république qui fut célèbre par sa marine et par son commerce, et dans le territoire de laquelle naquit Christophe Colomb. Les Français y soutinrent en 1800, contre les Autrichiens, un des siéges les plus mémorables des temps modernes. Gênes a vu naître André Doria.

CAGLIARI (35,000 hab.), capitale de l'île de Sardaigne, possède une université.

ALEXANDRIE (30,000 hab.) est la ville la plus forte de l'Italie. Dans ses environs est le village de *Marengo*, où les Français remportèrent une grande victoire sur les Autrichiens, en 1800.

MONDOVI (27,000 hab.); en 1796, les Français y gagnèrent une bataille importante.

NICE (27,000 hab.), port sur la Méditerranée ; la douceur du climat attire dans cette ville un grand nombre d'étrangers qui vont y rétablir leur santé. Nice est la patrie de l'astronome Cassini et du maréchal Masséna.

211.

ROYAUME LOMBARD-VÉNITIEN.

MILAN (150,000 hab.) est une des plus belles villes de

l'Italie. On y remarque la cathédrale, l'église de Saint-Ambroise, où les empereurs étaient couronnés rois d'Italie, et le théâtre de la Scala. Elle fait un grand commerce de riz et de soie, et des produits de ses fabriques. C'est la patrie de Valère Maxime, de plusieurs papes et d'un grand nombre d'autres hommes illustres.

VENISE (114,000 hab.), ancienne capitale d'une république célèbre, est bâtie sur 72 îles. Au moyen des nombreux canaux qui la coupent, on la parcourt en tous sens avec de petites barques appelées *gondoles*.

VÉRONE (55,000 hab.), sur l'Adige ; on y voit encore un grand amphithéâtre où les Romains donnaient des combats de gladiateurs et de bêtes féroces. C'est la patrie de Pline l'ancien et de l'architecte Vitruve.

PADOUE (50,000 hab.), célèbre par son université, est la patrie de Tite-Live.

VICENCE (36,000 hab.) est la patrie de l'architecte Palladio, à qui cette ville doit ses plus beaux édifices.

MANTOUE (25,000 hab.), place très-forte, dans un lac formé par le Mincio. Virgile naquit près de Mantoue.

PAVIE (23,000 hab.), sur le Tésin, a une célèbre université. C'est près de cette ville que se donna la bataille où François Ier fut fait prisonnier, en 1525, par les troupes de Charles-Quint.

CHIOGGIA (21,000 hab.), dans une île, à l'embouchure de la Brenta, est une ville commerçante avec un bon port. C'est près de l'île de Chioggia que les Génois furent défaits par les Vénitiens, en 1380.

LODI (18,000 hab.), sur l'Adda ; en 1796, les Français y remportèrent une victoire sur les Autrichiens.

UDINE (17,000 hab.) ; près de cette ville se trouve le château de Campo-Formio, où fut signé, en 1797, un traité de paix entre la France et l'Autriche.

MURANO (7,000 hab.), dans une île, à 4 kil. de Venise, a des manufactures de glaces et de cristaux.

212.

TOSCANE.

Florence (80,000 hab.), sur l'Arno, possède un grand nombre de beaux monuments, parmi lesquels on doit citer la cathédrale; l'église de Saint-Laurent, où sont les tombeaux des Médicis; le palais du grand-duc, qui renferme une des plus riches collections de tableaux; la célèbre galerie où l'on admire la Vénus de Médicis, d'autres statues antiques, des tableaux des plus grands maîtres et un grand nombre d'antiquités. On fabrique dans cette ville des étoffes de soie connues sous le nom de *Florence*. C'est la patrie du Dante et d'Améric Vespuce.

Livourne (75,000 hab.), ville forte, possède un des ports les plus considérables de l'Italie. C'est le centre du commerce de cette contrée avec le Levant.

Sienne (24,000 hab.), autrefois capitale d'une république rivale de celle de Florence, a une université. Sienne a vu naître le pape Grégoire VII.

Pise (20,000 hab.), sur l'Arno, fut jadis une république florissante, et possède une université; on y remarque la cathédrale, à laquelle la fameuse *tour inclinée* sert de clocher, et le cimetière appelé *Campo-Santo*, dont la terre a été apportée de Palestine par les Pisans, sur 50 galères. Pise a vu naître Galilée.

213.

ÉTATS DE L'ÉGLISE.

Rome (152,000 hab.), au bord du Tibre, est une des villes les plus remarquables du monde par le grand nombre et la magnificence de ses monuments, par ses précieuses antiquités et ses riches collections d'objets d'art. L'église de Saint-Pierre est la plus belle de l'univers. La France a établi dans cette ville une école des beaux-arts pour les élèves qui sont couronnés à Paris.

Bologne (71,000 hab.), la seconde ville des États de l'Église, possède la plus ancienne université de l'Italie, et une célèbre académie des sciences. Elle a vu naître le pape Benoît XIV, le Guide, le Dominiquin, l'Albane, les trois Carrache, le publiciste Beccaria et le physicien Galvani.

Ancône (30,000 hab.), port sur la mer Adriatique, est la ville la plus commerçante de la côte orientale de l'Italie.

Pérouse (30,000 hab.); le lac qui est près de cette ville s'appelait *Trasimène;* Annibal remporta sur ses bords une victoire célèbre.

Ferrare (24,000 hab.), sur une branche du Pô, possède le tombeau de l'Arioste.

Faenza (18,000 hab.); c'est dans cette ville qu'on a inventé la poterie appelée *faïence*.

Rimini (17,000 hab.); au nord de cette ville coule un petit fleuve appelé autrefois *Rubicon*, qui servait de limite entre l'Italie et la Gaule cisalpine. César, en passant ce fleuve, commença la guerre civile qui le rendit maître de l'empire romain.

Ravenne (16,000 hab.) était, avant Charlemagne, la capitale du centre de l'Italie, appelé *Exarchat de Ravenne*. L'empereur Honorius y résida, et Théodoric y plaça le siége de son empire, vers la fin du ve siècle. Les Français y gagnèrent une grande bataille en 1512.

Civita-Vecchia (12,000 hab.), ville forte et port franc sur la Méditerranée, fait un commerce assez considérable, surtout avec la France.

Tivoli (14,000 hab.) est dans une position charmante. Horace y avait une maison de campagne.

Urbin (11,000 hab.) est la patrie de Raphaël.

Ostie (4,000 hab.), port près de l'embouchure du Tibre, est situé dans une contrée malsaine, où commencent les *Marais Pontins*.

214.

ROYAUME DES DEUX-SICILES

Naples (385,000 hab.), dans une position délicieuse, et à 12 kilomètres du mont Vésuve, avec un beau port sur la Méditerranée, est la plus grande ville de l'Italie. Elle renferme beaucoup de beaux édifices, une université et un musée d'antiquités très-remarquable. On fabrique à Naples des étoffes de soie, d'or et d'argent. Une partie des habitants, connus sous le nom de *lazzaroni*, vivent sans propriétés et sans domicile.

Palerme (168,000 hab.); c'est dans cette ville que commença, en 1282, le massacre appelé *Vêpres siciliennes*, qui détruisit la puissance des Français en Sicile.

Messine (80,000 hab.), sur le détroit du même nom, est la seconde ville de Sicile; elle est fortifiée et a un excellent port. Elle fut détruite en grande partie par le tremblement de terre de 1783. Près de cette ville, à l'entrée du détroit, se trouvent le rocher de Scylla, sur la côte de Calabre, et le gouffre de Carybde, sur celle de Sicile, écueils redoutés des anciens.

Castellamaré (15,000 hab.) est près de l'ancienne *Stabies*, qui fut détruite par une éruption du Vésuve, en même temps que Pompéi et Herculanum, et où Pline l'Ancien périt suffoqué. Près de là est le bourg de *Quisisana*, qui possède le principal chantier de la marine du royaume.

Tarente (14,000 hab.); l'ancienne Tarente fut fondée par de jeunes Lacédémoniens qui avaient abandonné leur patrie, sous la conduite de Phalante.

Syracuse (14,000 hab.) est la patrie d'Archimède; on dit qu'elle renfermait autrefois plus d'un million d'habitants.

Girgenti (11,000 hab.), à 4 kilomètres de la mer, est l'ancienne *Agrigente*, autrefois si considérable.

Salerne (10,000 hab.) possède une école de médecine célèbre dès le ve siècle.

Pouzzoles (8,000 hab.) est connu par la terre volcanique appelée *pouzzolane*, dont on fait, avec de la chaux, un ciment qui prend corps dans l'eau, et y acquiert une très-grande dureté. Près de cette ville on voit le lac Averne, l'Achéron et les ruines de Cumes, où la Sibylle rendait ses oracles.

Capoue (8,000 hab.), sur le Volturno, est à 4 kilomètres

de l'ancienne Capoue, si célèbre par la richesse et par la mollesse de ses habitants.

COSENZA (4,000 hab.) a possédé une des académies les plus renommées de l'Europe. Alaric, roi des Goths, mourut, en 410, devant cette ville, qu'il assiégeait. Afin de cacher le lieu de sa sépulture, ses soldats détournèrent le Bussento, et enterrèrent leur roi au milieu du lit de cette rivière.

215.

PETITS ÉTATS.

PARME (30,000 hab.) a un beau théâtre et une imprimerie célèbre.

REGGIO (18,000 hab.) a vu naître l'Arioste.

CARRARA (8,000 hab.) a dans son voisinage des carrières de beau marbre blanc.

216.

ADDITIONS A LA GÉOGRAPHIE PHYSIQUE.

COURS DES FLEUVES.

L'*Arno* prend sa source dans les Apennins, en Toscane, arrose ce duché, passe à Florence, à Pise, et se jette dans la Méditerranée au-dessous de cette ville.

Le *Tibre* prend sa source dans les Apennins, en Toscane, arrose les États de l'Église, passe près de Pérouse, à Rome, et se jette dans la Méditerranée près d'Ostie.

Le *Pô* prend sa source au mont Viso, dans les Alpes, arrose le royaume de Sardaigne, sépare le royaume Lombard-Vénitien du duché de Parme et des États de l'Église; reçoit le Tésin; passe à Turin, à Casal, à Plaisance, à Crémone, se divise en plusieurs branches, et se jette dans la mer Adriatique près des lagunes de Comacchio.

L'*Adige* prend sa source dans les Alpes du Tyrol, arrose cette province, le royaume Lombard-Vénitien, passe à Trente, à Vérone, et se jette dans la mer Adriatique près de l'embouchure du Pô.

Les fleuves et rivières moins considérables sont : le *Vol-*

turno, qui arrose le royaume de Naples, passe à Capoue, et se jette dans la Méditerranée; l'*Ofanto* (*Aufidus*), près duquel fut livrée la bataille de Cannes, et qui se jette dans la mer Adriatique; le *Tanaro*, qui passe à Alexandrie; l'*Adda,* qui traverse le lac de Côme et passe à Lodi; le *Mincio,* qui traverse le lac de Garde et passe à Mantoue. Ces trois rivières se jettent dans le Pô.

MONTAGNES ET VOLCANS.

Les monts les plus remarquables sont: le mont *Rose* (4,736 m.), entre la Suisse et l'Italie; le mont *Blanc* (4,810 m.), en Savoie, le pic le plus élevé de l'Europe centrale; le mont *Cenis* (3,550 m.), aussi en Savoie, sur lequel les Français ont ouvert une belle route en 1805; le mont *Viso* (3,836 m.), entre la France et le royaume de Sardaigne; le mont *Gargano,* situé dans la province de Capitanate (royaume de Naples), et où l'on voit les Fourches-Caudines, si célèbres dans l'histoire romaine.

Les volcans sont: le *Vésuve,* près de Naples, dont les éruptions ont englouti plusieurs villes sous les cendres et la lave; l'*Etna,* en Sicile, dont les effets ont été aussi désastreux; les volcans des îles Lipari, parmi lesquels on remarque celui de *Stromboli,* dont les éruptions sont presque continuelles.

CAPS.

Le cap Leuca, au S. de l'Italie, est le seul qui mérite d'être cité, après ceux qui ont été nommés dans la première partie (n° 19).

TURQUIE.

12,500,000 hab. — *Superficie :* 521,200 kil. carrés.

Longitude E. entre 13° 24′ et 27° 20′.

Latitude N. entre 39° et 48° 20′.

217.

NOTIONS HISTORIQUES.

La Turquie fit autrefois partie de l'empire romain. Les Turcs s'en emparèrent sur les Grecs, dans le XVe siècle, et depuis l'ont toujours possédée. Ils avaient étendu leurs conquêtes sur plusieurs contrées voisines; mais dans le XVIIIe siècle, les Russes leur ont enlevé les pays voisins de la mer Noire; et dans le XIXe siècle, les Grecs ont formé un état indépendant au midi de la Turquie et dans les îles de l'Archipel.

La Moldavie, la Valachie et la Servie ont aussi obtenu une administration à peu près indépendante.

La Turquie est gouvernée par un empereur qu'on appelle sultan ou grand-seigneur, et qui exerce un pouvoir absolu.

Les Turcs professent la religion mahométane; les chrétiens, qui sont plus nombreux que les Turcs, appartiennent presque tous à la religion chrétienne grecque, qui ne reconnaît pas la suprématie du pape.

Les mahométans sont en général fort ignorants; ils n'apprennent guère que les langues, et négligent les sciences et les arts.

218.

Description générale.

La Turquie est un pays très-montagneux, surtout vers le sud, ce qui en rend le climat moins chaud qu'il ne devrait l'être par sa position. L'air est pur et salubre; avec plus de soins et de précautions, les Turcs éviteraient la peste, qui désole souvent leur pays.

Les monts Balkan, Schar-Dag, la chaîne du Pinde et un prolongement des Alpes, partagent la Turquie en trois bassins principaux : 1° le bassin de la mer Noire, comprenant la Moldavie, la Valachie, la Bulgarie, la Servie, la Bosnie sans l'Herzégovine, et une petite partie de la Romélie; 2° le bassin de l'Adriatique et de la mer Ionienne, comprenant l'Herzégovine et l'Albanie; 3° le bassin de l'Archipel, comprenant la Thessalie et presque toute la Romélie. La mer de Marmara ne reçoit que des cours d'eau insignifiants.

Cette contrée renferme des mines dont l'exploitation est négligée, beaucoup de sel, du marbre et des terres à couleurs. Ses vallées délicieuses et ses plaines fertiles sont fécondées par un grand nombre de fleuves et de rivières;

elles produisent, presque sans culture, du froment, du maïs, du riz, du raisin, des oranges, des olives, du coton, du safran, de la garance, du tabac, des gommes et des plantes médicinales. On y élève des vers à soie et des abeilles. Les pâturages y nourrissent des bestiaux, et surtout des brebis à laine fine, des chèvres et des chevaux. L'industrie est peu avancée en Turquie; on y fabrique cependant des étoffes, des tapis, du maroquin, du fil rouge connu sous le nom de *fil de Turquie* ou *d'Andrinople,* du fil de poil de chèvre, des armes blanches. Quelques-uns de ces produits sont, avec les châles de Cachemyr et les perles fines, l'objet d'un commerce important, qui est, en grande partie, entre les mains des Grecs, des Arméniens et des Juifs, et que nous nommons *commerce du Levant.*

(Divisions, *voyez* n° 44.).

219.

VILLES ET LIEUX REMARQUABLES.

Constantinople (590,000 hab.), sur le détroit qui joint la mer Noire à la mer de Marmara, est dans une des plus belles situations du monde. Cette ville, fondée par Constantin sur les ruines de l'ancienne Byzance, devint, en 330, la capitale de l'empire romain; elle est aujourd'hui appelée *Islamboul* par les Turcs. Constantinople se présente au dehors sous un aspect imposant. On admire le port, assez grand pour contenir 1,200 vaisseaux; le sérail, vaste assemblage de bâtiments et de jardins, entouré d'un mur qui a 8 kil. de circuit; la mosquée de Sainte-Sophie, bâtie par l'empereur Justinien. L'intérieur de la ville n'offre que des rues étroites, bordées de maisons irrégulières, construites en terre et en bois. Les incendies y sont fréquents, et la peste y éclate presque chaque année. Le quartier du Fanar est habité par les Grecs, à qui l'on donne le nom de *Fanariotes;* le faubourg de Péra est la résidence des ambassadeurs étrangers et des Francs, qui n'ont pas la permission de demeurer à Constantinople;

les magasins des marchands sont dans le faubourg de Galata.

ANDRINOPLE (120,000 hab.), sur la Maritza (l'Hèbre des anciens), est la seconde résidence du sultan. Elle fut capitale de l'empire ottoman, avant que les Turcs eussent pris Constantinople, en 1453. On y teint le coton en rouge de garance, qu'on appelle communément *rouge d'Andrinople.*

SALONIQUE (70,000 hab.), capitale de la Macédoine, a un port qui peut contenir 300 vaisseaux. Elle conserve encore plusieurs monuments de son ancienne splendeur, et fait un très-grand commerce. Les Juifs y sont nombreux; ils ont de belles manufactures de tapis, et un collége ou académie très-considérable.

BOSNA-SÉRAÏ (60,000 hab.) est une ville très-industrieuse, et qui fait un grand commerce. Les habitants ont une administration municipale presque indépendante, et ne souffrent la présence du pacha que pendant une visite de trois jours. Ce gouverneur de la province réside à Traunick.

BUKAREST (45,000 hab.), résidence de l'hospodar de Valachie, ressemble à un immense village, composé de maisons et de châteaux entourés de beaux jardins.

BELGRADE (30,000 hab.), sur le Danube, a été tour à tour possédée par les Autrichiens et par les Turcs. Le prince Eugène de Savoie la prit en 1717, après avoir détruit une armée ottomane sous ses murs. Les Turcs y tiennent une garnison.

WIDIN (25,000 hab.), sur le Danube, est une des forteresses les plus importantes de la Turquie. Le pacha Passwan Oglou s'y était rendu indépendant à la fin du XVIIIe siècle.

NICOPOLI (20,000 hab.), sur le Danube, est connu par la victoire que Bajazet y remporta en 1396, sur Sigismond, roi de Hongrie.

GALLIPOLI (17,000 hab.), sur le détroit des Dardanelles, est la résidence du capitan-pacha, grand amiral des Turcs.

Varna (16,000 hab.), port sur la mer Noire, est célèbre par la bataille qu'Amurat II y gagna, en 1444, et qui assura aux Turcs la conquête de la Turquie d'Europe.

Candie (15,000 hab.), ville forte et capitale de l'île du même nom, l'une des plus grandes et des plus fertiles de l'Europe, offre un beau coup d'œil du côté de la mer. Le port, encombré de sable, ne peut plus recevoir qu'une dizaine de vaisseaux; on y fait le commerce de savon, d'huile et de fruits.

Sémendria (12,000 hab.), sur le Danube, est la résidence du prince et du sénat de Servie.

Cettigne, village au nord de l'Albanie, est le chef-lieu des Monténégrins, petite peuplade libre et guerrière.

220.

ADDITIONS A LA GÉOGRAPHIE PHYSIQUE.

COURS DES FLEUVES.

Le *Danube* prend sa source dans le grand-duché de Bade, arrose le Wurtemberg, la Bavière, l'empire d'Autriche, et la Turquie, qu'il sépare, près de son embouchure, de l'empire de Russie. Il reçoit l'Isar, l'Inn, la Drave, la Theiss, la Save et le Pruth; passe à Ulm, à Passau, à Lintz, à Vienne, à Presbourg, à Bude, à Pesth, à Péterwardein, à Belgrade, à Sémendria, à Silistria, à Braïlow, à Ismaïl, et se jette dans la mer Noire par plusieurs bouches.

Les fleuves et les rivières moins considérables sont : le *Drin noir*, qui arrose l'Albanie et se jette dans l'Adriatique; la *Maritza*, qui passe à Andrinople et se jette dans l'Archipel; la *Morava*, l'*Aluta* et le *Séreth*, qui se jettent dans le Danube.

MONTAGNES.

Les principales branches des monts *Balkan* sont : le *Despoto-Dag* (*Rhodope* des anciens); le *Schar-Dag*; les *Alpes Dinariques*, qui joignent les monts Balkan à la grande chaîne des Alpes; la chaîne du *Pinde*, qui traverse la Turquie méridionale du nord au sud ; l'*Olympe* ou *Lacha* (2,000 m.) et le *Parnasse*, qui se détachent de la chaîne du Pinde. On remarque encore les monts de la *Chimère* en Albanie, et le mont *Ida* ou *Psiloriti* dans l'île de Candie.

GOLFES.

Les principaux golfes de la Turquie sont : le golfe de Bourgas, sur la côte orientale de la Romélie ; les golfes de Saros, d'Orphano, de Monté-Santo et de Salonique, au sud de la Romélie ; le golfe d'Arta, sur la côte de l'Albanie.

ÎLES.

Les principales îles de la Turquie d'Europe sont : Thaso, Samotraki, Imbro, Lemno, au nord de l'Archipel, et Candie, au sud de l'Archipel.

PRESQU'ÎLES.

Les plus remarquables sont : la presqu'île de Gallipoli, à l'ouest du détroit des Dardanelles ; la presqu'île du mont Athos et celle de Cassandre, au sud de la Romélie.

221.

POSSESSIONS HORS DE L'EUROPE.

Les Turcs possèdent : 1° la Turquie d'*Asie* et la partie occidentale de l'Arabie, en *Asie ;* 2° l'Égypte et le beylik de Tripoli, en *Afrique*, relèvent de la Turquie.

GRÈCE.

1,100,000 hab. — *Superficie :* 48,000 kil. carrés.
Longitude E. entre 18° 30′ et 21° 45′.
Latitude N. entre 36° 22′ et 39° 15′.

221 (*bis*).

NOTIONS HISTORIQUES.

Les Grecs formaient autrefois plusieurs petites républiques très-célèbres, qui ont été civilisées les premières en

Europe. Ils ont passé successivement sous la domination des Romains, des Vénitiens et des Turcs, et n'ont recouvré leur indépendance que depuis quelques années.

Ce nouvel état a reçu un roi de la famille de Bavière. On y suit la religion chrétienne grecque.

Description générale.

La Grèce est un pays montagneux, qui jouit d'un climat sain. Ses fleuves sont peu considérables ; ils appartiennent aux bassins de l'Archipel et de la mer Ionienne. Les Grecs retireront sans doute quelque jour de grands avantages de la fertilité de leurs terres, de la position de leurs nombreux ports de mer et de leur industrie : mais ils n'ont pas encore pu réparer les maux causés par la longue oppression sous laquelle ils ont gémi, et par les guerres qu'ils ont soutenues contre les Turcs. Les Grecs s'adonnent principalement au commerce maritime ; ils ont un assez grand nombre de vaisseaux marchands dans la Méditerranée.

DIVISIONS.

Les divisions de la Grèce ont été changées plusieurs fois depuis que ce pays a recouvré son indépendance. En 1838, le royaume a été partagé en 24 gouvernements et 7 sous-gouvernements.

VILLES ET LIEUX REMARQUABLES.

ATHÈNES (11,000 hab.), située près du bord de la mer, fut la patrie des lettres et des arts. Elle a vu naître Solon, Miltiade, Thémistocle, Aristide, Périclès, Alcibiade, et un grand nombre de philosophes, d'orateurs, de poètes et d'artistes les plus célèbres de la Grèce.

SYRA ou HERMOPOLIS (30,000 hab.), dans l'île de Syra, est la place la plus commerçante de la Grèce.

CHALCIS ou NÉGREPONT (16,000 hab.), dans l'île de Négrepont ou d'Eubée, est jointe au continent par un pont jeté sur l'ancien détroit de l'Euripe.

NAUPLIE ou NAPOLI (12,000 hab.), ville très-forte, a

un port sur le golfe du même nom ; on l'appelle le *Gibraltar* de la Grèce.

THIVA (4,000 hab.), l'ancienne Thèbes, fut la patrie d'Épaminondas et de Pélopidas.

MISTRA (6,000 hab.) a été bâtie près des ruines de Sparte.

MISSOLONGHI, forteresse importante, sur le golfe de Lépante, est devenue célèbre par le siége que les Grecs y ont soutenu en 1826.

ADDITIONS A LA GÉOGRAPHIE PHYSIQUE.

ÎLES.

Les principales îles de la Grèce sont : Eubée ou Négrepont, Skyro (*Scyros*), Colouri, Égine, Hydra ; les Cyclades, dont les principales sont Andro, Tine, Syra, Sdili (*Délos*), Myconi, Paros, Antiparos, Naxie, Stampalie, Santorin, Milo, Siphanto, Serpho, Thermia et Zéa (*Céos*).

SECTION II.

ASIE.

600,000,000 d'hab.—*Superficie*, 40,578,000 kil. carrés.

222.

DESCRIPTION GÉNÉRALE.

L'Asie est, après l'Amérique, la plus vaste des cinq parties du monde. Elle est bornée au nord par la mer Glaciale ; à l'est, par le grand Océan ; au sud, par la mer des Indes ; à l'ouest, par la mer Rouge, l'isthme de Suez, la Méditerranée, l'Archipel, la mer de Marmara, la mer Noire, le Caucase, la mer Caspienne, l'Oural et les monts Ourals. Sa plus grande longueur est de 11,300 kil. depuis le détroit de Bab-el-Mandeb jusqu'au détroit de Béhring; sa plus grande largeur, du cap Septentrional au cap Romania, est de 8,550 kilomètres.

Cette partie du monde offre des contrastes frappants. Dans le nord s'étendent de vastes plaines stériles et désolées par la rigueur excessive du froid; au milieu est un immense plateau, entouré et couvert en partie de montagnes d'une hauteur prodigieuse, qui sont chargées de glaces éternelles; une autre partie du plateau est occupée par un grand désert sablonneux, appelé *désert de Cobi :* au sud, la grande chaleur, l'abondance des pluies et des eaux courantes donnent au sol une fertilité prodigieuse; on trouve au sud-ouest des plaines arides et couvertes de sables. L'Asie appartient à quatre bassins principaux: 1° le bassin de la mer Glaciale, qui comprend presque toute la Sibérie, et quelques provinces de l'empire chinois et du Turkestan; 2° le bassin du grand Océan et de ses dépendances; les mers d'Okhotsk, du Japon, de la Chine et la mer Jaune: une grande partie de l'empire chinois et de l'Indo-Chine, et quelques parties de la Sibérie appartiennent à ce bassin; 3° le bassin de la mer des Indes, comprenant les contrées méridionales; 4° le bassin de la Méditerranée et de ses dépendances : moins considérable que les précédents, il comprend une grande partie de la Turquie d'Asie, et une partie des provinces russes du Caucase. Au centre et à l'ouest de l'Asie, plusieurs fleuves, parmi lesquels il en est de considérables, se perdent par l'infiltration des eaux à travers le sol qu'elles parcourent, ou vont se jeter dans des lacs sans écoulement, parmi lesquels on remarque la mer Caspienne, les lacs Aral, Balkachi, Van, Ourmia, Serréh, et la mer Morte.

L'Asie est moins riche en mines que les autres parties du monde; on y trouve cependant de l'or, de l'argent, du fer, du platine, du cuivre, de l'étain, de l'outremer; mais ses minéraux les plus précieux sont les diamants et les autres pierres fines.

Parmi les végétaux recherchés que produit en abondance l'Asie, on distingue le cafier, l'arbre à thé, la canne à sucre, le dattier, le bananier, le cocotier, l'indigotier, le cannelier, le poivrier, et les autres épices, le bambou, l'arbre de sandal, les arbres à parfums et à gommes, etc.

Les animaux sauvages les plus remarquables sont : dans le nord, l'ours blanc, le renard noir, l'isatis, la martre, la zibeline, et un grand nombre d'autres animaux à fourrure ; dans les régions tempérées, l'yak, différentes sortes de gazelles, dont une donne le musc ; dans le midi, l'éléphant, le rhinocéros, le lion, le tigre qu'on rencontre jusque sur les glaciers de l'Himalaya ; la panthère, le chacal, un grand nombre d'espèces de singes, le crocodile, etc. Le chameau et le dromadaire servent de bêtes de somme et de monture dans la plus grande partie de l'Asie ; les chevaux de la Perse et de l'Arabie sont renommés pour leur beauté et pour leur vitesse. On pêche, sur quelques côtes de l'Asie, les plus belles perles.

L'Asie, qui a été le berceau des premiers empires, des sciences et des arts, est depuis longtemps bien en arrière de la civilisation et de l'industrie de l'Europe ; cependant quelques objets fabriqués, notamment divers tissus, et surtout ses productions naturelles, suffisent pour alimenter l'immense commerce qu'elle fait avec toutes les autres parties du monde.

CONTRÉES DU NORD.

RUSSIE D'ASIE.

3,450,000 hab. — *Superficie :* 12,000,000 de kil. carrés.

223.

DIVISION GÉNÉRALE.

La Russie d'Asie se compose de deux parties principales : la *Sibérie* et les *pays du Caucase*.

SIBÉRIE.

Entre 56° de *Longitude E.* et 172° de *Long.* ouest.
Latitude N. entre 48° 45′ et 78°.

224.

NOTIONS HISTORIQUES.

La Sibérie est restée inconnue aux Européens jusqu'à la fin du xve siècle. A cette époque, les Russes, attirés par les riches fourrures de cette contrée, y pénétrèrent, et conquirent successivement tous les pays qui s'étendent au nord de l'Asie, depuis les monts Ourals jusqu'au grand Océan. Le gouvernement russe y a fondé un grand nombre de colonies. C'est en Sibérie qu'il exile les criminels d'État.

Les Russes établis en Sibérie appartiennent à des sectes de la religion chrétienne grecque; quelques-uns des indigènes suivent encore le bouddhisme, d'autres sont idolâtres.

225.

Description générale.

La Sibérie occupe tout le nord de l'Asie, et renferme près du tiers de cette partie du monde; elle est plus grande que l'Europe, mais très-peu habitée. Le nord n'offre que des marais qui seraient impraticables, sans les glaces dont ils sont couverts; au sud se trouve une haute chaîne de montagnes qui arrête les vents du midi, et rend la Sibérie encore plus froide. La plus grande partie de cette contrée est encore couverte de vastes marécages, de forêts, de déserts immenses appelés *steppes*, où errent quelques misérables peuplades. Mais les lieux où la culture s'est établie offrent de belles moissons, du chanvre excellent et très-haut, des pommes de terre, etc., et des prairies qui nourrissent de nombreux troupeaux; le sol n'y est inférieur à aucune des contrées du nord de l'Europe. On exploite en Sibérie de riches mines d'or, de platine, d'argent, de fer, d'aimant, de cuivre; on en tire même des pierres précieuses, et elle fournit à la Russie les plus belles fourrures. L'hiver y est partout long et rigoureux ; l'été est court et très-chaud.

Les indigènes sont presque tous nomades, c'est-à-dire, pasteurs ou chasseurs; les colons russes et quelques peuplades chrétiennes sont les seuls habitants qui s'appliquent à l'agriculture.

226.

SUBDIVISIONS.

On divise la Sibérie en 5 gouvernements ou provinces et 4 districts, qui sont : les gouvernements de Tobolsk, d'Omsk, de Tomsk, d'Iéniséisk, et d'Irkoutsk, v. pr. Nertchinsk ; et les districts d'Okhotsk, d'Iakoutsk, du Kamtchatka, et des Tchouktchis.

Parmi les peuplades indigènes, on distingue les *Samoyèdes*, au nord-ouest des gouvernements de Tobolsk et d'Iéniséisk ; les *Ostiaks*, la plus considérable de ces peuplades, dans les gouvernements de Tobolsk, de Tomsk et d'Iéniséisk ; les *Bouriats*, dans le gouv. d'Irkoutsk ; les *Toungouses*, les *Iakoutes*, et les *Ioukaghirs*, dans le district d'Iakoutsk.

227.

VILLES ET LIEUX REMARQUABLES.

TOBOLSK (25,000 hab.), ville forte, au confluent du Tobol et de l'Irtich, est un entrepôt pour les marchandises qui arrivent de l'Europe et pour celles qui viennent de la Sibérie et de la Chine.

IRKOUTSK (25,000 hab.), ville forte et commerçante sur l'Angara, près du lac Baïkal, fabrique du drap.

TOMSK (9,000 hab.), sur l'Obi, fait un commerce assez considérable.

IÉNISÉISK (6,000 hab.), sur l'Iéniséi, a une foire très-fréquentée.

IAKOUTSK (3,000 hab.), sur la Léna, fait un grand commerce de zibelines.

Nertchinsk (3,000 hab.), ville commerçante, près de la frontière de la Chine, a des mines d'argent et de plomb, dans lesquelles on a fait travailler jusqu'à 2,000 exilés.

Kiatchta (2,000 hab.), à 270 kil. S. E. d'Irkoutsk, sur la frontière de la Chine, est, depuis 1728, l'entrepôt de tout le commerce qui se fait entre la Russie et la Chine. Kiatchta se compose de deux villes : l'une habitée par les Russes, l'autre par les Chinois, et appelée aussi *Maïmatchin*.

Okhotsk (1,200 hab.), port sur la mer du même nom, a un chantier de construction. Cette ville est le lieu d'embarquement des Russes pour le Kamtchatka et l'Amérique.

PAYS DU CAUCASE.

Longitude E. entre 34° 50′ et 48° 25′.
Latitude N. entre 38° 50′ et 45°.

228.

NOTIONS HISTORIQUES.

Quatre des provinces du Caucase ont été enlevées aux Persans par les Russes ; l'Abasie appartenait aux Turcs. Ces pays sont formés en partie de la Colchide et de l'Ibérie des anciens.

La Géorgie et la Circassie sont renommées dans tout l'Orient pour la beauté de leurs habitants. Un grand nombre d'entre eux professent la religion chrétienne grecque ; les autres sont mahométans ou idolâtres.

229.

Description générale.

La haute chaîne du Caucase, qui borne cette contrée au nord, renferme beaucoup de mines ; mais celles de fer sont seules exploitées. Ce pays, favorisé de la nature, surtout la Géorgie, jouit en général d'un climat agréable et salubre ; il est d'une grande fertilité. Sur le sommet des montagnes croissent les arbres et les plantes des pays les plus froids ; dans les délicieuses vallées qui s'étendent à leurs bases, on voit l'olivier, le pêcher, l'amandier et le figuier ; on y récolte presque sans culture le blé, le riz, le millet, le lin et le chanvre. Les animaux y sont les mêmes qu'en France et dans les Alpes.

230.

SUBDIVISIONS.

Les provinces au sud du Caucase sont au nombre de 5 : la *Géorgie*, cap. Tiflis ; l'*Abasie*, cap. Soukoum-Kalé ; l'*Imérétie*, cap. Koutaïs ; le *Chirvan*, cap. Chamaki ; et l'*Arménie*, cap. Érivan.

231

VILLES ET LIEUX REMARQUABLES.

TIFLIS (35,000 hab.), jadis capitale du royaume de Géorgie, et maintenant résidence du gouverneur général des provinces du Caucase, est la ville la plus considérable du pays ; elle fait un grand commerce, surtout en fourrures.

BAKOU, ville forte, avec le meilleur port de la mer Caspienne, fait, surtout avec Astracan, un commerce considérable, qui consiste en sel, salpêtre, naphte, opium, etc. Bakou est regardé comme un lieu saint par les *Parsis* ou adorateurs du feu (anciens *Guèbres*), et par les Hindous, à cause de nombreuses sources de naphte qui s'enflamment d'elles-mêmes, et qui couvrent de feu, dans les environs de cette ville, un terrain qui a près d'une demilieue carrée.

ÉRIVAN (12,000 hab.). En 1828, cette ville a été conquise par les Russes, sur les Persans, en même temps que l'Arménie.

CONTRÉES DU MILIEU DE L'ASIE.

TURQUIE D'ASIE.

12,000,000 d'hab. — *Superficie:* 1,190,000 kil. carrés.
Longitude E. entre 23° 40′ et 47°.
Latitude N. entre 30° et 42°.

232.

NOTIONS HISTORIQUES.

La Turquie d'Asie, aujourd'hui désolée par la servitude et la barbarie, fut autrefois habitée par des peuples nombreux, riches et puissants. C'était là que s'élevaient, dans les temps anciens, Babylone, Ninive et Jérusalem. Les Grecs avaient fondé, sur les côtes de l'Archipel, des colonies où florissaient le commerce, les arts et les lettres. Les Assyriens, les Perses et les Romains dominèrent successivement dans cette contrée. Au VIIe siècle, les califes mahométans y pénétrèrent et firent de Bagdad la capitale de leur empire. C'est au XIIIe siècle que les Turcs ottomans devinrent maîtres d'une grande partie de l'Asie Mineure. Leur puissance s'accrut ensuite graduellement de tout ce qu'ils possèdent aujourd'hui. On trouve dans la Turquie d'Asie des hordes nombreuses de Kourdes et de Turcomans, peuples nomades qui ont conservé une grande indépendance. La Syrie renferme encore plusieurs peuples chrétiens.

Cette contrée est gouvernée despotiquement par les pachas du sultan; la religion mahométane y domine, mais on y trouve beaucoup de chrétiens.

233.

Description générale.

La Turquie d'Asie est une des contrées dont le sol et le climat offrent le plus de variété. A l'est et au sud sont de vastes plaines couvertes de sables arides; mais au bord des fleuves et dans les vallées du Liban, la terre devient d'une fertilité prodigieuse. En s'avançant vers le nord, on trouve les hautes montagnes du Taurus, où le climat est si varié, que leurs sommets sont couverts de glaces, tandis que les vallées qui s'étendent à leurs pieds sont brûlées par la chaleur du soleil; à l'ouest, l'Anatolie jouit en général d'un climat tempéré, et peut produire toutes sortes de grains et de fruits. Les vallées de l'Arménie, au pied du mont Ararat, sont si belles, que d'anciens géographes y avaient placé le paradis terrestre.

On trouve dans la Turquie d'Asie tous les métaux les plus utiles; elle produit, sur ses hautes montagnes, les végétaux des pays froids et des pays tempérés, et, dans ses plaines, ceux des contrées les plus chaudes; le coton et la soie sont l'objet d'un commerce considérable. On en tire aussi du cuivre, de l'huile, des substances tinctoriales et médicinales, de la gomme, de la cire, des fruits secs, de la noix de galle, de la laine, du poil de chèvre, des sangsues, des éponges.

234.

DIVISIONS.

On peut diviser la Turquie d'Asie en 7 parties: 1° l'*Anatolie,* v. pr. Trébizonde, Sivas, Amasie, Tokat, Angora, Scutari, Brouse, Kiutahié, Smyrne et Kounié; 2° l'*Arménie*, villes principales, Erzeroum et Van; 3° la *Syrie,* v. pr. Alep, Antioche, Damas, Acre et Jérusalem; 4° l'*Aldjéziréh* ou *Mésopotamie,* v. pr. Diarbékir, Ourfa et Mossoul; 5° le *Kourdistan,* v. pr. Kerkouk; 6° l'*Irak-Araby,* v. pr. Bagdad et Bassora; 7° les *îles*, dont les principales sont: l'île de Marmara, dans la mer du même nom; Métélin, Scio, Samos dans l'Archipel; Cos et Rhodes dans les Sporades; Chypre, cap. Nicosie.

235.

VILLES ET LIEUX REMARQUABLES.

Damas (200,000 hab.), une des plus anciennes villes de cette contrée, a donné son nom à des étoffes de soie que les Européens allaient y chercher, avant que leur industrie eût fait tant de progrès. On en tirait aussi des lames de sabre qui sont encore estimées. Damas est toujours la ville la plus considérable et la plus industrieuse du Levant.

Smyrne (130,000 hab.), sur la Méditerranée, est le port le plus commerçant de la Turquie d'Asie. La peste et les tremblements de terre l'ont souvent dévasté.

Alep (120,000 hab.) fait un commerce considérable qui l'a fait nommer la moderne Palmyre. Cette ville a été plusieurs fois détruite en partie par des tremblements de terre.

Tokat (100,000 hab.) a dans son voisinage des mines de cuivre très-abondantes; on y fabrique beaucoup d'ustensiles avec ce métal, et on en tire presque toutes les cafetières de l'Orient. Tokat fait un grand commerce de toiles peintes, de soieries et de maroquin ; les environs produisent d'excellent vin. Cette ville appartient à une princesse de la famille du grand-seigneur.

Bagdad (100,000 hab.), sur le Tigre, ancienne résidence des califes, est une ville commerçante où l'on fabrique de la coutellerie, des étoffes de coton, de soie, et du maroquin.

Erzeroum (100,000 hab.) est le centre du commerce entre la Turquie et la Perse.

Brouse (100,000 hab.) a été la capitale des sultans ottomans jusqu'en 1360.

Mossoul (60,000 hab.), sur le Tigre, occupe, dit-on, l'emplacement de l'ancienne Ninive. Cette ville a donné son nom aux mousselines.

Bassora (60,000 hab.), sur le Chat-el-Arab (Euphrate au-dessous du Tigre), est une ville très-commerçante.

Kiutahié (50,000 hab.) est la résidence du pacha qui gouverne l'Anatolie.

Trébizonde (50,000 hab.), sur la mer Noire, a été capitale d'un empire grec, après la prise de Constantinople par les Latins en 1203.

Scutari (35,000 hab.), sur le détroit de Constantinople, vis-à-vis de cette ville, fait un grand commerce.

Angora (35,000 hab.); les chèvres et la plupart des animaux qui vivent dans les environs de cette ville ont un poil long et soyeux dont on fabrique des tissus recherchés. C'est près d'Angora que Tamerlan vainquit Bajazet, en 1401, et renversa ainsi, pour quelques années, la puissance des Turcs.

Kounié (30,000 hab.), capitale de la province de Caramanie, fabrique des tapis et du maroquin ; c'est l'ancienne *Iconium*, résidence d'un sultan turc, au temps des croisades.

Jérusalem (30,000 hab.), ancienne capitale de la Palestine ou Terre-Sainte, ville dans laquelle se sont accomplis la plupart des mystères du christianisme, possède le saint sépulcre dans une église bâtie sur le Calvaire. Jérusalem fut prise, en 1099, par les croisés, qui y fondèrent un royaume dont la durée fut de 89 ans; Saladin s'en empara en 1188; enfin les Turcs en chassèrent les Sarrasins en 1217, et en sont restés maîtres depuis cette époque.

Amasie (25,000 hab.), ville très-commerçante, envoie beaucoup de soie aux manufactures de Damas.

Acre ou Saint-Jean-d'Acre (20,000 hab.) est célèbre par plusieurs siéges, et surtout par celui que cette ville soutint, en 1799, contre les Français, qui furent obligés de se retirer, après avoir fait des prodiges de valeur. Près d'Acre, dans la chaîne du Liban, se trouvent deux montagnes remarquables : 1° le mont *Thabor*, où s'accomplit le miracle de la Transfiguration; 2° le mont *Carmel*, célèbre par les miracles du prophète Élie, et par le séjour d'un très-grand nombre de religieux chrétiens qui habitaient des grottes taillées dans le roc. Beaucoup de ces grottes existent encore ; on en montre une qui fut, dit-on, habitée par Élie.

Tripoli (16,000 hab.), sur la Méditerranée, est la ville la mieux bâtie de la Syrie.

Baïrout (12,000 hab.), port sur la Méditerranée, est la ville la plus commerçante de la Syrie.

Antioche ou Antakié (10,000 hab.) fut autrefois si considérable, qu'on l'appelait sous les Romains la *reine de l'Orient.* Cette ville a été détruite en partie par le tremblement de terre qui renversa Alep en 1822.

Bethléem (800 hab.), à 12 kil. sud de Jérusalem, sur une montagne entièrement couverte de vignes et d'oliviers, est le lieu où est né J. C. Sainte Hélène, mère de Constantin, y fit construire une belle église, en cèdre et en marbre rouge, qui existe encore, et que les chrétiens ont enrichie de leurs dons.

Rhodes (10,000 hab.), ville forte et capitale de l'île du même nom, a un bon port à l'entrée duquel était le fameux colosse. On y construit beaucoup de navires, et on y fait le commerce de bois de rose.

Chio ou Scio, port et capitale de l'île du même nom, possédait un grand collége, fréquenté par toute la jeunesse studieuse de la Grèce. En 1822, les Turcs ont massacré ou dispersé les 110,000 habitants de Chio, île la mieux cultivée de l'Archipel, et d'où l'on tirait le mastic qui découle du lentisque. Le dernier sultan a accordé de grandes franchises à l'île de Chio pour en relever la population.

236.

ADDITIONS A LA GÉOGRAPHIE PHYSIQUE.

LACS.

Les eaux du lac Asphaltite, ou mer Morte, contiennent beaucoup de sel, d'alun et de soufre, et se couvrent souvent de bitume. Ce lac reçoit les eaux du Jourdain, si célèbre dans l'Écriture sainte.

MONTAGNES.

Le *Taurus* et le *Liban* sont les deux principales chaînes de la Turquie d'Asie. La dernière est connue par les cèdres qu'on en tirait autrefois; ils ne s'y trouvent plus qu'en petit nombre.

TARTARIE INDÉPENDANTE OU TURKESTAN.

7,000,000 d'hab. — *Superficie :* 2,000,000 de kil. carrés.
Longitude E. entre 48° 36′ et 78°.
Latitude N. entre 35° et 54°.

237.

NOTIONS HISTORIQUES.

Cette contrée portait, chez les anciens, le nom de *Scythie en deçà de l'Imaüs;* elle était habitée par les Massagètes, les Saces, les Sogdiens et quelques autres peuples moins célèbres. C'est de là que sont sortis les Turcs, les Huns, et le conquérant Timour ou Tamerlan, qui régnait à Samarkand, à la fin du XIVe siècle.

Les principaux peuples qui habitent aujourd'hui le Turkestan sont les Ouzbecks, qui occupent la Grande-Boukharie, et qui sont les plus puissants de tous; ensuite les Boukhares, les Turcomans, les Kirghiz et les Karakalpachs; on y trouve aussi des Juifs. Le souverain de la Boukharie prend le titre d'*Émir-el-Mouménin* (prince des croyants), et gouverne avec un pouvoir absolu; les autres princes sont appelés *Khans.*

Les Kirghiz sont des peuples indépendants et belliqueux; ils sont divisés en trois hordes: la petite et la moyenne sont sous la protection de la Russie; la grande est appelée *horde d'or.* Les habitants du Turkestan indépendant sont en général mahométans.

238.

Description générale.

D'immenses steppes, coupées de lacs salés et de montagnes arides, couvrent plus de la moitié du Turkestan; elles sont presque toutes occupées par les Kirghiz. La Boukharie et une partie de la principauté de Khiva offrent des plaines très-fertiles. Le climat est salubre; la chaleur, même dans les parties méridionales, est tempérée par le voisinage des hautes montagnes.

On trouve dans le Turkestan quelques mines d'or, d'argent, des turquoises, des rubis, etc.; les pâturages y sont bons, et l'on récolte dans cette contrée du coton et de la soie.

239.

DIVISIONS.

Le Turkestan peut se diviser en 4 parties: 1° *le pays des Kirghiz;* 2° *la principauté de Khiva*, cap. Khiva; 3° *la grande Boukharie*, cap. Boukhara, v. pr. Samarkand et Balk; 4° *le Khanat* de *Khokan.*

VILLES ET LIEUX REMARQUABLES.

240.

Boukhara (70,000 hab.), célèbre autrefois en Asie par ses nombreuses écoles, et par ses mollahs ou docteurs, qui passaient pour très-savants, est une ville triste et mal bâtie, dont les rues sont fort étroites, et dont les maisons, suivant un usage assez général en Orient, ont toutes les fenêtres sur la cour et une seule petite porte sur la rue. Boukhara fait un grand commerce avec la Russie, où elle envoie du coton, de la soie, des châles de Cachemyr et de Perse, de l'indigo et de la porcelaine de Chine; elle reçoit en retour des étoffes et des ustensiles en fer, en cuivre et en fonte.

Samarkand (10,000 hab.), ville commerçante, capitale de l'empire de Tamerlan en 1400, a une grande école mahométane; on y remarque des fabriques de papier de soie.

Balk (2,000 hab.) est regardée par les Asiatiques comme la plus ancienne ville du monde; elle s'appelait autrefois Bactres.

EMPIRE CHINOIS.

Population, portée par les uns à 170,000,000 d'hab., par d'autres à 386,000,000 d'hab.—*Superficie :* 14,000,000 de kil. carrés.

Longitude E. entre 69° et 139°.
Latitude N. entre 20° 30′ et 56°.

241.

NOTIONS HISTORIQUES.

La Chine est un des pays les plus anciennement civilisés. Depuis 40 siècles elle forme un puissant empire, qui a éprouvé de nombreuses révolutions. Au commencement du XVIIe siècle, les Mandchous en firent la conquête; mais en devenant les maîtres de la Chine, ils en ont pris les mœurs et les usages.

Le gouvernement est une monarchie absolue. Le culte de *Bouddha*, que les Chinois appellent *Fo*, est le plus répandu dans cette contrée. L'empereur et les mandarins suivent la religion de Confucius; ils adorent un seul Dieu, mais ils n'admettent pas d'images, et n'ont pas de prêtres.

La population de ce pays est estimée très-diversement par les géographes. Ceux qui lui accordent 386,000,000 d'habitants, d'après un recensement que l'on dit officiel, la supposent proportionnellement aussi peuplée que l'Europe.

242.

Description générale.

Cet empire est trop étendu pour ne pas offrir une grande variété d'aspect et de climat.

La Chine proprement dite présente presque partout de vastes plaines et des collines parfaitement cultivées; la Mongolie est en grande partie occupée par l'immense désert de *Cobi* ou *Chamo;* on y trouve cependant des montagnes très-élevées et quelques parties fertiles. Le Tibet est couvert de montagnes qui sont les plus hautes que l'on connaisse.

La Chine a des végétaux de presque toutes les espèces; on y va chercher principalement le thé, le bambou, et la rhubarbe, qui croît en Mongolie; on tire aussi de cette contrée de la soie, du musc, du poil de chèvres du Tibet, du nankin et d'autres étoffes de coton, de la porcelaine, des ouvrages vernissés, du papier, des couleurs, et une encre très-connue.

243.

SUBDIVISIONS.

On peut diviser l'empire chinois en 5 parties: 1° la *Chine proprement dite*, cap. Péking, v. pr. Nanking, Kéilin, Canton et Macao;

2° La *Tartarie chinoise*, divisée elle-même en trois parties, qui sont: la *Mandchourie*, v. pr. Sakhalien-Oula-Khoton, Tstitsicar, Kirin et Moukden; la *Mongolie*, où l'on ne connaît point de villes remarquables; la *Kalmoukie* ou *Dzoungarie*, v. pr. Ili;

3° La *Corée*, cap. Kingkitao;

4° Les pays tributaires à l'ouest, qui sont: la *Petite-Boukharie*, v. pr. Aksou, Kachgar et Yarkand; le *Tibet*, cap. Lassa, v. pr. Jigagounghar et Léi ou Ladak; le *Koukounoor*; le *Boutan*, cap. Tassisudon;

5° Les *îles*, qui sont: Formose, cap. Taï-Ouan; Haïnan, cap. Kioung-Tcheou; l'archipel Tchéou-Chan, dont l'île principale est Tcheou-Chan ou Chusan; les îles Lieou-kieou, cap. Kieou-Ching; et la partie septentrionale de l'île de Tchoka ou Tarakaï.

244.

VILLES ET LIEUX REMARQUABLES.

Péking (1,700,000 hab.) est composé de deux villes, l'une tartare, qui est la plus étendue, l'autre chinoise; ces deux villes réunies, avec leurs douze faubourgs, occupent un espace trois fois aussi grand que Paris; elles sont très-régulièrement bâties. Le palais de l'empereur, avec ses dépendances, a 8 kilom. de tour. C'est dans l'intérieur de la ville chinoise que le souverain vient tous les ans tracer quelques sillons pour honorer l'agriculture. Des voyageurs portent la population de Péking jusqu'à *trois millions d'habitants,* d'autres ne l'estiment qu'à 800,000.

CANTON (850,000 hab.), la ville la plus commerçante de l'empire. On en exporte une quantité considérable de thé. 60,000 habitants de cette ville demeurent dans des navires, sur la rivière qui passe à Canton.

NANKING (800,000 hab.), sur le Kiang, fut la capitale de la Chine jusqu'en 1421. On y remarque une tour fameuse qui a 9 étages et 66 mètres de hauteur; elle est revêtue de tuiles blanches d'une porcelaine grossière, et surmontée d'une boule que l'on dit être d'or. On fabrique dans cette ville les meilleurs satins de la Chine, et une étoffe de coton qu'on appelle *nankin* en Europe.

MACAO (33,000 hab.) est le chef-lieu d'un établissement important que les Portugais possèdent dans une petite île dans le golfe de Canton. Les Anglais ont obtenu récemment un établissement dans les îles voisines.

LASSA (80,000 hab.); à 8 kil. de cette ville se trouve le palais du dalaï-lama, chef de la religion de Bouddha, dans le Tibet.

Nota. Au nord de la Chine se trouve une *grande muraille* de 2,600 kilomètres de longueur et de 8 mètres de hauteur; les Chinois la construisirent pour se garantir des invasions des Tartares. On remarque encore la *barrière de pieux* qui entoure la province de Liao-Toung, dont Moukden est le chef-lieu.

JAPON.

30,000,000 d'hab. — *Superficie :* 500,000 kil. carrés.

Longitude E. entre 127° et 149°.
Latitude N. entre 29° et 50°.

245.

NOTIONS HISTORIQUES.

On croit que les Japonais descendent d'une ancienne

colonie de la Chine. Ils sont aujourd'hui plus avancés que les Chinois dans la civilisation et dans les arts, surtout dans l'art de la guerre. Depuis le XVIe siècle, deux empereurs gouvernent cet État : l'un, nommé *daïri*, qui régnait seul autrefois, retiré maintenant dans son palais à Miaco, est vénéré comme un dieu, mais il n'a que l'autorité spirituelle ; l'autre, nommé *koubo*, réside à Yédo, et possède le pouvoir temporel.

Les Japonais ont presque toujours joui d'une paix profonde. Ils n'admettent point chez eux les marchands européens ; les Hollandais seuls sont reçus à Nangasaki ; mais ils ne pénètrent jamais dans l'intérieur de l'empire. Il est défendu, sous peine de mort, à tout Japonais de quitter son pays.

Le gouvernement est despotique. Le bouddhisme (appelé doctrine de *Boudso*), et la religion de *Sinto*, sont les deux cultes dominants au Japon.

246.

Description générale.

Le Japon est hérissé de montagnes ; il a éprouvé de fréquents tremblements de terre. On y trouve, dit-on, des mines fort riches d'or, d'argent, de cuivre, de fer, d'étain, et des pierres précieuses. Quoiqu'il ne soit pas naturellement très-fertile, l'activité industrieuse des habitants a su le féconder, et en tirer des récoltes suffisantes pour sa nombreuse population. Les productions les plus remarquables de cette contrée sont le camphre, le vernis qu'on tire d'un arbre, le mûrier à papier, le thé, le coton, la soie, le bambou, etc. Les soins de l'agriculture y ont fait détruire beaucoup d'animaux très-estimés dans d'autres contrées : on ne voit au Japon ni moutons, ni mulets, ni éléphants ; il y a fort peu de chevaux, mais on y élève un grand nombre de bœufs.

Les Japonais surpassent toutes les nations asiatiques par leur industrie. Ils fabriquent des étoffes de soie et de coton, de la porcelaine, des ouvrages vernissés, et de beau papier. On tire en outre du Japon du cuivre et du camphre.

247.

DIVISIONS.

Les îles principales qui composent l'empire du Japon sont : 1° *Niphon*, cap. Yédo, v. pr. Miaco et Osaca; 2° *Sikokf*, v. pr. Ava et Ijo; 3° *Kiousiou*, cap. Nangasaki; 4° *Yézo*, cap. Matsmaï; 5° le midi de l'île de *Tchoka*, habité par les Aïnos, tributaires des Japonais; 6° les *Kouriles méridionales*.

248.

VILLES ET LIEUX REMARQUABLES.

YÉDO (1,300,000 hab.) est une des plus grandes et des plus belles villes de l'Asie. Les gouverneurs des provinces sont obligés d'y résider une partie de l'année, et d'y laisser leurs enfants en otage, toutes les fois qu'ils s'en éloignent.

MIACO (530,000 hab.), résidence du daïri, est le centre de la littérature et des sciences au Japon.

CONTRÉES DU MIDI.

ARABIE.

12,000,000 d'hab.— *Superficie :* 2,800,000 kil. carrés.
Longitude E. entre 30° 20' et 57° 40'.
Latitude N. entre 12° 30' et 33° 45'.

249.

NOTIONS HISTORIQUES.

L'Arabie a toujours été partagée entre plusieurs nations ou tribus; autrefois, comme aujourd'hui, on en voyait sortir des hordes qui portaient la dévastation dans toutes les contrées voisines. Mais avant le VIIe siècle, les Arabes n'avaient fait aucune grande conquête. Lorsque Mahomet les eut réunis par sa religion, ils se répandirent rapidement dans l'occident de l'Asie et dans le nord de l'Afrique, et pénétrèrent jusqu'en Espagne. Les sciences, les lettres et les arts fleurirent longtemps à la cour des califes, successeurs de Mahomet, tandis que la plus grande partie de l'Europe était plongée dans la barbarie. Le vaste empire des califes fut bientôt affaibli par les divisions, et fut enfin renversé par les Turcs, qui dominent encore aujourd'hui sur une partie de l'Arabie. Les Wahabys, qui forment une secte séparée du reste des mahométans, occupent presque tout l'intérieur du pays dont ils sont le principal peuple.

Les Arabes se divisent en deux classes : les *Arabes cultivateurs* et à demeures fixes ; et les *Nomades*, qui vivent sous des tentes, et qui errent avec leurs troupeaux. Ces derniers se nomment aussi *Bédouins*, et se subdivisent en un grand nombre de tribus.

Cette contrée est divisée en plusieurs états, dont les chefs portent le titre de *cheyk*, d'*iman* ou de *chérif*. L'Hedjaz appartient à l'empire de Turquie. Le vice-roi d'Égypte avait soumis toutes les côtes occidentales et une grande partie des provinces intérieures de cette vaste contrée ; mais il n'a pas pu y consolider sa domination.

Le mahométisme est la religion dominante en Arabie ; on y trouve aussi beaucoup de juifs.

250.

Description générale.

L'intérieur de l'Arabie est un vaste plateau en grande partie formé par des plaines arides et désertes, où des vents brûlants accumulent des montagnes de sables qui ensevelissent quelquefois des caravanes entières. Il y a cependant dans cette contrée quelques chaînes de montagnes, et un petit nombre de cantons fertiles. Presque toutes les rivières tarissent après la saison des pluies ; on ne peut y boire que l'eau saumâtre de quelques citernes, soigneusement gardées. Près de la mer, le climat devient plus humide ; la fécondité du sol de l'Yémen lui avait fait donner le nom d'*Arabie heureuse*.

L'Arabie n'est pas riche en productions minérales. On y exploite cependant des mines de plomb et de sel gemme ; on récolte dans les parties fertiles un peu de blé, du maïs, du dourah (espèce de millet), du raisin et des fruits. Des productions végétales très-précieuses naissent dans cette contrée : le café y est indigène, et l'on y recueille en abondance le coton, l'aloès, la myrrhe, l'encens, la manne, le séné, divers baumes, et les dattes, principale nourriture des habitants.

On trouve en Arabie des singes, des autruches et des sauterelles qu'on peut manger ; dans la mer Rouge et dans le golfe Persique, on pêche des huîtres à perles et des murex à pourpre.

Les chevaux arabes sont renommés dans le monde entier; les ânes, qui se trouvent en grand nombre dans ce pays, sont plus grands et plus forts que ceux des autres parties du globe; mais l'animal le plus utile aux Arabes est le chameau, seul capable de supporter les fatigues et les privations d'un long voyage dans le désert.

251.

DIVISIONS.

On peut diviser l'Arabie en 6 parties : 1° l'*Hedjaz*, cap. la Mecque, v. pr. Médine et Djidda; 2° le *Nedjed*, cap. Derreyé; 3° le *Lahsa*, dont dépendent les îles Barhéin, et qui a pour cap. Lahsa ou Hofouf; 4° l'*Oman*, cap. Rostak, v. pr. Oman ou Sohar, et Mascate; 5° l'*Hadramaout*, v. pr. Térim et Makalla; 6° l'*Yémen*, cap. Sana, v. pr. Mokha et Aden.

252.

VILLES ET LIEUX REMARQUABLES.

La Mecque (34,000 hab.), patrie de Mahomet ; les musulmans la regardent comme la plus sainte des villes, et doivent y aller en pèlerinage une fois dans leur vie, pour visiter le temple de la Kaaba.

Mascate (60,000 hab.), ville la plus commerçante de

l'Arabie, avec un port sur le golfe d'Oman, a dans son voisinage des mines de plomb.

Djidda (15,000 hab.), sur la mer Rouge, à 110 kil. de la Mecque, est considéré comme le port de la Mecque. C'est l'entrepôt du commerce de l'Égypte, de l'Inde et de l'Arabie.

Médine (6,000 hab.); Mahomet, chassé de la Mecque lorsqu'il commençait à répandre sa doctrine, s'enfuit à Médine, l'an 622 après J. C. C'est de cette époque, appelée *hégire*, que les musulmans comptent les années.

Mokha (5,000 hab.), port sur la mer Rouge, est l'entrepôt du commerce de l'Yémen; cette ville a donné son nom à l'excellent café de cette partie de l'Arabie.

Aden, principale ville d'un pays de même nom, dans l'Yémen, est un des ports les plus commerçants de l'Arabie, sur la mer des Indes. Les Anglais s'y sont établis en 1838.

253.

ADDITIONS A LA GÉOGRAPHIE PHYSIQUE.

MONTAGNES.

Les monts Sinaï et Horeb, célèbres dans l'Écriture sainte, sont les deux pics les plus remarquables de l'Arabie; ils se trouvent au nord de la mer Rouge.

PERSE.

9,000,000 d'hab. — *Superficie :* 1,200,000 kil. carrés.

Longitude E. entre 42° et 59°.
Latitude N. entre 25° 45′ et 39° 30′.

254.

NOTIONS HISTORIQUES.

La Perse occupe une partie de cette vaste contrée que possédaient les anciens Perses. Les Arabes conquirent la Perse moderne dans le VIIe siècle, et y introduisirent la religion mahométane.

On trouve dans plusieurs provinces de cette contrée des hordes nomades, parmi lesquelles les souverains recrutent leurs armées.

Le roi de Perse porte le titre de *cha,* et gouverne des potiquement.

Les Persans sont mahométans de la secte d'Ali, ce qui les rend ennemis des Turcs, qui appartiennent à la secte d'Omar. Il y a dans la Perse quelques *guèbres* ou *parsis,* adorateurs du feu.

255.

Description générale.

La Perse est bornée à l'ouest et au nord par les chaînes des montagnes Elwend, Taurus et Ararat; elle est en grande partie couverte de plaines sablonneuses, imprégnées de sel et bordées de montagnes arides; on y trouve néanmoins des parties fertiles : les vallées de Chiraz et d'Ispahan passent pour les plus belles de l'Orient. Le climat de la Perse, très-chaud vers le sud, se refroidit vers le nord.

Les montagnes renferment du fer, du cuivre, du plomb, du marbre, du naphte. Les principales productions végétales sont : le blé, le riz, le vin, les fruits, les pistaches, le lin, le chanvre, le coton, le tabac, le pavot à opium, et plusieurs plantes médicinales. Ce pays fournit aussi de la soie. C'est de la Perse que les Européens ont tiré la figue, la grenade, la mûre, l'amande, la pêche et l'abricot. On y élève d'excellents chevaux, des chameaux, des moutons à laine très-fine, et d'autres bestiaux. On pêche de très-belles perles sur la côte du golfe Persique.

Les Persans sont industrieux; leurs fabriques fournissent des étoffes de coton, de soie, d'or et d'argent, de poil de chèvre et de chameau; des tapis, du chagrin, du maroquin, et des ouvrages en divers métaux; leurs teintures sont fort belles.

256.

DIVISIONS.

On divise communément la Perse en 10 provinces :

1° l'*Irac-Adjémy*, cap. Téhéran, v. pr. Sultanié, Cazbin, Hamadan et Ispahan; 2° le *Ghilan*, cap. Recht; 3° l'*Aderbaïdjan*, cap. Tauris; 4° le *Kourdistan*, cap. Kirmancha; 5° le *Khouzistan*, cap. Chouchter; 6° le *Mazenderan*, cap. Sari, v. pr. Balfrouch; 7° le *Tabaristan*, cap. Damavend; 8° le *Khorasan occidental*, v. pr. Chéhéristan et Méchébed; 9° le *Kerman*, cap. Sirdjan, v. pr. Bender-Abassy; 10° le *Fars*, cap. Chiraz, v. pr. Yezd, Aboucher et Lar.

257.

VILLES ET LIEUX REMARQUABLES.

TÉHÉRAN (140,000 hab.), capitale de la Perse depuis 1794, est tellement insalubre en été, que le cha la quitte avec toute sa cour pour aller camper dans les plaines de Sultanié, à 20 myriamètres à l'ouest de Téhéran. La plupart des habitants aisés se retirent dans les montagnes pendant cette saison.

BALFROUCH (230,000 hab.), près de la mer Caspienne, paraît être aujourd'hui la ville la plus peuplée de la Perse

ISPAHAN (200,000 hab.), ancienne capitale de la Perse. et l'une des plus belles villes de l'Orient, a beaucoup souffert pendant les guerres et les dernières révolutions de cette contrée.

TAURIS (100,000 hab.), ville très-commerçante, était autrefois beaucoup plus considérable; mais elle a été souvent dévastée par les guerres, et encore plus par les tremblements de terre; celui de 1724 fit périr cent mille personnes.

CHIRAZ (52,000 hab.), située dans une vallée renommée pour ses vins et son essence de rose, a éprouvé un tremblement de terre désastreux en 1824. A 48 kil. de cette ville on voit les ruines de l'ancienne *Persépolis*.

HAMADAN (45,000 hab.), ville située sur l'emplacement de l'ancienne *Ecbatane*, fabrique de bons cuirs, dont elle fait un grand commerce. On y montre les tombeaux d'Esther et de Mardochée.

CAZBIN (40,000 hab.), une des plus grandes villes de

Perse, a été la résidence de la cour. On récolte dans les environs d'excellent vin et des pistaches supérieures à celles d'Alep. Cette ville fait un grand commerce de riz et de soie, et fabrique des étoffes de soie et de coton, des tapis, des montres et des lames de sabre.

YEZD (35,000 hab.), ville très-florissante, habitée en partie par des guèbres ou parsis, a les meilleures fabriques de soieries de la Perse, et peut être regardée comme l'entrepôt de toutes les marchandises qu'on tire de la Boukharie.

BENDER-ABASSY (20,000 hab.) a, sur le golfe Persique, un port dont le commerce a beaucoup diminué.

ARARAT (MONT); d'après une ancienne tradition, l'arche de Noé s'arrêta sur cette montagne, dont la hauteur est de 4,000 mètres.

AFGHANISTAN.

10,000,000 d'hab. — *Superficie :* 900,000 kil. carrés.

Longitude E. entre 57° et 69° 45'.
Latitude N. entre 27° 50' et 37° 10'.

258.

NOTIONS HISTORIQUES.

Les Afghans avaient souvent été soumis aux Persans et aux Mongols, lorsqu'en 1747 ils se rendirent indépendants. Leur empire fleurit pendant un quart de siècle; mais depuis cinquante ans, il a été déchiré par des dissensions intestines, et il a perdu le Lahore et le Cachemyr, que les Seiks lui ont enlevés. Les armées anglaises de l'Hindoustan ont récemment pénétré dans l'Afghanistan, et y ont établi plusieurs chefs dont la puissance n'est pas encore bien affermie. Outre les Afghans, on trouve dans cette contrée des tribus de Béloutchys, d'Ouzbeks, de Turcomans et de Kafres, qui sont nomades, comme la plupart des Afghans. Des Tadjiks ou Persans sédentaires, et des Hindous sont établis dans les villes, et exercent seuls des métiers.

L'Afghanistan forme plusieurs états, dont le principal, celui de Caboul, est gouverné par un souverain ayant le titre de *cha*. L'islamisme est la religion dominante dans cette contrée. La plupart des Hindous qui y sont établis professent le brahminisme.

259.

Description générale.

L'Afghanistan est un pays montagneux, qui cependant présente au sud quelques plaines étendues, en partie sablonneuses et arides. Les diverses chaînes de montagnes de cette contrée se rattachent à l'Himalaya. Les cimes les plus élevées sont couvertes de neiges éternelles, tandis qu'on éprouve une chaleur extrême dans les plaines du sud. Le Sind ou Indus, qui sert de limite avec le pays des Seiks, est le seul fleuve navigable de cette contrée; les autres rivières ne sont que des torrents guéables pendant une grande partie de l'année.

Les productions de l'Afghanistan sont variées comme son climat. Les terres y sont cultivées avec soin; dans presque toutes les plaines fertiles on fait deux moissons par an. Les lions, les tigres, les léopards, les hyènes, les loups et les ours, exercent leurs ravages dans ce pays. Les habitants emploient les chameaux, les dromadaires et les chevaux. On fabrique dans l'Afghanistan de beaux tissus avec le duvet d'une espèce de chats à longs poils, appelés *chats persans*.

260.

DIVISIONS.

L'Afghanistan se divise en 3 parties : 1° l'*Afghanistan proprement dit*, v. pr. Caboul, Candahar et Peychaver; 2° le *Khorasan*, cap. Hérat; 3° le *Moultan*, cap. Moultan; cette province paie aussi tribut aux Seiks.

261.

VILLES ET LIEUX REMARQUABLES.

Caboul (80,000 hab.) fait un grand commerce, surtout

en chevaux. Les maisons y sont presque toutes en bois, à cause des fréquents tremblements de terre.

Candahar (100,000 hab.), ville très-forte et commerçante, ancienne capitale de l'Afghanistan, possède un château royal.

Hérat (100,000 hab.), capitale d'un état qui était tributaire de la Perse; les Anglais y ont établi un nouveau roi. On y fabrique les sabres de Khorasan.

Peychaver (70,000 hab.), capitale d'un petit royaume de l'Afghanistan, qui avait été conquis par les Seiks, et qui a continué de leur payer un tribut pendant les dernières années.

Moultan, ville forte, sur l'Hydaspe, a des manufactures de toiles peintes et d'autres étoffes. On cultive le bananier dans la province de Moultan, qui est très-fertile.

BÉLOUCHISTAN.

2,000,000 hab. — *Superficie :* 380,000 kil. carrés.

Longitude E. entre 55° 45′ et 67°.
Latitude N. entre 25° et 30° 15′.

262.

NOTIONS HISTORIQUES.

L'histoire des Bélouchys est très-peu connue; ils ont été longtemps sous la dépendance des Persans, des Hindous ou des Afghans, et ne s'y sont entièrement soustraits qu'au XVIIIe siècle. Dans les dernières années, les armées de la Compagnie anglaise des Indes ont pénétré dans le Bélouchistan. Les Bélouchys vivent généralement sous des tentes, et sont pour la plupart nomades; ils ont cependant plusieurs villes. On les dit généreux et hospitaliers; néanmoins, quelques tribus se sont rendues redoutables par leurs brigandages.

Le Bélouchistan est gouverné par un khan.

Les Bélouchys sont mahométans sunnites, c'est-à-dire, de la secte d'Omar.

263.

Description générale.

Cette contrée n'a pas de rivières considérables ; on y voit des montagnes presque toujours arides qui renferment des mines de toute espèce, des déserts sablonneux et stériles ; et, dans les parties où les eaux ne manquent pas, des pâturages, et des vallées fertiles qui produisent des grains, des dattes, des amandes, du sucre, du coton, de l'indigo, etc. On y trouve les mêmes animaux que dans l'Afghanistan.

264.

DIVISIONS.

Le Bélouchistan est divisé en 6 provinces, dont les capitales sont peu importantes.

265.

VILLE REMARQUABLE.

Kélat (20,000 hab.), résidence du khan, est une ville industrieuse et commerçante.

HINDOUSTAN.

155,000,000 d'hab.—*Superficie:* 3,550,000 kil. carrés.

Nota. Les possessions des Anglais dans l'Indo-Chine sont comprises dans ces deux évaluations.

Longitude E. entre 64° 40′ et 91°.
Latitude N. entre 8° et 35°.

266.

NOTIONS HISTORIQUES.

Les Grecs durent aux conquêtes d'Alexandre la connaissance de la partie septentrionale de cette contrée. Après avoir été longtemps sous la domination des princes afghans ou patans, qui y introduisirent l'islamisme en 1193, le nord de l'Hindoustan fut conquis, en 1525, par les Mongols ou Mogols, qui avaient pour chef Baber, petit-fils de Tamerlan. Ils y dominèrent pendant trois siècles, et possédaient presque toute la presqu'île sous le règne du grand-mogol Aureng-Zeyb. Après la mort de ce prince, arrivée en 1707, l'empire mogol, affaibli par des divisions intestines, par les guerres contre les Mahrates, peuples belliqueux de l'Hindoustan, et envahi par les Persans en 1738, fut enfin détruit par la Compagnie anglaise des Indes, qui, par force et par ruse, s'est rendue maîtresse de la plus grande partie de cette vaste et riche contrée.

Le brahminisme est la religion dominante dans l'Hindoustan. On compte dans cette contrée près de 16,000,000 de mahométans, 8,000,000 de Seiks, dont le culte participe du brahminisme et du mahométisme, et 1,500,000 chrétiens. Le bouddhisme est répandu dans quelques parties du nord-ouest.

Les Hindous sont divisés, depuis un grand nombre de siècles, en castes ou classes qui ne se confondent jamais; la dernière est celle des *parias*, qui vivent dans l'état d'abjection le plus complet.

267.

Description générale.

L'Hindoustan offre un aspect très-varié. Au nord se trouvent les montagnes de l'Himalaya, les plus hautes que nous connaissions, et dont les pics les plus élevés sont le *Tchamoulari,* haut de 8,700 mètres; le *Dawalagiri,* haut de 8,600 mètres, et le *Jawahir,* haut de 7,900 mètres. Dans le midi sont les monts Gates, qui s'étendent jusqu'au cap Comorin, et qui occasionnent dans l'Hindoustan une singulière variété de saisons. Les vents qui soufflent du nord-est pendant quelques mois amoncellent les nuages sur la côte de Coromandel (*), qui alors est inondée par les pluies; tandis que la côte de Malabar, garan-

(*) La côte orientale de l'Hindoustan s'appelle *côte d'Orissa* au nord, et *côte de Coromandel* au sud; la côte occidentale prend au sud le nom de *côte de Malabar*.

tie par les Gates qui arrêtent les nuages, jouit d'un temps sec et serein; les vents soufflent ensuite du sud-ouest, et la côte de Malabar est inondée à son tour, tandis que la côte de Coromandel est à l'abri des pluies. De toutes les montagnes de l'Hindoustan partent de grands fleuves et des rivières qui fertilisent les vallées. La grande humidité entretenue par les cours d'eau et les pluies, et la chaleur du climat, développent toutes les plantes avec une rapidité prodigieuse. On trouve dans l'Hindoustan, et particulièrement dans l'Adjémir, quelques déserts de sable.

L'Hindoustan renferme des mines de toutes les espèces; les plus remarquables sont celles de diamants, qui se trouvent principalement dans le pays de Golconde. Cette contrée produit les plantes de presque tous les climats; mais elle abonde surtout en riz, qui est, avec la banane, la principale nourriture des habitants; en ignames, en sucre, en épices, en bétel, en pavot à opium, en coton, en soie, en indigo, en bambou, en gomme, etc. On y trouve les animaux les plus forts et les plus redoutables : les éléphants, les rhinocéros, les tigres, les lions, les boas et d'autres serpents dangereux; on y voit aussi des tapirs, des singes, des antilopes, des civettes, des paons, des coqs-d'Inde, des perroquets, etc.

Les productions du sol, les diamants, les perles, qu'on pêche sur les côtes, surtout près de Ceylan, font l'objet d'un commerce considérable avec les Européens, qui exportent aussi de l'Hindoustan des châles de Cachemyr, des mousselines, d'autres étoffes, et beaucoup de bois remarquables par leur couleur ou par leur parfum.

268.

DIVISIONS.

L'Hindoustan peut se diviser en 4 parties: 1° les *États indiens indépendants,* dont la population est estimée à 17,000,000 d'hab.; 2° les *États alliés ou tributaires des Anglais* (40,000,000 d'hab.); 3° les *possessions anglaises* (97,500,000 hab.), en y comprenant les possessions dans l'Indo-Chine; 4° les *autres possessions européennes* danoises, francaises et portugaises, renfermant ensemble 470,000 hab.

269.

ÉTATS INDÉPENDANTS.

Les principaux États indépendants sont : 1° l'*État des Seiks* (8,000,000 d'hab.), cap. Lahore, v. pr. Cachemyr et Amretseyr ; 2° l'*État de Sindhia* (4,000,000 d'hab.), cap. Oudjein ; 3° l'*État de Sindhy* (1,000,000 d'hab.), cap. Haydérabad ; 4° le *Népaul*, cap. Catmandou, v. pr. Gorca (2,500,000 hab.) ; 5° les îles *Maldives*, gouvernées par un sultan mahométan ; 6° les îles *Andaman* et *Nicobar*, occupées par les naturels.

PRINCIPAUX ÉTATS ALLIÉS OU TRIBUTAIRES DES ANGLAIS.

Ces États sont : 1° l'*État d'Oude*, cap. Laknau, v. pr. Oude ; 2° l'*État de Barode*, cap. Barode ; 3° l'*État de Nagpour*, cap. Nagpour ; 4° l'*État du Nizam*, cap. Haydérabad, v. pr. Visiapour et Golconde ; 5° l'*État de Maïssour*, cap. Maïssour ; 6° l'*État de Travancore*, cap. Trivandéram ; 7° l'*État de Cochin*.

Nota. Les îles Laquedives dépendent d'une princesse de l'Hindoustan, tributaire des Anglais.

POSSESSIONS ANGLAISES.

Les possessions de la Compagnie anglaise des Indes, dont la capitale est Calcutta, sont divisées en 4 présidences : 1° la *présidence de Calcutta* ou *du Bengale*, cap. Calcutta, v. pr. Patna, Dacca, Mourched-Abad et Kétek ; 2° la *présidence d'Agra*, cap. Agra, v. pr. Délhy, Allahabad, Bénarès, Mirzapour ; 3° la *présidence de Madras*, cap. Madras, v. pr. Séringapatam, Calicut et Cochin ; 4° la *présidence de Bombay*, cap. Bombay, v. pr. Adjémir, Cambaye, Ahmédabad, Surate et Pounah.

Nota. *L'île de Ceylan*, cap. Columbo, v. pr. Trincomale et Candi, appartient au roi d'Angleterre, et n'est pas gouvernée par la Compagnie des Indes.

AUTRES POSSESSIONS EUROPÉENNES.

Les autres possessions européennes sont : 1° les *posses-*

sions danoises (30,000 hab.), ch.-l. Sérampour, près de Calcutta, v. pr. Tranquebar; 2° les *possessions françaises* (209,000 hab.), dont les principales sont : Pondichéry, ch.-l. ; Chandernagor, Yanaon, Karikal et Mahé; 3° les *possessions portugaises* (230,000 hab.), ch.-l. Goa.

270.

VILLES ET LIEUX REMARQUABLES.

CALCUTTA (1,000,000 d'hab.), sur le Hougli, bras du Gange, est la résidence du gouverneur général des possessions anglaises. Cette ville, défendue par le fort William, est divisée en deux quartiers : la *ville noire*, construite en bambous et habitée par les indigènes; le *quartier du gouvernement*, bien bâti, et occupé par les Européens. Calcutta possède une célèbre société savante et une académie mahométane; l'industrie et le commerce y sont très-florissants. Les Anglais portent aujourd'hui la population de cette ville à un million d'habitants, en y comprenant les faubourgs.

MADRAS (502,000 hab.), sur le golfe du Bengale, a des fabriques de coton et de verreries; elle fait un commerce considérable avec la Chine, la Perse et Mokha.

PATNA (300,000 hab.), sur le Gange, fait un grand commerce de salpêtre, d'opium, de soie et de coton.

LAKNAU (300,000 hab.), près du Gange, est une ville industrieuse et commerçante.

BOMBAY (253,000 hab.), dans une petite île très-rapprochée du continent, est le centre du commerce des Anglais sur la côte occidentale de l'Hindoustan.

BÉNARÈS (200,000 hab.), sur le Gange, est le centre de la religion et des sciences dans l'Hindoustan. Cette ville et son territoire sont sacrés pour les Hindous, qui viennent en foule y faire des pèlerinages.

DÉLHY (180,000 hab.), sur la Djemnah, ancienne capitale de l'empire des Mongols, est bien déchue depuis la mort d'Aureng-Zeyb. Le grand-mogol y réside toujours; mais il est pour ainsi dire prisonnier des Anglais, qui ne lui laissent aucun pouvoir, et lui donnent à peine un revenu suffisant pour l'entretien de sa nombreuse famille.

DACCA (150,000 hab.), sur le Gange, a des fabriques de soieries, de mousselines et de toiles peintes.

MOURCHED-ABAD (146,000 hab.) a été la capitale du Bengale depuis 1704 jusqu'en 1771.

SURATE (124,000 hab.), ville forte, avec un port très-fréquenté, a des manufactures considérables, et fait un immense commerce. Les Hindous y ont deux hospices pour les animaux.

POUNAH (105,000 hab.) est l'ancienne capitale de l'empire des Mahrates, peuple guerrier qui, après avoir résisté aux Mongols, a enfin été réduit par les Anglais.

HAYDÉRABAD (120,000 hab.) est devenue la capitale du Nizam.

AHMÉDABAD (100,000 hab.), ancienne capitale d'un empire mahométan, fut jadis beaucoup plus florissante : ses ruines couvrent un espace de 40 kil. de tour.

LAHORE (100,000 hab.) a été quelque temps la résidence du grand-mogol. Le pays où cette ville se trouve est l'ancien royaume de Porus.

OUDJEIN (100,000 hab.); ses nombreuses pagodes attirent beaucoup de pèlerins.

AGRA (100,000 hab.), sur la Djemnah, fut la résidence du grand-mogol, lorsqu'il abandonna Délhy. Cette ville a beaucoup perdu de son ancienne splendeur. Elle est devenue chef-lieu d'une présidence détachée de celle de Calcutta.

ALLAHABAD (65,000 hab.), au confluent du Gange et de la Djemnah.

CACHEMYR ou SIRINAGUR (60,000 hab.), dans une des plus belles vallées de l'Orient, est célèbre par les beaux châles qu'on y fabrique avec le duvet des chèvres du Tibet et de la Tartarie indépendante.

CATMANDOU (50,000 hab.) possède de beaux temples.

KÉTEK ou CUTTAK (40,000 hab.); au sud de cette ville,

sur le golfe du Bengale, est le temple de *Jagrenaut*, regardé par les Hindous comme le lieu le plus saint.

SÉRINGAPATAM (32,000 hab.) était la résidence de Tippoo-Saëb, qui, après avoir défendu courageusement ses états contre les Anglais, fut tué en combattant, lors de la prise de cette ville, en 1799.

COCHIN (30,000 hab.), port sur la côte de Malabar, a été longtemps le principal établissement des Hollandais dans l'Inde.

CAMBAYE (30,000 hab.), au fond du golfe de ce nom, était autrefois une ville très-considérable; l'accès de son port est aujourd'hui dangereux, à cause de la retraite des eaux de la mer.

CHANDERNAGOR (30,000 hab.) fabrique beaucoup d'étoffes de coton, et fait le commerce de velours, de brocart, de camelot, de salpêtre, de musc, et de rhubarbe venant de la Mongolie.

GOA (30,000 hab.), ville forte, avec un excellent port, fait un grand commerce.

PONDICHÉRY (25,000 hab.), ville forte, avec un port sur la côte de Coromandel, a des fabriques de coton; c'est le centre du commerce des Français, et le chef-lieu de leurs possessions en Asie.

CALICUT (24,000 hab.), capitale de l'ancienne province du Malabar, fut le premier port où les Portugais arrivèrent, en 1498, sous la conduite de Vasco de Gama, après avoir découvert la route maritime de l'Hindoustan.

TRANQUEBAR (15,000 hab.), ville forte et commerçante, avec un port, a des fabriques de coton

ADJÉMIR, place forte, est la capitale de la province du même nom, habitée par les *Radjepouts*, tribu peu civilisée, qui ne connaît d'autres arts que l'agriculture et la guerre.

AURENGABAD fut bâtie par Aureng-Zeyb, qui y mourut. On y admire son tombeau et celui de sa fille.

GOLCONDE, ville forte, est l'ancienne capitale d'un royaume du même nom, célèbre par le commerce des diamants que l'on trouve dans le Gundwana, un de ses districts.

Maïssour, capitale de l'état du même nom, est le faible reste du vaste empire d'Hayder-Aly.

INDO-CHINE.

23,000,000 d'hab.—*Superficie :* 2,058,000 kil. carrés.

Longitude E. entre 89° et 107°.
Latitude N. entre 1° et 28°.

271.

NOTIONS HISTORIQUES.

L'Indo-Chine est partagée en 5 parties bien distinctes, sur chacune desquelles nous allons donner quelques notions historiques.

L'Assam (1,000,000 d'hab.) n'est pas bien connu ; peu de voyageurs y ont pénétré.

Les Assamais sont souvent livrés aux discordes civiles. Ils sont soumis à un gouvernement despotique, et pratiquent en général le brahminisme. Une partie de ce pays a été conquise par les Anglais, et réunie à leurs possessions de l'Hindoustan.

Les Birmans (4,000,000 d'hab.) occupent le pays que les anciens appelaient *Chersonèse d'or*. Ils étaient sous la dépendance des rois de Pégou ; mais depuis un siècle ils se sont rendus maîtres de l'empire. Dans ces derniers temps, les Anglais ont pénétré dans l'empire des Birmans, et se sont emparés de plusieurs provinces.

Le gouvernement est absolu. Le bouddhisme est la religion des Birmans, qui adorent Bouddha, sous le nom de *Gaudma*. Ils croient à la métempsycose, et ont en grande vénération un éléphant blanc qu'ils nourrissent près du palais de l'empereur, dans une demeure magnifiquement ornée; ils pensent que l'âme du souverain est reçue dans le corps de cet animal, avant de passer dans le sein de la Divinité.

ANNAM (12,000,000 d'hab.). Toute cette contrée semble avoir été peuplée par des colonies venues de la Chine, qui y ont apporté la religion de Confucius; la langue et les mœurs des Annamites ressemblent beaucoup à celles des Chinois; le bouddhisme est très-répandu dans l'Annam; l'empereur y règne despotiquement.

Une particularité remarquable de ce pays, c'est qu'un grand nombre d'habitants vivent sur les rivières, dans des bateaux, et tirent de l'eau toute leur subsistance.

Les Européens ont essayé vainement de former des établissements dans cet empire.

L'histoire du royaume de SIAM (5,000,000 d'hab.) n'offre rien de très-remarquable. Les Siamois sont presque toujours en guerre avec les Birmans.

Le roi règne despotiquement. La religion est à peu près la même que celle des Birmans; mais la polygamie est défendue chez ces derniers, tandis qu'elle est permise aux Siamois.

MALACCA (1,000,000 d'hab.). Les Malais, habitants de cette presqu'île, sont belliqueux et peu civilisés; il existe chez eux une espèce de féodalité. Leur race est répandue dans une grande partie de l'Océanie, et leur langue est la plus généralement employée pour le commerce dans les Indes orientales. Ils professent la religion mahométane. Les Anglais, maîtres de la ville de Malacca et des îles Sincapour, ont une grande influence dans toute cette contrée.

272.

Description générale.

L'intérieur de l'Indo-Chine est peu connu. Elle est arrosée par un grand nombre de fleuves et de rivières considérables. Plusieurs chaînes de montagnes la traversent; la plus remarquable est celle des monts Mogs, qui s'étend du nord au sud, jusqu'à l'extrémité de la presqu'île de Malacca. On ne connaît dans cette contrée que deux saisons: l'une sèche, l'autre pluvieuse; on n'y éprouve jamais les chaleurs excessives des autres pays voisins des tropiques; l'ardeur du soleil y est tempérée par la grande humidité de l'air et du terrain. L'Indo-Chine est riche en productions minérales; on trouve surtout, dans l'empire des Birmans, de l'or, de l'argent, des rubis, des saphirs, du marbre, de l'ambre et du pétrole. Malacca possède de riches mines d'étain.

Le sol y est en général fertile, et donne deux récoltes par an. On recueille dans cette contrée tous les produits des pays chauds : le riz, qui fait la principale nourriture des habitants, le sucre, le café, le thé, le bétel, le poivre, la cannelle, le coton, etc. Les arbres y parviennent à une hauteur prodigieuse; les bois les plus recherchés sont le bois de Tek, employé pour les constructions navales, l'ébénier, le sandal, etc.

Des éléphants énormes, des rhinocéros, des tigres, beaucoup de singes, peuplent les forêts. Parmi les oiseaux, on distingue la *Salangane*, espèce d'hirondelle, dont les nids, formés de frai de poisson, sont un aliment recherché. On trouve dans l'Indo-Chine presque tous les animaux domestiques de l'Europe.

Les Birmans ont appris des Français l'art de construire les vaisseaux; ils travaillent la soie et le coton; ils fabriquent aussi du papier, de l'indigo, de la laque, de la poudre, de la poterie, des armes et du cuir. Les principaux objets d'exportation de l'Indo-Chine sont : l'étain, le marbre, le pétrole, les pierres précieuses, l'ambre, le bois de Tek, le bétel, l'ivoire, et les nids de salanganes.

273.

DIVISIONS.

L'Indo-Chine comprend 5 parties principales : 1° l'*Assam,* cap. Djorhat, v. pr. Ghergong; en partie aux Anglais.

2° L'*empire des Birmans*, divisé en 11 provinces, cap. Ava, v. pr. Oummérapoura, Pégou, Aracan. Les Anglais possèdent Aracan et les provinces qui sont comprises entre le Pégou, les monts Mogs et le golfe du Bengale.

3° L'*empire d'Annam*, cap. Hué, formé lui-même de 4 royaumes principaux, qui sont : le *Tonkin*, cap. Kécho;

une partie du *Laos;* le *Camboge*, cap. Camboge; et la *Cochinchine,* cap. Hué, v. pr. Saigon.

4° Le *royaume de Siam*, cap. Bankok, v. pr. Siam ou Juthia.

5° La *presqu'île de Malacca,* divisée en plusieurs états, v. pr. Malacca.

274.

VILLES ET LIEUX REMARQUABLES.

OUMMÉRAPOURA (190,000 hab.), sur l'Iraouaddy oriental, a été la capitale des Birmans.

SAIGON (180,000 hab.) ; on y a bâti un magnifique palais pour l'empereur d'Annam.

HUÉ (100,000 hab.), capitale de l'empire d'Annam, port sur la mer de la Chine, et place très-forte, dont les fortifications ont été construites par des ingénieurs français.

KÉCHO ou BACKINH (40,000 hab.), ancienne capitale de l'empire d'Annam, a 48 kil. de circuit, et n'est entourée que d'une haie de bambous.

SIAM ou JUTHIA (19,000 hab.), ancienne capitale du royaume de Siam, est bâtie sur pilotis, et traversée par plusieurs canaux du Méi-nam.

MALACCA (12,000 hab.), ville très-commerçante, a été successivement occupée par les Portugais, par les Hollandais, enfin par les Anglais.

BANKOK, port de mer le plus commerçant du royaume de Siam, en est la capitale. Cette ville, vaste et peuplée, renferme de grands édifices, parmi lesquels on remarque un temple où l'on voit 1,500 statues.

CAMBOGE est dans une île formée par les branches du Méi-Kong, fleuve auquel on a donné quelquefois le nom de cette ville.

PÉGOU, sur l'Iraouaddy occidental, a été longtemps capitale d'un royaume dont les Birmans dépendaient. On y remarque le *Schamadou* (temple d'or), édifice pyramidal en briques.

AVA, sur l'Iraouaddy oriental, est actuellement la capitale de l'empire des Birmans.

SECTION III.

AFRIQUE.

90,000,000 d'hab.—*Superficie :* 28,000,000 de kil. carrés.

275.

Description générale.

L'Afrique forme une immense presqu'île, jointe à l'Asie par l'isthme de Suez; elle a 8,100 kil. de longueur sur 7,400 de largeur. On ne connaît pas assez bien les montagnes de l'intérieur de l'Afrique pour en indiquer la direction; les fleuves y roulent beaucoup de sable d'or; on en fait un grand commerce sur quelques côtes; les autres richesses minérales sont mal exploitées. Cette partie du monde offre les plus grands contrastes de stérilité et de fécondité. On y trouve beaucoup de déserts immenses et arides, semés ou bordés de terrains d'une prodigieuse fertilité. La végétation étale une vigueur et une magnificence extrêmes dans tous les lieux humides; le boabab, le cocotier, le dattier, le figuier, le cassier, le séné, le tamarinier, le bananier, se distinguent parmi les végétaux de l'Afrique.

Cette partie du monde nourrit les animaux les plus redoutables : les lions, les tigres, les panthères, les léopards, les hyènes, les crocodiles et les serpents. On y trouve aussi les plus grands quadrupèdes, tels que l'éléphant, qui est cependant plus petit que celui d'Asie, la girafe, le rhinocéros, l'hippopotame, le buffle; plusieurs espèces de singes; beaucoup d'animaux d'un caractère doux, tels que le zèbre, la gazelle, etc. Les principaux animaux domestiques sont le chameau, le dromadaire, le bœuf, le cheval et l'âne. Parmi les oiseaux on remarque l'autruche, l'outarde, la grue, les perroquets, les flamants. Des nuées de sauterelles dévastent quelquefois des contrées entières de l'Afrique.

Les peuples de cette partie du monde sont encore plongés dans la barbarie; on trouve dans l'intérieur beaucoup de tribus toujours en guerre, et dont quelques-unes, dit-on, dévorent leurs ennemis ; presque tous les souverains sont des despotes cruels, qui disposent selon leurs caprices de la vie de leurs sujets. Si l'on excepte les établissements formés par les Européens, l'Égypte, la Barbarie et la Nigritie offrent seules une civilisation commencée.

CONTRÉES DU NORD.

BARBARIE.

15,000,000 d'hab. — *Superficie :* 2,470,000 kil. carrés.
Longitude entre 12° 25′ *O.* et 23° *E.*
Latitude N. entre 25° et 37° 20′.

276

NOTIONS HISTORIQUES.

La Barbarie forme avec l'Égypte presque tout ce que les anciens connaissaient en Afrique ; elle était principalement occupée par les Maures et les Numides. Cette contrée acquit un grand éclat sous la domination des Carthaginois ; elle fut ensuite soumise aux Romains, qui en furent chassés par les Sarrasins, 697 après J. C.

Les nombreux pirates de la Barbarie ont exercé pendant plusieurs siècles d'atroces brigandages contre les chrétiens. Les Français y ont mis un terme par la conquête d'Alger, en 1830. Tous les états barbaresques sont gouvernés despotiquement ; mais ce n'est que dans les villes que les souverains trouvent une obéissance entière. Les Arabes et les Berbères, qui vivent en nomades dans les campagnes, leur payent simplement un tribut, et sont soumis à des chefs particuliers appelés *cheyks*. Les Berbères paraissent être les habitants indigènes de ce pays : c'est d'eux qu'il a pris le nom de *Barbarie* ou *Berbérie*. On les appelle Kabyles ou Kabaïles dans l'Algérie, Amazig ou Amazirghes dans le Maroc, Tibbous et Touariks dans le Sahara, où ils sont aussi répandus.

Le souverain de Maroc porte le nom d'*empereur;* les *beys* de Tunis et de Tripoli sont sous la suzeraineté de la Turquie. L'Algérie appartient à la France. Les limites de cette possession ne sont pas déterminées au sud; les Français occupent les côtes et quelques villes de l'intérieur.

Le mahométisme est la religion suivie dans toute la Barbarie. Le culte catholique a maintenant des églises dans les villes occupées par les Français. On trouve dans cette contrée beaucoup de juifs.

277.

Description générale.

La Barbarie est traversée de l'est à l'ouest par la chaîne de l'Atlas, qui la partage en deux parties bien distinctes. Au nord, on jouit d'une température assez douce, et la terre, partout où elle ne manque pas d'eau, est d'une prodigieuse fertilité. Au sud, s'étend une vaste région appelée *Béled-ul-Djérid* ou *Pays des Dattes*, dans lequel on ne voit que des plaines imprégnées de sel, désolées par les vents, par les animaux féroces du désert, et souvent dévastées par des nuées de sauterelles. Les flancs de l'Atlas se couvrent d'arbres et de fleurs. Ces montagnes sont très-élevées entre Fez et Maroc, où elles atteignent la hauteur des neiges perpétuelles.

Les richesses minérales de la Barbarie sont peu connues, parce que les habitants les négligent; mais celles de la végétation seraient immenses dans quelques parties, si les terres étaient mieux cultivées.

Toutes les plantes de l'Europe méridionale y croissent à côté de celles de l'Afrique; et la Barbarie fournit du blé à plusieurs contrées de l'Europe; l'olivier, l'amandier, l'oranger, le figuier, y produisent des fruits exquis; la vigne y donne des raisins énormes; le mûrier et la canne à sucre y sont cultivés avec succès; on remarque dans les forêts une espèce de chêne dont le gland a une saveur aussi agréable que celle des châtaignes. Ce pays est rempli d'une multitude d'animaux féroces ou venimeux : on y trouve des lions, des hyènes, des serpents, des scorpions, etc.

Les Maures ont des chevaux très-estimés, et des dromadaires qui passent pour les plus robustes et les plus légers à la course.

278.

DIVISIONS.

La Barbarie se divise en quatre états principaux : 1° l'*empire de Maroc*, qui comprend deux parties : l'*empire de Maroc*, cap. Maroc, v. pr. Moghador ; et le *royaume de Fez*, cap. Fez, v. pr. Tanger, Tétuan, Salé, Méquinez.

2° L'*Algérie*, cap. Alger, v. pr. Oran, Mascara, Constantine et Bone.

3° Le *beylik de Tunis*, cap. Tunis, v. pr. Bizerte, Cabès, Kairouan.

4° Le *beylik de Tripoli*, qui comprend trois parties principales : *Tripoli*, cap. Tripoli ; le *Fezzan*, cap. Mourzouk ; et le *pays de Barca*, cap. Derne, v. pr. Audjélah, dans l'oasis du même nom.

L'*Algérie* se divise en trois provinces : 1° la province d'*Alger* au centre, v. pr. Cherchell, Miliana, Blida, Médéa, Bougie ; 2° la province d'*Oran*, v. pr. Tlémecen, Arzeu, Mostaganem, Mascara et Tagadempt ; 3° la province de *Constantine*, v. pr. Sétif, Jigelli, Milah, Collo, Stora, Philippeville, Bone, Tiffech.

Au sud de l'Atlas, on remarque Biskéra et Tuggurt, dans la partie du Béled-ul-Djérid, considérée comme dépendance de l'Algérie.

279.

VILLES ET LIEUX REMARQUABLES.

Algérie.

Alger (30,000 hab.), port sur la Méditerranée, a été pendant plusieurs siècles le repaire des corsaires barbaresques les plus redoutés. Cette ville fut prise par les Français en 1830.

Constantine (30,000 hab.), dans une situation très-forte, sur le Rummel, a été prise par les Français en

1837. Cette ville est l'ancienne Cirta, patrie et résidence de Massinissa et de Jugurtha.

Tlémecen (10,000 hab.) est la ville la plus populeuse de la province d'Oran.

Bone (8,000 hab.), port sur la Méditerranée, près des ruines de l'ancienne Hippone, dont saint Augustin fut évêque depuis l'an 395 jusqu'en 430.

Médéa était, avant 1830, la résidence du bey de Titterie ; elle avait 6,000 hab.

Mascara (6,000 hab.) était la résidence d'Abd-el-Kader ; elle a été prise et ruinée par les Français en 1835.

Tagadempt ou Tékédempta est devenue, après la ruine de Mascara, la plus importante des villes d'Abd-el-Kader.

Oran (4,000 hab.), port sur la Méditerranée, a longtemps appartenu aux Espagnols, qui l'abandonnèrent en 1792.

Mostaganem (4,000 hab.), port sur la Méditerranée ; on remarque, près de là, le petit fort de *Mazagran*, où 123 Français repoussèrent les attaques de 12,000 Arabes, en 1840.

Bougie (4,000 hab.), port sur la Méditerranée, a donné son nom aux chandelles de cire.

Cherchell (3,000 hab.), port sur la Méditerranée, a remplacé Césarée, qui fut métropole de la Mauritanie césarienne sous les Romains.

Philippeville (1,000 hab.), port sur la Méditerranée, a été fondée par les Français près de Stora.

Empire de Maroc.

Fez (100,000 hab.) est une ville très-considérable ; quelques voyageurs en portent la population à 380,000 habitants. Elle fut sous les Sarrasins le centre des lettres et des arts.

Maroc (70,000 hab.), capitale de l'empire de ce nom, fait un grand commerce de maroquin.

Méquinez (60,000 hab.) ; cette ville est dans une vallée

délicieuse, arrosée par de nombreux ruisseaux; les empereurs y font souvent leur résidence.

MOGHADOR (36,000 hab.), sur l'océan Atlantique, est le port le plus commerçant de l'empire de Maroc. On en tire de la gomme, des dattes, de l'ivoire, des plumes d'autruche, etc.

NOUVEAU-SALÉ ou RABAT (28,000 hab.), sur le Bouregreb, affluent de l'Atlantique, vis-à-vis Salé, dont les corsaires étaient autrefois très-redoutés.

TÉTUAN (20,000 hab.), port sur la Méditerranée, fait un grand commerce.

TANGER (15,000 hab.), sur le détroit de Gibraltar, est la résidence de plusieurs consuls européens.

TALENT, au sud de l'empire de Maroc, est la capitale d'un état devenu indépendant.

Beylik de Tunis.

TUNIS (100,000 hab.), ville manufacturière et commerçante, a un port sur un lac qui communique avec le golfe de Tunis par le passage de la Goulette. Cette ville est peu éloignée des ruines de l'ancienne Carthage.

KAIROUAN (40,000 hab.), ville la plus importante de l'intérieur du beylik, fut pendant plusieurs siècles capitale d'un royaume arabe.

CABÈS (20,000 hab.), port sur la Méditerranée, a donné son nom au golfe que les anciens appelaient petite Syrte.

279 (*bis*).

ADDITIONS A LA GÉOGRAPHIE PHYSIQUE.

MONTAGNES.

Toutes les montagnes de la Barbarie se rattachent à la grande chaîne de l'Atlas. On appelle *petit Atlas* la chaîne la plus rapprochée de la Méditerranée, et *grand Atlas* celles qui s'étendent à l'intérieur. Ces montagnes ne sont pas encore bien connues. On remarque en Algérie, dans le petit Atlas, les monts *Ouanseris*, autour desquels coule le Chéliff, et les monts *Jurjura*, qui s'étendent de Médéa vers Bougie. Dans le grand Atlas, on distingue les monts *Ammer*, les monts *Ouannougah*, les monts *Aurès*, les monts *Anenchès* et les monts *Némenchah*. Dans le beylik de Tunis, on trouve les monts *Uselett* et *Résas*.

LACS.

Les principaux lacs de la Barbarie sont le lac *Melghigh*, et deux lacs appelés *Marais salés*, dans l'Algérie; le lac *Loudéah* ou *El Aoudiéh*, dans le beylik de Tunis.

FLEUVES.

Les fleuves les plus remarquables sont, dans le Maroc: 1° le *Sous*, qui passe à Taroudant; le *Tensift*, qui passe à Maroc; le *Sebou*, qui passe à Fez, et le *Luccos*, qui a son embouchure à Larache; ces quatre fleuves se jettent dans l'océan Atlantique; 2° la *Malouia*, qui se jette dans la Méditerranée.

Dans l'Algérie, la *Tafna*, le *Sig*, le *Chéliff*, l'*Adouse*, le *Rummel*, la *Seibouse*, et la *Medjerdah*, qui coule en grande partie dans le beylik de Tunis, et se jette au nord-ouest du golfe de Tunis.

ÉGYPTE.

3,000,000 d'hab. — *Superficie :* 474,000 kil. carrés.

Longitude E. entre 21° 45′ et 33° 15′.
Latitude N. entre 23° 30′ et 31° 40′.

280.

NOTIONS HISTORIQUES.

L'Égypte a été l'une des premières contrées civilisées dans le monde; les Grecs allèrent y puiser des notions sur les sciences et sur les arts. Ce pays était couvert d'une population industrieuse, d'un grand nombre de villes, et de monuments d'une grandeur et d'une solidité étonnantes; mais depuis 24 siècles, toujours soumis à une domination étrangère, il est tombé successivement dans la misère et dans l'ignorance. Les Arabes mahométans, qui y entrèrent au milieu du VIIe siècle, détruisirent la fameuse bibliothèque d'Alexandrie, regardée comme le plus précieux dépôt des connaissances des anciens. Les Mamelouks, milice étrangère, composée de jeunes esclaves que l'on achetait continuellement pour entretenir ce corps, ont dominé dans l'Égypte depuis l'an 1250 jusqu'au commencement de ce siècle. Les Français l'avaient conquise en 1798; quatre ans après, les Anglais réunis aux Turcs les forcèrent à capituler et à retourner en France. Dès ce moment, l'Égypte fut le théâtre de l'anarchie et de combats multipliés entre les Mamelouks et les pachas du Grand Seigneur; enfin le vice-roi actuel, Méhémet-Ali, s'en rendit maître absolu, en 1811, par le massacre des Mamelouks.

Ce prince cherche, par tous les moyens en son pouvoir, à donner à l'Égypte une meilleure administration, et à encourager les sciences et les arts. C'est surtout aux Français qu'il a recours pour le seconder dans cette noble entreprise.

Outre les Turcs, les Arabes sédentaires, les Cophtes, les Juifs et les marchands des diverses nations établis dans les villes, on voit en Égypte de nombreuses bandes d'Arabes nomades qui vivent dans les déserts, et qui ravageaient cette contrée, avant que Méhémet-Ali les eût réprimés.

L'Égypte fait partie de l'empire de Turquie; elle est gouvernée par un pacha, ayant le titre de vice-roi, qui s'est rendu à peu près indépendant. Il a conquis la Nubie et le Kordofan. Il avait aussi étendu sa domination sur la Syrie et sur une grande partie de l'Arabie; mais il a perdu ces possessions en 1840.

La religion mahométane domine en Égypte; les Cophtes, descendants des différentes races qui ont occupé l'Égypte, professent en général la religion chrétienne; ils sont de la secte des jacobites.

281.

Description générale.

L'Égypte est très-étendue du nord au sud, mais elle n'est fertile que dans la vallée arrosée par le Nil; le reste est couvert par des sables et des montagnes arides, où l'on voit cependant quelques oasis. Il ne pleut presque jamais dans ce pays; mais le Nil inonde régulièrement pendant plusieurs mois la vallée qu'il parcourt, et la féconde de son limon; de nombreux canaux répandent ses eaux dans toutes les plaines. Ce que l'on admire le plus en Égypte, ce sont les superbes monuments de l'antiquité dont elle est couverte.

On y trouve du granit et du marbre; on recueille du sel sur les côtes; mais la production minérale la plus singulière de cette contrée est le *natron* ou carbonate de soude, qui se trouve en abondance dans le lac de la *Vallée de Natron*, et qui sert principalement à la fabrication du verre et du savon. Les productions végétales sont : la canne à sucre, le blé, le dourah (espèce de millet), le maïs, divers légumes secs, le chanvre, le lin, le coton, le papyrus qu'on employait pour écrire, le carthame, dont la graine donne de l'huile et la fleur une belle teinture rouge, la *mimosa nilotica*, dont la graine sert à tanner le cuir; le tamarin, la casse, le séné, la sensitive, etc. Plusieurs de ces végétaux paraissent avoir été apportés en Europe par les Égyptiens. Parmi les arbres, on distingue le dattier, dont le fruit est un des aliments des habitants, qui emploient son bois pour la bâtisse et ses feuilles pour fabriquer des paniers, des cordes, etc.; le figuier sycomore, dont le bois sert à la construction des barques et des cercueils. On voit dans ce pays des chiens sauvages et des chacals; le crocodile, l'hippopotame et l'ichneumon se trouvent dans la haute Égypte.

Les animaux domestiques les plus utiles sont : les bœufs, qu'on emploie aux travaux de l'agriculture; les buffles, qu'on nourrit en troupeaux pour leur lait et pour leur chair; les chameaux, principale richesse des Égyptiens; les chèvres de la haute Égypte, les moutons, les pigeons et les poules. On n'emploie pas en Égypte les chevaux pour le trait; ils ne servent que pour la guerre ou comme objet de luxe; les ânes y sont les montures habituelles. Les Égyptiens élèvent des abeilles qu'ils font voyager sur le Nil; ces abeilles se répandent sur les deux rives et retournent exactement le soir à leurs bateaux. L'industrie égyptienne est peu avancée, elle ne s'applique guère qu'aux objets de première nécessité, qui sont consommés dans le pays. Le vice-roi a établi beaucoup de fabriques; mais le monopole qu'il exerce sur tous les produits empêche le développement de l'industrie et du commerce.

282.

DIVISIONS.*

L'Égypte se divise en deux parties, qui sont : 1° la basse Egypte, cap. le Caire, v. pr. Alexandrie, Rosette, Damiette, Suez.

2° La haute Égypte, cap. Girgéh, v. pr. Syout, Cosséir, et Syène ou Assouan.

* Pour l'administration, l'Égypte est partagée en 25 départements ou naziries, dont 15 dans la basse Égypte et 10 dans la haute Égypte. Les 15 naziries de la basse Égypte sont : le Caire, v. pr. Suez; Alexandrie, v. pr. Aboukir; Fouah, v. pr. Rosette; Damanhour, v. pr. Rahmaniéh; Damiette, v. pr. Tinéh et El-Arich; Mansourah; Mahallet-el-Kébir; Tantah; Néghiléh; Mit-Ghamar; Chibéh; Mélig, v. pr. Chibin; Menouf; Belbéis; Kélioub. Les 10 naziries de la haute Égypte sont : Gizéh, Atfiéh, Fayoum, ch.-l. Médinet-el-Fayoum; Béni-Soueif, Miniéh, Manfalout, Syout, Girgéh, Kéné et Esné, v. pr. Edfou et Assouan.

283.

VILLES ET LIEUX REMARQUABLES.

Le Caire (300,000 hab.) est à 2 kilomètres du Nil, près de l'emplacement de l'ancienne Memphis. Les rues y sont étroites; les maisons assez élevées, mais fort tristes au dehors, parce que les fenêtres donnent toutes sur des cours intérieures. On voit dans la citadelle le *puits de Joseph*, ainsi nommé de Joseph Saladin; il a 100 mètres de profondeur, et on peut descendre jusqu'au fond, même sur des ânes, par une rampe tournante. Non loin de cette ville, on remarque les célèbres pyramides, dont la plus grande a 146 m. de haut. Les Français s'emparèrent du Caire en 1798, et en restèrent maîtres pendant 3 ans et demi.

Alexandrie (40,000 hab.), ancienne capitale de l'Égypte sous les Ptolémées et sous les Romains, fut longtemps l'entrepôt du commerce de l'Orient et de l'Occident. Cette ville avait 900,000 hab.; elle était remplie de monuments magnifiques, et possédait la plus riche bibliothèque de l'antiquité. Euclide y était né.

DAMIETTE (20,000 hab.), ville à l'embouchure de la principale branche orientale du Nil, fut prise par saint Louis, lors de la première croisade.

ROSETTE (15,000 hab.), ville à l'embouchure de la principale branche occidentale du Nil, a un port très-important.

SYOUT (15,000 hab.); c'est de cette ville que partent les caravanes qui font le commerce avec l'intérieur de l'Afrique; elles y vont chercher des esclaves, de l'ivoire, des plumes d'autruche, de la gomme arabique, etc.

GIRGÉH (7,000 hab.); c'est entre cette ville et Syène que l'on voit encore les ruines de la fameuse Thèbes aux cent portes, et celles de Dendérah, d'où l'on a apporté en France, en 1822, le zodiaque qui se voit au Musée royal.

SUEZ (1,000 hab.) donne son nom à l'isthme qui joint l'Asie à l'Afrique; on y remarque encore les traces d'un canal qui faisait communiquer la Méditerranée avec la mer Rouge. Les Anglais ont établi à Suez des bateaux à vapeur pour communiquer avec Calcutta. Un chemin de fer unit cette ville au Caire.

ABOUKIR, bourgade voisine d'Alexandrie, est célèbre par une grande victoire que les Français y remportèrent sur les Turcs, et par le combat naval où l'amiral anglais Nelson détruisit la flotte qui avait porté l'armée française en Égypte.

COSSÉIR, port sur la mer Rouge, est l'entrepôt du commerce avec l'Arabie; cette ville a très-peu d'habitants. Ce n'est guère qu'une réunion de maisons et de magasins, que les caravanes occupent en passant.

SYÈNE ou ASSOUAN est près de l'ancienne limite de l'Égypte et de l'empire romain sous Auguste. On y voyait un puits où l'image du soleil se peignait tout entière au jour du solstice d'été.

SYOUAH, dans une oasis du même nom, à l'ouest de l'Égypte. On croit que c'est l'ancienne oasis d'Ammon.

SAHARA ou GRAND-DÉSERT.

1,000,000 d'hab. — *Superficie :* 5,136,000 kil. carrés.

Longitude entre 19° 20′ *O.* et 25° 30′ *E.*
Latitude N. entre 16° et 33° 30′.

284.

NOTIONS HISTORIQUES.

L'intérieur de cette contrée n'a jamais été bien connu. Elle est occupée par les tribus de Maures que les voyageurs accusent de n'avoir aucun sentiment d'humanité. Ils vivent sous des tentes, dans les oasis ; les hommes et les animaux domestiques restent pêle-mêle sous le même abri ; les Maures sont d'une extrême sobriété. Ces peuples barbares ne manquent pas d'industrie : ils ont des orfèvres, des bijoutiers ambulants, des tisserands qui travaillent avec beaucoup d'adresse. Leur religion est le mahométisme.

285.

Description générale.

Le Sahara est un vaste plateau, peu élevé au-dessus de la mer, couvert de sables mouvants, parsemé de collines rocailleuses, et de quelques *oasis*, vallons où de petites rivières entretiennent la végétation. La sécheresse du désert est si grande que l'on y fait quelquefois cent lieues sans trouver d'eau, et le voyageur qui s'égare meurt bientôt dans les tourments de la soif. Quand le sable est soulevé par un vent violent, il ressemble aux flots d'une mer agitée ; il s'amoncelle en collines, couvre les mares, les citernes, et même les rivières, et engloutit les caravanes.

Quelques dattiers et d'autres palmiers de diverses espèces, des arbres épineux et des herbes grossières, forment presque toute la végétation du Sahara. On y trouve des singes, quelques gazelles, des troupes nombreuses d'autruches, des lions, des panthères et des serpents énormes. Les troupeaux consistent en chameaux, en chèvres et en moutons. Les Maures sont quelquefois obligés d'abreuver avec du lait le petit nombre de chevaux qu'ils nourrissent.

286.

VILLES REMARQUABLES.

Le Sahara renferme quelques villes entourées de terres cultivées; les plus remarquables sont : Hoden, Tychyt, Tagazza, Tabou, Arna, Izhia, Agably et Bilma.

CONTRÉES DU MILIEU DE L'AFRIQUE.

SÉNÉGAMBIE.

12,000,000 d'hab. — *Superficie :* 1,067,000 kil. carrés.
Longitude O. entre 7° 30' et 19° 53'.
Latitude N. entre 10° et 18°.

287.

NOTIONS HISTORIQUES.

On a donné le nom de *Sénégambie* à ce pays, à cause des deux fleuves qui l'arrosent, le Sénégal et la Gambie.

Avant la fin du XVIIIe siècle, l'intérieur de cette partie de l'Afrique n'était pas connu des Européens; ils avaient seulement formé des établissements de commerce sur les côtes et à l'embouchure du Sénégal et de la Gambie. Depuis 1790, plusieurs voyageurs ont pénétré dans les terres, mais leurs relations laissent encore beaucoup à désirer.

Cette contrée est divisée en un grand nombre de petits états. Le mahométisme est la religion des Maures nomades; les Foulahs, les Mandingues et les Yolofs, se sont fait un mélange de mahométisme et de fétichisme; les autres nègres adorent des fétiches.

288.

Description générale.

Les côtes de la Sénégambie sont basses, malsaines, et les embouchures des fleuves sont entrecoupées d'îles presque noyées sous les eaux. On trouve dans l'intérieur d'immenses plaines de sable, et des montagnes considérables, coupées de vallées très-fertiles. Il n'y a, comme dans tous les pays situés entre les tropiques, que deux saisons, l'une sèche et l'autre pluvieuse : celle-ci commence en juillet et finit en octobre. Les ouragans, occasionnés par les vents de sud-ouest, causent d'affreux dégâts.

On trouve dans cette contrée de l'or, qui ne s'y présente point par filons, mais par morceaux mêlés avec la terre et faciles à extraire par le lavage. La végétation y acquiert son plus grand développement; on y trouve des arbres d'une énorme dimension, entre autres le *boabab*, dont le tronc a quelquefois 30 mètres de circonférence. Toutes les plantes des pays chauds y croissent en abondance. On voit dans ce pays les principaux animaux domestiques de l'Europe et de l'Afrique : le cheval, le chameau, le bœuf, une espèce de mouton au poil long et soyeux. On y trouve aussi des éléphants, des hippopotames, des girafes, des buffles, des cerfs, des antilopes; beaucoup d'animaux féroces ou nuisibles, tels que le lion, la panthère, le tigre, le lynx, le loup, les crocodiles et les serpents.

On tire de la Sénégambie de l'or, de l'ambre, de l'ébène, de la gomme, du poivre, du coton, des plumes d'autruche, des peaux de tigre, etc.

289.

DIVISIONS.

La Sénégambie est occupée par un grand nombre de peuples différents. Les principaux sont les Yolofs, les Féloups, les Mandingues, qui sont de race nègre; et les Foulahs, qui paraissent de la même race maure que les

Fellatahs de la Nigritie. Les Français et les Anglais y possèdent des colonies importantes à l'embouchure du Sénégal et vers la Gambie.

290.

VILLES ET LIEUX REMARQUABLES.

BAMBOUK, cap. d'un royaume des Mandingues qui porte le même nom et possède de riches mines d'or.

TIMBO est la capitale du pays des Foulahs, qui se font remarquer parmi les autres peuples de la Sénégambie, par la beauté de leurs traits et la douceur de leurs mœurs.

SAINT-LOUIS (12,000 hab.), ch.-l. des possessions françaises, est dans une petite île à l'embouchure du Sénégal.

Les Français possèdent aussi la petite île de GORÉE, près du cap Vert (6,000 hab.)

GUINÉE SEPTENTRIONALE.

10,000,000 d'hab.—*Superficie :* 2,470,000 kil. carrés.

Longitude entre 16° *O.* et 18° 30′ *E.*
Latitude entre 11° *N.* et 3° *S.*

291.

NOTIONS HISTORIQUES.

La Guinée est occupée par un grand nombre de peuples nègres, généralement cruels, dont nous allons faire connaître les principaux.

Les *Achantins*, qui forment une nation belliqueuse, ont souvent combattu les Anglais établis sur les côtes de cette contrée.

Les *Dahomiens* firent de très-grandes conquêtes dans le XVIIIe siècle, et traitèrent les vaincus d'une manière atroce. Les rois de cette contrée sont les despotes les plus absolus et les plus barbares que l'on connaisse.

Les *Eyos*, autre peuple guerrier du nord de la Guinée,

ont beaucoup agrandi leur territoire dans le siècle dernier; le roi de Dahomey est devenu leur tributaire.

Les habitants du royaume de *Bénin* sont plus doux que leurs voisins et assez industrieux.

La plupart de ces peuples ont pour culte le fétichisme; quelques-uns y mêlent le mahométisme, et font cependant des sacrifices humains.

Les Anglais, les Danois et les Hollandais ont plusieurs établissements sur les côtes. Cette malheureuse contrée a fourni pendant longtemps un grand nombre d'esclaves pour les colonies d'Amérique.

292.

Description générale.

Les côtes de la Guinée septentrionale sont généralement basses, humides et malsaines, mais très-fertiles; elles offrent des plaines d'une vaste étendue, où l'on ne trouve pas une seule pierre. Cette contrée est bornée au nord par la chaîne des montagnes de Kong qui ne sont pas encore bien connues.

La poudre d'or est un des principaux articles du commerce de la Guinée; l'indigo, le poivre, le coton et la canne à sucre y réussissent très-bien; les forêts nourrissent de nombreux troupeaux d'éléphants, des tigres, des lions, des rhinocéros et des serpents d'une grandeur prodigieuse.

293.

DIVISIONS.

Les parties les plus remarquables de la Guinée septentrionale sont: 1° le royaume des *Achantins*, cap. Coumassie; 2° le royaume de *Dahomey*, cap. Abomey; 3° le royaume des *Eyos*; 4° le royaume de *Bénin*.

On donne à quelques parties de la côte les noms de *côtes des graines*, *d'ivoire*, *d'or*, etc. Freetown et la ville du Cap-Corse appartiennent aux Anglais, La Mine aux Hollandais, et Christiansborg aux Danois.

NIGRITIE.

20,000,000 d'hab. — *Superficie :* 3,600,000 kil. carrés.
Longitude entre 12° 30′ *O.* et 30° 30′ *E.*
Latitude N. entre 6° et 21°.

294.

NOTIONS HISTORIQUES.

La Nigritie ne nous était connue que par les rapports mensongers des marchands maures et les relations des Portugais qui trafiquaient, dit-on, avec Tombouctou ; mais, depuis quelques années, des voyageurs ont enfin pénétré dans ce pays et nous en ont fait connaître une partie. Il est divisé en plusieurs états, dont le gouvernement est régulier, et parmi lesquels ceux de Bornou et de Tombouctou ont longtemps été les plus considérables. Aujourd'hui, le roi ou sultan de Sackatou paraît être le plus puissant. On donne le nom de *Fellatahs* aux peuples sur lesquels il règne, et qu'on regarde comme les plus industrieux de la Nigritie ; c'est une race particulière qui ne s'allie jamais avec les nègres, dont elle diffère par la couleur et par les traits.

Le roi de Bornou entretient une armée nombreuse, composée principalement de cavalerie ; les hommes sont cuirassés et les chevaux bardés de fer.

Les habitants de la Nigritie sont beaucoup plus avancés dans la civilisation qu'on ne l'avait présumé ; ils sont d'un caractère doux et parlent divers idiomes. Il y a dans cette contrée quelques tribus encore sauvages et très-féroces, qui sont établies dans les montagnes.

La Nigritie fournit beaucoup d'esclaves aux caravanes qui y viennent, principalement par le Fezzan.

La religion mahométane domine dans ce pays ; le fétichisme y est aussi répandu ; on y trouve quelques chrétiens.

295.

Description générale.

La chaleur est excessive dans la Nigritie, quoiqu'un grand nombre de rivières et de lacs rafraîchissent cette contrée. Le sol est en général fertile, mais entrecoupé de déserts sablonneux. La limite du sud est formée par une haute chaîne de montagnes. Le Tchad, lac d'eau douce qui se trouve près de Bornou, paraît être le même que celui que les géographes désignaient, sans le connaître, sous le nom de *Wangara* ou *mer Intérieure;* ses rives, extrêmement fertiles, sont habitées par une multitude de quadrupèdes et d'oiseaux aquatiques qui ne sont point farouches.

La Nigritie renferme des mines de fer qui sont exploitées; on y recueille aussi de l'or. Les forêts sont très-vastes; les arbres les plus remarquables sont : le szouldhi, dont le fruit donne une huile médicinale; le chi ou arbre à beurre; le dattier, l'ébénier, le tamarinier, le bananier. On récolte dans la Nigritie une grande quantité de riz, de coton, de chanvre et d'indigo. On y trouve presque tous nos animaux domestiques, ainsi que les bêtes sauvages de l'Afrique, telles que le lion, la girafe, l'hippopotame, la gazelle, etc. Ce pays est infesté de crocodiles, de serpents, de scorpions et de sauterelles.

296.

DIVISIONS.

Les principaux états de la Nigritie sont : 1° le *Bambara*, cap. Ségo; 2° l'état de *Tombouctou;* 3° l'état de *Sackatou;* 4° l'état de *Kaschna;* 5° l'état de *Bornou;* 6° le *Darfour*, cap. Cobbé; 7° le *Kordofan,* cap. Ibéit.

297.

VILLES ET LIEUX REMARQUABLES.

SACKATOU (80,000 hab.) est la capitale de l'empire des Fellatahs.

TOMBOUCTOU (18,000 hab.), une des plus célèbres villes

de l'Afrique, située à peu de distance du Niger ou Dioli-Bâ, fait un grand commerce en lingots d'or, en ivoire, en gomme et en esclaves.

ENGORNOU (50,000 hab.) passe pour la ville la plus considérable du royaume de Bornou; il s'y tient chaque semaine un marché qui réunit jusqu'à 100,000 individus.

SÉGO (30,000 hab.) ; Mungo-Park y a séjourné quelque temps.

NOUVEAU BIRNIE ou BORNOU (30,000 hab.) et KOUKA, près du lac Tchad, sont aujourd'hui les deux capitales du royaume.

VIEUX BIRNIE, ancienne capitale du Bornou, avait près de 200,000 hab. Cette ville a été détruite au commencement de ce siècle par les Fellatahs.

NUBIE.

2,000,000 d'hab. — *Superficie :* 1,200,000 kil. carrés.

Longitude E. entre 25° 30′ et 37°.
Latitude N. entre 10° et 24° 20′.

298.

NOTIONS HISTORIQUES.

Cette contrée est une partie de l'ancienne Éthiopie, dont les habitants passaient pour des hommes justes et vertueux; mais la plupart des tribus qui l'habitent aujourd'hui se livrent au brigandage. Quelques peuples de la Nubie habitent dans des villes, s'adonnent à la culture des terres et à quelques arts de la civilisation. D'autres sont encore sauvages, tels que les *Bedjas*, qui vivent dans des cavernes, comme les anciens *Troglodytes*, dont ils paraissent descendre, et les *Changallas*, qui vivent sous des arbres pendant la sécheresse, et dans des cavernes pendant la saison pluvieuse.

La Nubie est aujourd'hui soumise au vice-roi d'Égypte.

Le mahométisme est la religion dominante ; cependant une grande partie des habitants sont idolâtres ; on trouve aussi dans la Nubie des chrétiens jacobites.

299.

Description générale.

La Nubie ressemble beaucoup à l'Égypte; elle est, comme cette contrée, traversée dans toute sa longueur par le Nil, qui est renfermé dans une vallée étroite et fertile. Hors de cette vallée, toute la contrée n'offre au nord que des sables profonds et des rochers stériles; mais au sud de nombreuses rivières entretiennent une grande fécondité. On voit dans la Nubie des ruines antiques, comparables à celles de l'Égypte; la partie où l'on en trouve le plus est la presqu'île qui est entre le Tacazé et le Nil bleu, et que les anciens appelaient *île de Méroé*.

On tire de la Nubie de l'or, du bois de sandal, de l'ébène, des dattes, et des dents d'éléphant.

On y trouve les animaux les plus remarquables de l'Afrique : le lion, le tigre, le rhinocéros, l'éléphant, l'hippopotame et la girafe.

300.

DIVISIONS.

On peut diviser la Nubie en 4 parties principales, qui sont : 1° au nord, la *Nubie turque*, cap. Deir; 2° au centre, *le royaume de Dongolah*, cap. Dongolah; 3° au sud, *le royaume de Sennaar*, cap. Sennaar; 4° à l'est, *le pays des Bedjas*, v. pr. Souakem.

301.

VILLES ET LIEUX REMARQUABLES.

SENNAAR (9,000 hab.), sur le Nil bleu, est une ville très-commerçante; le roi était obligé, comme l'empereur de la Chine, de labourer, une fois par an, une certaine étendue de terre.

NOUVEAU DONGOLAH ou MARAKAH s'élève sur la rive gauche du Nil, vis-à-vis du vieux Dongolah, qui est presque entièrement ruiné.

Souakem, port de mer, très-fréquenté par les caravanes d'Afrique qui se rendent à la Mecque, était autrefois considérable; mais cette ville est presque en ruine aujourd'hui.

ABYSSINIE.

4,000,000 d'hab. — *Superficie* : 780,000 kil. carrés.
Longitude E. entre 32° et 41°.
Latitude N. entre 7° et 16° 40'.

302.

NOTIONS HISTORIQUES.

L'Abyssinie paraît avoir été, dans les premiers siècles, le berceau de la civilisation africaine; elle formait alors une partie de l'Éthiopie. Le christianisme y pénétra dans le IVe siècle. Les Abyssins n'ont presque rien conservé de leur ancienne puissance et des progrès qu'ils avaient faits dans les arts; les Turcs, d'un côté, et les tribus féroces des Gallas, de l'autre, les ont presque entièrement séparés des autres nations. Leur industrie se borne à la fabrication de quelques étoffes et de leurs armes.

L'Abyssinie est divisée en plusieurs états, dont celui de Gondar est le plus remarquable, quoiqu'il ne soit pas très-étendu.

Les Abyssins proprement dits ne sont point noirs; ils professent le christianisme ainsi que les Agaous, tribu sauvage de cette contrée; mais ils sont séparés de l'Église catholique, et restent, ainsi que les Cophtes, attachés à l'hérésie des jacobites; ils mêlent à leur culte beaucoup de pratiques du judaïsme. L'*Abouna*, ou chef de la religion, est nommé par le patriarche d'Alexandrie. Parmi les autres peuples, les uns sont mahométans, les autres sont idolâtres. Les Falashas suivent la religion juive.

303.

Description générale.

L'Abyssinie présente des montagnes élevées, des plaines arides, dont plusieurs sont couvertes de sel gemme, et des vallons très-fertiles en blé, en riz, en millet, en sucre, en café, en fruits, en séné et en coton. L'élévation du sol de cette contrée, les rivières, les pluies abondantes qui tombent en été et qui font déborder le Nil, rendent la température beaucoup moins chaude qu'en Égypte et en Nubie. De vastes forêts fournissent du bois d'ébène, de sandal, etc.; elles sont peuplées de tous les animaux indigènes en Afrique. Les lacs et les rivières sont remplis de crocodiles; les bestiaux sont nombreux en Abyssinie, et d'une grande taille; les sauterelles y ravagent quelquefois des provinces entières.

304.

DIVISIONS.

On peut diviser l'Abyssinie en 4 parties principales, qui sont : 1° le royaume de Tigré, v. pr. Antalô, Axoum, Dobarva, et Arkiko; 2° le royaume d'Amhara, tributaire des Gallas, cap. Gondar; 3° les provinces confédérées d'Éfat et de Choa, cap. Ankober; 4° le pays des Gallas.

ROYAUME D'ADEL.

200,000 hab. — *Superficie :* 240,000 kil. carrés.

Longitude E. entre 38° et 49° 10°.
Latitude N. entre 8° et 12° 30′.

305.

Description générale.

Cette contrée est gouvernée par un *iman* et habitée par des Arabes mahométans. Ils sont continuellement en guerre avec les Abyssins. Les subdivisions de ce royaume sont peu importantes.

L'Adel est marécageux et malsain; mais il exporte des productions précieuses, telles que l'or, la myrrhe et l'ivoire; on en tire aussi du miel, de la cire et beaucoup de bestiaux.

306.

VILLES REMARQUABLES.

ZÉILA, capitale, a un port dans une petite île sur le détroit de Bab-el-Mandeb.

BARBORA, port de mer, fait un grand commerce avec l'Arabie.

AUSSAGUREL ou AUXA était autrefois la capitale de l'Adel.

COTE D'AJAN.

150,000 hab. — *Superficie :* 220,000 kil. carrés

Longitude E. entre 43° et 49°.
Latitude N. entre 4° et 11°.

307.

Description générale.

Ce pays, peu connu, est divisé en plusieurs états.

Les côtes sont habitées par des Arabes mahométans, et l'intérieur par des nègres, adorateurs des fétiches.

Cette contrée est en général nue, sablonneuse et aride; cependant elle est assez fertile au nord. On en tire de l'or, de l'ambre gris, de l'ivoire, de la myrrhe et d'autres aromates.

CONTRÉES DU MIDI DE L'AFRIQUE

GUINÉE MÉRIDIONALE.

5,000,000 d'hab. — *Superficie :* 990,000 kil. carrés.

Longitude E. entre 6° 40' et 17°.
Latitude S. entre 1° et 17°.

308.

NOTIONS HISTORIQUES.

Cette contrée fut découverte, en 1487, par les Portugais ; ils y construisirent des forts et firent venir des mi sionnaires. La religion chrétienne, qui d'abord y avait fa des progrès rapides, a été presque entièrement abando née par les naturels, dont l'intelligence est peu dévelop pée. Mais les Portugais sont parvenus, par force ou pa adresse, à assurer leur domination dans cette contrée. Il en tirent une très-grande quantité d'esclaves pour le Bré sil. Comme ils ont fermé l'accès de ce pays aux autre peuples, on n'a que des notions très-incertaines sur l'in térieur et sur les mœurs des habitants : quelques voya geurs assurent qu'ils sont fort doux, d'autres les accusen d'anthropophagie.

Les pays du nord et de l'est sont soumis à des souverains indigènes ; les Portugais dominent dans l'Angola et dans presque tout le Benguéla.

Les habitants de la Guinée méridionale sont généralement livrés au fétichisme le plus grossier ; plusieurs peuples y mêlent des usages du christianisme, qu'ils ont reçus des missionnaires portugais.

309.

Description générale.

La Guinée méridionale est bornée à l'est par de hautes montagnes couvertes de forêts, et dans lesquelles on trouve des mines de cuivre, de fer, etc. Les plaines de l'ouest sont arrosées par un grand nombre de fleuves et de rivières ; le sol offre en général la plus riche végétation. Ce pays nourrit une grande variété d'animaux sauvages ; les principaux sont les lions, les éléphants, les girafes, les antilopes, les zèbres, les singes ; les fleuves sont peuplés d'hippopotames et de crocodiles ; on y voit aussi l'énorme serpent boa, beaucoup d'insectes nuisibles, entre autres des moustiques, dont la piqûre passe pour mortelle ; des fourmis énormes, telles que l'*insondi*, qui se glisse dans la trompe de l'éléphant et le fait mourir dans des accès de fureur; enfin des salales, qui réduisent en poussière les marchandises, les meubles, et jusqu'aux charpentes des maisons.

310.

DIVISIONS.

Les principaux états de la Guinée méridionale sont : ceux de Loango, cap. Bouali ; de Congo, cap. San Salvador ; d'Angola, cap. Loanda, v. pr. Pemba ; de Benguéla, cap. Benguéla.

PAYS DES HOTTENTOTS.

400,000 hab. — *Superficie :* 600,000 kil. carrés.

Longitude E. entre 13° et 26'.
Latitude S. entre 24° 30' et 32° 30'.

311.

NOTIONS SUR LES HABITANTS.

Les Hottentots sont divisés en plusieurs tribus, dont les principales sont les Bosjesmans, les Namaquas et les Koranas.

Les Bosjesmans sont les plus difformes et les plus sauvages ; ils ne cultivent point la terre, et viennent souvent piller les habitations des colons du Cap, qu'ils attaquent avec des flèches empoisonnées. On dit qu'ils courent avec une extrême vitesse. Les Hottentots ne possèdent point de villes ; ils se réunissent en petites bourgades appelées *Kraals*. Quelques missionnaires se sont établis parmi eux.

GOUVERNEMENT DU CAP.

200,000 hab. — *Superficie :* 300,000 kil. carrés.

Longitude E. entre 15° 45' et 26°.
Latitude S. entre 30° et 34° 52'.

312.

NOTIONS HISTORIQUES.

La colonie du Cap a été fondée en 1600 par les Hollandais ; les Anglais la leur ont enlevée en 1806.

La moitié des habitants sont des blancs, les autres sont des nègres ou des Hottentots. Cette colonie est très-importante par sa position sur la route des Indes.

313.

Description générale.

Le gouvernement du Cap est couvert au nord de hautes montagnes, qui s'abaissent vers la mer en formant une succession de terrasses.

Le climat est tempéré. Ce pays est inondé de pluies depuis le mois de mai jusqu'au mois d'août; c'est alors l'hiver des terres australes ; mais il est désolé, pendant la saison des chaleurs, par un vent brûlant qui détruit toute végétation exposée à son influence.

La colonie n'est pas riche en métaux, mais elle réunit les productions végétales de l'Inde à celles de l'Europe. C'est le pays de l'hémisphère austral où l'on cultive le mieux la vigne; le vin de *Constance* est très-renommé.

On est parvenu à détruire en grande partie les lions, les panthères et les hyènes, qui attaquaient souvent les habitations. Les hippopotames se trouvent en très-grand nombre dans cette contrée, on y voit aussi beaucoup d'autruches. Les moutons y sont remarquables par la grosseur de leur queue. On pêche beaucoup de baleines sur la côte.

314.

VILLES ET LIEUX REMARQUABLES.

LE CAP (20,000 hab.), ville la plus méridionale de l'Afrique, est un lieu de relâche pour tous les vaisseaux qui vont aux Indes. On remarque au sud de cette ville le *cap de Bonne-Espérance*, qui fut découvert, en 1486, par le Portugais Barthélemy Diaz, et doublé, en 1497, par Vasco de Gama; et au sud-est le *cap des Aiguilles*, qui est la pointe la plus méridionale de l'Afrique.

CAFRERIE.

2,000,000 d'hab. — *Superficie :* 1,200,000 kil. carrés.

Longitude E. entre 25° et 34° 20'.
Latitude S. entre 18° et 33°.

315.

Description générale et divisions.

La Cafrerie est en grande partie montagneuse ; elle abonde en sable d'or et en fer. On y voit de vastes forêts, des plaines sablonneuses, de bons pâturages, et des vallons fertiles en millet, en maïs, en riz et en légumes secs. Les animaux sont en général les mêmes que dans le reste de l'Afrique. Les Cafres sont noirs, mais mieux faits et d'une taille plus élevée que celle des nègres ; ils sont sobres, gais, vifs, agiles et grands chasseurs : ils poursuivent l'éléphant, le buffle et les antilopes avec une vitesse étonnante, et sans autres armes qu'une lance d'un mètre et demi de long.

Les Cafres sont courageux ; mais ils vivent ordinairement en bonne intelligence avec leurs voisins. Quelques voyageurs se louent beaucoup de leur hospitalité. Ils s'appliquent principalement à l'éducation du bétail, et cultivent la terre mieux que les Hottentots. Quoique ces peuples soient naturellement industrieux, leur intelligence n'est pas encore développée ; ils n'ont que des notions très-imparfaites de la Divinité, et n'ont point de prêtres. Ils ne calculent la division du temps que d'après les mois lunaires.

La Cafrerie comprend la *Cafrerie proprement dite*, le pays des *Barolous*, et celui des *Betjouanas*.

MONOMOTAPA.

1,400,000 hab. — *Superficie :* 320,000 kil. carrés.

316.

Description générale.

Le Monomotapa formait autrefois un vaste empire, aujourd'hui partage entre plusieurs souverains, dont le plus puissant réside à Zimbaoé. Les Portugais, maîtres de la côte, y ont formé des établissements dépendants de la capitainerie générale de Mozambique.

Le climat de cette contrée est tempéré, l'air pur et sain. On y trouve des mines d'or et d'argent, surtout dans le pays de Sofala, qui paraît être l'*Ophir* des anciens. Le sol, naturellement fertile, est arrosé par un grand nombre de rivières; il est couvert de gras pâturages, et de belles forêts peuplées de bêtes féroces et d'éléphants; la canne à sucre y croît naturellement.

MOZAMBIQUE.

2,600,000 hab. — *Superficie :* 590,000 kil. carrés.

Longitude E. entre 30° et 38° 30′.
Latitude S. entre 10° et 18°.

317.

Description générale.

Les Portugais dominent dans le Mozambique, mais les naturels sont toujours gouvernés par leurs chefs particuliers. Les principales peuplades sont : les Macouas, les Monjous et les Muzimbes.

Ce pays, où l'on trouve de riches mines d'or et d'argent, est arrosé par des rivières qui le rendent très-fertile. On y récolte beaucoup de riz. Les forêts sont remplies d'éléphants dont l'ivoire est un objet important de commerce.

318.

VILLES REMARQUABLES.

Mozambique (3,000 hab.) est la capitale de toutes les possessions portugaises à l'est de l'Afrique, depuis le fleuve Lagoa jusqu'au cap Delgado.

Chicova est une ville connue par les mines d'or et d'argent de son territoire.

ZANGUEBAR.

1,000,000 d'hab. — *Superficie :* 600,000 kil. carrés.
Longitude E. entre 32° et 45° 30′.
Latitude entre 10° *S.* et 5° *N.*

319.

Description générale.

La population du Zanguebar se compose en partie d'Arabes, qui y ont apporté la religion mahométane, et en partie de nègres indigènes, dont les principales tribus sont les *Mongallos* et les *Maracatas.*

Le Zanguebar, borné à l'est par les monts Lupata, est une côte basse, malsaine, et en général peu fertile; on y trouve des forêts épaisses, peuplées d'éléphants et d'autres animaux d'Afrique.

On exporte de cette contrée des esclaves, de la gomme, de l'ivoire, de l'antimoine et du vitriol bleu (sulfate de cuivre).

320.

DIVISIONS.

La côte de Zanguebar comprend plusieurs états, dont les capitales sont : Magadoxo, Brava, Mélinde, Mombaza, Quiloa et Mongallo.

321.

VILLES ET LIEUX REMARQUABLES.

MAGADOXO est une ville forte, à l'embouchure d'un petit fleuve du même nom.

BRAVA, capitale d'une petite république fondée par des Arabes, fabrique des étoffes d'or, d'argent et de soie. L'état de Brava a longtemps payé tribut aux Portugais, mais actuellement il est indépendant.

MÉLINDE, ville autrefois très-considérable, est aujourd'hui ruinée. Vasco de Gama, après avoir doublé le cap de Bonne-Espérance, y aborda en 1498, et y fut très-favorablement reçu; les Portugais s'y établirent; mais dans la suite leur arrogance irrita les habitants, qui les chassèrent.

Mombaza est dans une île très-rapprochée de la côte; les Portugais, qui s'en étaient rendus maîtres, en ont été chassés, ainsi que de Mélinde.

Quiloa est dans une île. Cette ville paye tribut aux Portugais; mais elle dépend de l'iman de Rostak en Arabie.

CONTRÉE INCONNUE.

Superficie : 7,400,000 kil. carrés.

Longitude E. entre 9° 40′ et 44°.
Latitude entre 12° 30′ *N.* et 27° *S.*

322.

NOTIONS SUR LES HABITANTS.

Entre la Nigritie et le pays des Hottentots se trouve une vaste contrée qui nous est encore inconnue. Elle est occupée par plusieurs peuples barbares, dont les principaux paraissent être les Gallas au nord, qui ont pénétré dans l'Abyssinie; les Bororos à l'est; les Cassanges ou Jagas près de la Guinée méridionale, et les Cazambes sur les rives du Zambèze.

ILES D'AFRIQUE.

4,000,000 d'hab. — *Superficie :* 590,000 kil. carrés.

323.

ÎLES ANGLAISES (133,000 hab.).

Fernando-Pô (30,000 hab.), dans le golfe de Guinée, a été cédé aux Anglais par les Espagnols en 1827.

L'Ascension; cette île n'est qu'un rocher stérile, où les Anglais entretiennent quelques soldats; elle sert de relâche à leurs vaisseaux.

SAINTE-HÉLÈNE (5,000 hab.), cap. Jamesfort ou James-town, est devenue célèbre par la captivité de l'empereur Napoléon, qui y est mort en 1821.

L'ILE MAURICE OU DE FRANCE (90,000 hab.), cap. Port-Louis, ancienne colonie française, a été cédée aux Anglais par le traité de 1814.

RODRIGUE (123 hab.) a été cédée par la France à l'Angleterre, en même temps que l'île Maurice.

LES SEYCHELLES (7,500 hab.), divisées en deux groupes, les Amirantes et les Mahé, sont petites et entourées d'écueils.

324.

ÎLE FRANÇAISE (110,000 hab.).

L'ILE DE BOURBON (110,000 hab.), dans la mer des Indes, cap. Saint-Denis. Le café de cette île est le plus renommé après celui de Mokha.

325.

ÎLES PORTUGAISES (388,000 hab.).

ILES AÇORES (200,000 hab.), cap. Angra, dans l'île de Tercère. Les principales îles sont: Tercère, Saint-Miguel, Santa-Maria, Pico et Florès. Ces îles sont exposées à de terribles tremblements de terre; mais le climat en est fort doux, et le sol très-fertile. Le Portugais Cabral les découvrit en 1432.

MADÈRE (120,000 hab.), cap. Funchal (20,000 hab.), produit d'excellent vin. Les Portugais y envoyèrent une colonie en 1431. Le feu ayant été mis aux forêts qui couvraient l'île, l'incendie féconda le sol par l'immense quantité de cendres qui en résulta.

ILES DU CAP VERT (42,000 hab.), cap. Sant-Iago, dans l'île du même nom. Les principales sont : Sant-Iago (2,000 hab.), Sant-Antonio et l'île de Sel; ces îles sont volcaniques, couvertes de sables et de rochers. Le Génois Antoine Nolli les découvrit en 1449.

L'ÎLE DE SAINT-MATHIEU, dans l'océan Atlantique, est inhabitée.

L'ILE DE SAINT-THOMAS (26,000 hab.), dans le golfe de Guinée, cap. Saint-Thomas, produit beaucoup de sucre.

326.

ÎLES ESPAGNOLES (178,000 hab.).

ILES CANARIES (174,000 hab.), cap. Sainte-Croix (8,000 hab.), dans l'île de Ténériffe. Les principales sont : Canarie (45,000 hab.), Ténériffe (65,000 hab.), Palma, l'Ile-de-Fer et Fortaventura. Ces îles, appelées *Fortunées* par les anciens, furent découvertes en 1345 par des navigateurs génois et catalans, et occupées en 1417 par les Espagnols. Les côtes sont arides et hérissées de rochers; on n'y voit point d'animaux féroces; mais elles sont souvent dévastées par les sauterelles que le vent y apporte d'Afrique. La principale production des Canaries est le vin, qui fait l'objet d'un grand commerce.

Les Espagnols possèdent encore, dans le golfe de Guinée, *Anna-Bona* (1,200 hab.).

327.

ÎLES QUI NE SONT PAS OCCUPÉES PAR LES EUROPÉENS. (3,190,000 hab.)

MADAGASCAR (3,000,000 d'hab., et 494,000 kil. carrés de superficie), découverte en 1506, par Tristan de Cuna, est la plus grande de toutes les îles d'Afrique. Les côtes seules de cette île nous sont connues; elles sont marécageuses et malsaines. L'intérieur est, dit-on, bien cultivé, et l'air y est pur et salubre. On en tirait autrefois beaucoup d'esclaves.

L'île de Madagascar est habitée par plusieurs peuples, dont les principaux sont les Ovas et les Séclaves. Tous ces peuples étaient autrefois indépendants; mais depuis quelques années les Ovas ont conquis la plus grande partie de l'île; ils y ont établi plusieurs écoles.

Les villes les plus connues sont Tananc-Arrivou ou Tananarivou, Mouzangay, Pombetoc, Foulpointe, Tamatave et Andévourante.

Les Français ont un établissement dans l'île de Sainte-Marie.

SOCOTORA (100,000 hab.), cap. Tamarida; elle est habitée par des Arabes, et dépend de l'iman de Rostak en Arabie. Les Anglais y ont formé un établissement.

ZANZIBAR, sur la côte du Zanguebar, dépend de l'iman de Rostak ; elle fait un grand commerce d'esclaves, de gomme et d'ivoire. Zanzibar, sa capitale, a, dit-on, plus de 10,000 habitants.

LES ÎLES COMORES (20,000 hab.) sont aussi occupées par des Arabes.

SECTION IV.

AMÉRIQUE.

48,000,000 d'hab. — *Superficie :* 41,600,000 kil. carrés.

Longitude O. entre 37° 20′ et 170°.

Latitude entre 71° *N.* et 54° *S.* (Les îles ne sont pas comprises dans ces dimensions.)

328.

NOTIONS HISTORIQUES.

L'Amérique a été longtemps inconnue aux habitants de l'ancien continent. C'est à Christophe Colomb, navigateur génois au service d'Espagne, qu'on en doit la découverte ; il aborda, le 12 octobre 1492, à l'*île de Guanahani* ou *San-Salvador*, l'une des Lucayes. Améric Vespuce ayant parcouru une partie du continent, publia la relation de ses voyages, ce qui fit donner le nom d'*Amérique* au Nouveau-Monde.

Les Espagnols, qui y arrivèrent les premiers, fondèrent de nombreuses colonies, et s'approprièrent les plus riches mines d'or et d'argent; les Portugais s'emparèrent du Brésil; les Français et les Anglais formèrent plus tard de grands établissements dans ce nouvel hémisphère.

Presque toutes les colonies européennes se sont séparées de leurs métropoles pour se constituer en états indépendants. Cependant la plus grande partie de la population américaine descend des Européens. Les Indiens (on appelle ainsi les habitants indigènes) ont été en partie exterminés par les Espagnols lors de la conquête; une autre partie s'est mêlée aux Européens; quelques peuples sont encore sauvages; mais leur nombre diminue tous les jours. Les naturels de l'Amérique, quoique bien constitués, sont en général moins forts que les Européens.

Les peuples civilisés du Nouveau-Monde sont tous chrétiens; les sauvages sont idolâtres.

329.

Description générale.

L'Amérique, s'étendant presque depuis le pôle nord jusqu'au cercle polaire du sud, offre la réunion de tous les climats et de toutes les productions des autres parties du monde. On a remarqué que la chaleur y est moins forte qu'en Europe et en Afrique, aux latitudes correspondantes. Plusieurs causes contribuent à cette différence : de hautes montagnes traversent l'Amérique du sud au nord, et sont chargées de neiges éternelles, même sous l'équateur; presque toutes les terres de l'intérieur sont encore en friche, couvertes de forêts et de prairies, de lacs, de marais immenses, et traversées par les plus grands fleuves du monde. L'Amérique paraît bornée au nord par une grande mer, qui joint l'océan Atlantique au Grand-Océan; mais on n'a pu encore la traverser, à cause des glaces dont elle est couverte. Cette partie du monde est partagée en deux grands bassins principaux: celui de l'océan atlantique à l'est et celui du Grand-Océan à l'ouest. Le premier est beaucoup plus étendu en Amérique que le second.

L'Amérique est très-riche en productions minérales: les mines d'or et d'argent du Mexique et du Pérou sont pour ainsi dire inépuisables; le Nouveau-Monde offre aussi en abondance du fer, de l'aimant, du cuivre, de l'étain, du plomb, du mercure, du platine, du feldspath, du soufre, du sel, des diamants, et d'autres pierres précieuses.

Les immenses forêts de l'Amérique renferment toutes les espèces d'arbres de l'ancien monde; parmi celles qui sont particulières au nouveau continent, on remarque les magnolias, les tulipiers, les arbres à lait, les myrtes à cire, etc. On trouve dans la zone torride les palmiers, l'acajou, d'autres bois pour l'ébénisterie et la teinture, le cacaoyer, le cocotier, le cafier, la canne à sucre, l'oranger, le citronnier, le tamarinier, le cotonnier, l'indigotier; le piment, le quinquina, et toutes sortes d'épices et de plantes médicinales; le bananier, le cactus à cochenille, la vanille, etc. La pomme de terre, le maïs et le tabac sont indigènes de l'Amérique; et tous les végétaux utiles des autres parties du monde ont si bien réussi dans ce pays, que les États-Unis envoient maintenant en Europe de la farine de froment et des pommes.

Le nord est peuplé de rennes, de grands cerfs, de bisons, de bœufs musqués, de loups, d'ours, de castors, d'hermines et d'autres animaux à fourrures; les contrées chaudes abondent en jaguars, en tapirs, en singes, en lamas, en vigognes, etc. On remarque parmi les oiseaux les colibris, l'oiseau-mouche, les perroquets, l'autruche, et le condor, qu'on regarde comme le plus grand des oiseaux de proie. On trouve aussi en Amérique des crocodiles, d'énormes serpents, et des insectes remarquables, les uns par la grandeur de leurs dimensions, d'autres par leurs couleurs brillantes, ou par la vive lumière qu'ils jettent pendant la nuit. On pêche des perles sur plusieurs parties des côtes. On ne trouvait aucun de nos animaux domestiques dans le Nouveau-Monde; le lama était le seul animal que les indigènes eussent réduit à l'état de domesticité; il est encore employé comme bête de somme par les Péruviens; mais il ne peut pas porter de lourds fardeaux. Lorsque les Européens découvrirent l'Amérique, ils y transportèrent tous les animaux utiles, qui s'y multiplièrent prodigieusement. Aujourd'hui le bœuf, le cheval et le chien s'y trouvent en grand nombre, même dans l'état sauvage; les peaux de bœufs et de chevaux sont l'objet d'un commerce considérable.

CONTRÉES DE L'AMÉRIQUE SEPTENTRIONALE.

AMÉRIQUE RUSSE.

50,000 hab.—*Superficie de la partie connue :* 1,400,000 kil. carrés.

Longitude O. entre 133° et 170°.
Latitude N. entre 55° et 71°.

330.

NOTIONS HISTORIQUES.

L'empereur de Russie a cédé la souveraineté de l'Amérique russe à une compagnie de marchands; plusieurs peuplades de l'intérieur conservent encore leur indépendance. On remarque dans le nombre une tribu à doubles lèvres, qui paraît être une des plus abruties de l'espèce humaine.

Les naturels de cette contrée n'ont pas encore embrassé le christianisme; ils sont plongés dans la plus grossière superstition.

331.

Description générale.

On ne connaît de l'Amérique russe que les côtes de la mer de Béhring, qui sont bordées de glaces pendant une partie de l'année. On y aperçoit de vastes forêts de pins, et de hautes montagnes couvertes de neige, parmi lesquelles on distingue le mont Saint-Élie, volcan qui s'élève à 5,500 mètres.

Le principal revenu de cette contrée consiste dans les pelleteries, que les pêcheurs et les chasseurs russes ou les naturels du pays vendent aux marchands, et qui sont des peaux de phoques, de loutres, de renards bleus, noirs et gris; ils pêchent aussi des baleines, etc.

Les indigènes ont beaucoup d'industrie naturelle; ceux qui sont sur les côtes construisent leurs pirogues avec art et les conduisent avec une grande adresse.

332.

DIVISIONS.

Les principales peuplades indiennes sont : les Kitègues, les Tchouktchis, les Koniagis, les Kénaïts, les Tchougatchis, les Ougalacmioutis et les Koliougis.

Les îles qui dépendent de l'Amérique russe sont : les îles de Clarke, de Saint-Mathieu, de Saint-Paul, de Saint-George, les Aléoutiennes ; l'île de Kodiak, ch.-l. Alexandria Saint-Paul, très-bon port, où la compagnie russe a l'un de ses principaux établissements ; l'île de Sitka, ch.-l. la Nouvelle-Arkhangel (1,000 hab.), qui est la résidence du gouverneur russe ; enfin l'archipel du Prince-de-Galles.

GROËNLAND.

20,000 hab. — *Superficie :* 2,000,000 de kil. carrés.
Longitude O. entre 17° et 70°.
Latitude N. entre 59° 45′ et 78°.

333.

NOTIONS HISTORIQUES.

Les Danois découvrirent le Groënland en 970, et, malgré la rigueur excessive du froid et la stérilité du sol, ils y formèrent quelques établissements pour la pêche de la baleine. Cette colonie fut abandonnée par la métropole en 1408 ; mais un nouvel établissement fut fondé en 1721.

Lorsque les Danois arrivèrent dans le Groënland, ils y trouvèrent des sauvages, auxquels on a donné le nom d'*Eskimaux*, et qui sont, comme les Lapons et les Samoyèdes, beaucoup plus petits que les autres hommes. Les Eskimaux passent l'hiver dans des demeures souterraines ou dans des huttes de pierre, et l'été sous des tentes de peaux.

La population danoise n'est pas devenue nombreuse et s'élève tout au plus à 6,000 colons, parmi lesquels on compte près de 1,000 frères moraves ; les naturels sont au nombre d'environ 14,000, presque tous chrétiens.

334.

Description générale.

On ne connaît que la côte sud-ouest du Groënland; les glaces empêchent d'approcher de la côte orientale, et une chaîne de montagnes qui borde le rivage à l'ouest ne permet pas de pénétrer dans l'intérieur.

Cette contrée ne présente qu'un amas de glaces et de rochers; l'été y est fort court, mais quelquefois très-chaud. En hiver, le soleil disparaît pendant six semaines; la clarté de la lune, des étoiles et des aurores boréales, diminue heureusement cette longue nuit. Les montagnes renferment de l'amiante, de la houille, du granit et des pierres ollaires dont les Groënlandais font des marmites, des lampes, etc. Pendant les chaleurs, le sol se couvre de mousse, de bruyères et d'un peu d'herbe courte et maigre, qui, avec quelques arbrisseaux à baies, de petits saules et des bouleaux, sont les seuls végétaux du pays. Le courant de la mer apporte des bois flottants aux Groënlandais.

Les principaux animaux de cette contrée sont: parmi les quadrupèdes, les ours blancs, les renards, les rennes, les lièvres blancs, les chiens, qu'on attelle aux traîneaux et dont on mange la chair; parmi les oiseaux, les aigles, les corbeaux, beaucoup d'oiseaux aquatiques, dont une espèce fournit l'édredon; dans les mers, les baleines; diverses espèces de phoques, dont la chair fait la principale nourriture des habitants, qui en boivent quelquefois le sang; ils se servent de leur graisse pour remplacer le beurre et le suif, et de leur peau pour faire des tentes et des vêtements.

La chasse, et surtout la pêche, sont les principales ressources des habitants du Groënland.

335.

DIVISIONS.

Le Groënland appartient aux Danois, dont les principaux établissements sont: Upernavick, Gothaab, Frédérikshaab et Julianashaab. Les frères moraves se sont établis sur plusieurs points. Les Eskimaux sont les seuls indigènes de cette contrée.

NOUVELLE-BRETAGNE.

1,250,000 hab. — *Superficie :* 9,700,000 kil. carrés.
Longitude O. entre 58° et 142°.
Latitude N. entre 42° et 81°.

336.

NOTIONS HISTORIQUES.

On prétend que le Canada fut découvert en 1497, par les Vénitiens Jean et Sébastien Cabot. François Ier en prit possession en 1534; mais ce ne fut qu'en 1608 que les Français fondèrent Québec, et en firent une colonie importante. Les Anglais la conquirent en 1760, et depuis ils ont étendu leurs possessions dans toute la partie septentrionale de l'Amérique, à laquelle ils ont donné le nom de Nouvelle-Bretagne.

Les peuplades indigènes, vivant de la chasse et de la pêche, n'ont jamais été fort nombreuses, et ont eu souvent à souffrir de la disette. Quelques tribus d'Eskimaux, dans le Labrador, avaient l'usage de tuer les veuves et les orphelins, pour ne pas les laisser mourir de faim. Les missionnaires moraves, qui ont fondé la colonie de Nain, abolirent cet usage, et engagèrent les Eskimaux à mettre de côté une partie de leur pêche pour nourrir ces malheureux.

La Nouvelle-Bretagne appartient aux Anglais; mais les peuplades indiennes qui l'occupent sont encore libres pour la plupart, et ont conservé leurs anciennes superstitions. Le plus grand nombre des colons professent la religion catholique; les autres sont protestants.

337.

Description générale.

Cette contrée est encore à peu près inconnue vers le nord; les voyageurs qui y ont pénétré n'ont trouvé que de vastes plaines coupées par de nombreux courants d'eau et de grands lacs. La rigueur du froid ne permet aucune culture; la mer voisine n'est libre que pendant deux ou trois mois de l'été. Au sud, le climat est moins froid, et la terre, peu fertile dans quelques parties, se couvre dans d'autres d'immenses forêts et de beaux pâturages. Au delà des *monts Rocheux*, le climat s'adoucit, et la végétation devient très-vigoureuse.

Le Labrador, couvert dans l'intérieur de montagnes inconnues, éprouve une température très-froide, et ne paraît pas susceptible de culture. Le Canada, le Nouveau-Brunswick et la Nouvelle-Écosse, pays très-froids en hiver, ont un été fort chaud; ils sont en général bien boisés, fertiles en grains, en lin, en chanvre et en tabac. On y voit les plus grands lacs connus, et la fameuse *cataracte* ou *saut du Niagara,* formée par les eaux qui s'écoulent du lac Érié dans le lac Ontario.

Les îles du golfe Saint-Laurent sont froides, brumeuses, et généralement peu fertiles; mais celle de Saint-Jean a mérité le nom de *grenier du Canada,* par la quantité de grains qu'elle fournissait à cette colonie, sous la domination française. De grands bancs de sable s'étendent au sud-est de Terre-Neuve; ils sont couverts, pendant une partie de l'année, d'une quantité prodigieuse de morues. Les nombreux navires qui vont y faire la pêche distribuent ce poisson dans toute l'Europe.

338.

DIVISIONS.

La Nouvelle-Bretagne se divise en quatre parties principales :

1° La *partie du nord,* qui comprend les îles de la mer de Baffin;

2° La *partie de l'ouest,* qui comprend la Nouvelle-Calédonie et le Nouveau-Norfolk, les îles de la Reine-Charlotte et de Noutka;

3° La *partie du centre,* qui comprend la Nouvelle-Galles, et qui est habitée par les grands Eskimaux, les Chipéouays, les Knistinaux, et les Sioux;

4° La *partie de l'est,* qui comprend le Labrador, v. pr. Nain; le Canada, cap. Québec, v. pr. Montréal; le Nouveau-Brunswick, cap. Frédéricton; la Nouvelle-Écosse, cap. Halifax; l'île de Terre-Neuve, cap. Saint-Jean; l'île du cap Breton, cap. Sydney, v. pr. Louisbourg; et l'île d'Anticosti. Les indigènes de cette région sont les Algonquins, les Iroquois et les Hurons dans le Canada; les petits Eskimaux dans le Labrador.

ÉTATS-UNIS.

18,000,000 d'hab.— *Superficie :* 6,200,000 kil. carrés.

Longitude O. entre 69° et 127°.

Latitude N. entre 25° et 54°.

339.

NOTIONS HISTORIQUES.

La partie orientale des États-Unis appartenait autrefois aux Anglais; les colons se soulevèrent en 1775 contre la métropole, et furent soutenus par le roi de France et par le roi d'Espagne. L'Angleterre reconnut leur indépendance en 1782. Cette république s'est accrue plus tard de la Louisiane, qu'elle a achetée à la France en 1803, et de la Floride, qu'elle a enlevée à l'Espagne.

On trouve encore dans cette vaste contrée quelques peuples sauvages qui sont retirés dans l'intérieur des terres et dans les pays de l'ouest. Les principaux sont les Serpents, les Panis, les Osages, les Sioux, les Chipéouays. Depuis quelques années, on a transporté à l'ouest du Missisipi les Indiens qui habitaient à l'orient de ce fleuve. Les Séminoles sont les seuls que le gouvernement américain n'ait pas encore pu expulser : ils habitent la Floride.

Les États-Unis sont une république fédérative, formée de plusieurs états qui ont chacun leur administration particulière, et gouvernée, pour toutes les affaires générales, par un président élu pour quatre ans, et par un congrès.

L'exercice de tous les cultes est permis dans tous ces états; mais la religion dominante est le protestantisme, divisé en un grand nombre de sectes.

Les États-Unis sont une des contrées où l'instruction primaire est le plus répandue.

340.

Description générale.

Cette vaste contrée, qui s'étend de l'océan Atlantique au Grand-Océan, et depuis le golfe du Mexique jusqu'au bord du fleuve Saint-Laurent, offre des climats très-variés. Les états du nord éprouvent de grandes chaleurs en été, et des froids très-rigoureux en hiver; ceux du milieu et du sud sont insalubres dans le voisinage de la mer, où règne la fièvre jaune; mais dans l'intérieur des terres, le sol est plus élevé et l'air beaucoup plus pur. Les provinces de l'est, près de l'océan Atlantique, sont seules bien cultivées et couvertes d'une population déjà considérable. Des plaines marécageuses, des vallées fertiles et de superbes forêts se présentent entre les monts Alléghany et le Mississipi; à l'ouest de ce fleuve, on ne trouve, jusqu'aux monts Rocheux, que de vastes savanes, couvertes d'herbes élevées, et dépourvues d'arbres; mais au delà de ces montagnes, on retrouve la végétation dans toute sa vigueur; les arbres y acquièrent une grosseur prodigieuse; on y voit, dit-on, des sapins de 100 mètres de haut et de 15 mètres de circonférence.

Les montagnes des États-Unis renferment des mines de fer, de cuivre, de plomb, de houille, etc. Les Américains s'adonnent principalement à l'agriculture; aucun pays ne produit de meilleurs fruits et en plus grande quantité; on y récolte toutes les espèces de grains de l'Europe; on y recueille aussi du sucre, de l'indigo, du coton, du tabac renommé; les forêts donnent d'excellents bois de construction. Les habitants nourrissent de nombreux troupeaux; on trouve dans les États-Unis tous les animaux domestiques et la plupart des animaux sauvages de l'Europe; d'innombrables troupeaux de bisons, d'élans, de cerfs et de daims errent dans les savanes.

341.

DIVISIONS.

Les États-Unis sont divisés en 26 états, 5 territoires et un district, dont les villes principales sont : Washington, capitale; Boston, New-York, Philadelphie, Baltimore, Charleston et la Nouvelle-Orléans.

* ÉTATS ET TERRITOIRES.

La partie de l'ouest comprend 3 territoires et deux états : l'état de Missouri, cap. Jefferson ; l'état d'Arkansas, cap. Arkopolis ; le territoire de Wisconsin, cap. Madison ; le territoire d'Iowa, v. pr. Burlington et Dubuque ; et le vaste territoire de l'ouest, habité par les Indiens.

La partie du nord-est comprend 9 états : Vermont, cap. Montpellier ; Maine, cap. Augusta, v. pr. Portland ; New-Hampshire, cap. Concord ; Massachusets, cap. Boston ; Rhodisland, cap. Newport ; Connecticut, cap. Hartford ; New-York, cap. New-York ; Ohio, cap. Columbus ; Michigan, cap. Détroit.

La partie du milieu comprend 9 états et un district : New-Jersey, cap. Trenton ; Pennsylvanie, cap. Harrisbourg, v. pr. Philadelphie ; Delaware, cap. Dover ; Maryland, cap. Annapolis, v. pr. Baltimore ; le district de Colombia, cap. Washington ; la Virginie, cap. Richmond ; Indiana, cap. Indianopolis ; Illinois, cap. Vandalia ; Kentucky, cap. Francfort ; Tennessée, cap. Nashville.

La partie du sud comprend 6 états et un territoire : la Caroline du nord, cap. Raleigh ; la Caroline du sud, cap. Colombia, v. pr. Charleston ; la Géorgie, cap. Milledgville, v. pr. Savannah ; l'Alabama, cap. Tuscaloosa ; le territoire de Floride, cap. Tallahassée ; l'état de Mississipi, cap. Jackson ; la Louisiane, cap. la Nouvelle-Orléans.

342.

VILLES ET LIEUX REMARQUABLES.

WASHINGTON (19,000 hab.), sur le Potomac, que les vaisseaux remontent jusqu'à cette ville, a été fondée en 1792, pour devenir le siége du gouvernement. Son enceinte est très-vaste ; mais elle n'est pas peuplée en proportion de son étendue. On y voit déjà plusieurs monuments remarquables. Le nom de cette ville est celui du général qui commanda les troupes américaines pendant la guerre de l'indépendance.

NEW-YORK (220,000 hab.), à l'embouchure de l'Hudson, est le port le plus considérable et la ville la plus commerçante des États-Unis.

PHILADELPHIE (189,000 hab.), sur la Delaware, qui y est navigable pour les plus gros vaisseaux, est la deuxième ville des États-Unis ; elle est vaste et régulièrement bâtie. Elle fut fondée par Guillaume Penn, qui y conduisit une colonie de quakers en 1683.

BALTIMORE (81,000 hab.), ville très-commerçante, sur la baie de Chésapeak, a un port qui, dit-on, peut contenir 2,000 vaisseaux.

BOSTON (61,000 hab.) possède un bon port, et fait un grand commerce. C'est dans cette ville que commença la révolution qui amena l'indépendance des États-Unis; la première bataille livrée aux Anglais par les Américains insurgés eut lieu près de ses murs. Boston a vu naître Benjamin Franklin, inventeur du paratonnerre, et l'un des fondateurs de la liberté américaine.

NOUVELLE-ORLÉANS (50,000 hab.), sur le Mississipi, fut fondée par les Français, pendant la régence du duc d'Orléans. La plupart des habitants sont Français d'origine.

CHARLESTON (30,000 hab.), ville forte et très-commerçante, a un port vaste et commode.

MEXIQUE.

7,700,000 hab. — *Superficie :* 3,350,000 kil. carrés.
Longitude O. entre 89° et 126° 30′.
Latitude N. entre 15° 40′ et 42°.

343.

NOTIONS HISTORIQUES.

Le Mexique fut soumis à l'Espagne, en 1521, par Fernand Cortez, qui, avec quelques centaines de soldats, s'empara de la belle ville de Mexico, et conquit un empire florissant. A cette époque, les arts et la civilisation avaient déjà fait quelques progrès chez les Mexicains; mais leur religion était très-cruelle, puisqu'ils immolaient à leurs dieux des victimes humaines. On remarque encore aujourd'hui dans cette contrée plusieurs monuments qui attestent la puissance des Mexicains, surtout des pyramides d'un travail prodigieux.

En 1821, le Mexique s'est détaché de l'Espagne, et a formé un état indépendant. C'est maintenant une république fédérative, gouvernée par un président soumis aux délibérations d'un congrès.

La religion catholique y est seule tolérée.

344.

Description générale.

Un plateau, qui se soutient généralement à plus de 2,000 mètres de hauteur, couvre tout le Mexique entre le Grand-Océan et le golfe du Mexique. Ce plateau, dominé par de hautes montagnes, paraît s'abaisser vers le nord; une douce température règne dans l'intérieur; mais sur les côtes la chaleur est excessive et l'air très-malsain. Les volcans sont nombreux dans cette contrée; on y remarque le mont Popocatépetl (montagne fumante), qui a 5,500 mètres d'élévation; l'Istatzihualt (femme blanche), presque aussi élevé, et le pic d'Orizaba, haut de 5,300 mètres.

Le Mexique possède les mines les plus riches du monde; elles fournissent plus d'argent que toutes les mines réunies du reste de l'Amérique; elles renferment aussi une grande quantité de cuivre, de fer, de plomb, d'étain. Cette contrée, dont le climat est très-varié, réunit les productions les plus utiles et les plus précieuses du règne végétal: le blé, le maïs, le sucre, le cacao, le coton, la vanille, l'indigo, le bois de campêche, l'acajou, l'ébène, le jalap, le nopal sur lequel vit la cochenille, etc.

Parmi les animaux, on distingue le jaguar, le couguar; le bison et le bœuf musqué errent en grands troupeaux dans le Nouveau-Mexique et dans la Californie.

345.

DIVISIONS.

Le Mexique se compose de 20 états confédérés et de 5 territoires. Les villes principales sont: Mexico, Guadalaxara ou Xalisco, la Puébla, Guanaxuato, Zacatécas, Durango, Quérétaro, Saint-Louis de Potosi, Oaxaca, Véra-Crux et Tampico de Tamaulipas.

* ÉTATS.

La partie du nord comprend un territoire, le Nouveau-Mexique, cap. Santa-Fé.

La partie de l'est comprend 3 états: le Nouveau-Léon, cap. Montérey; le Nouveau-Santander ou Tamaulipas, cap. Aguayo; Saint-Louis de Potosi.

La partie du sud comprend 9 états: Quérétaro; Mexico; la

Puébla; Véra-Cruz; Tabasco; Yucatan ou Mérida, cap. Mérida, v. pr. Campêche; Oaxaca; Méchoacan, cap. Valladolid ou Morélia; Chiapa, cap. Ciudad-Réal; et le territoire de Tlascala.

La partie de l'ouest comprend 2 territoires : la haute et la basse Californie, cap. San-Carlos de Montérey et Loréto ; et deux états, Sonora, v. pr. Arispe et Sonora ; et Sinaloa, cap. Villa-del-Fuerté, v. pr. Culiacan.

La partie du centre comprend 6 états : Cohahuila, cap. Saltillo ou Léona-Vicario; Chihuahua; Durango; Zacatécas, cap. Aguas-Calientes; Guanaxuato; Xalisco, cap. Guadalaxara; et le territoire de Colima.

Nota. Les Anglais possèdent une partie du Yucatan; *Balize*, port où il y a 200 maisons, est le seul établissement régulier qu'ils y aient formé.

346.

VILLES ET LIEUX REMARQUABLES.

MEXICO (250,000 hab.) est la plus grande et la plus belle ville du Nouveau-Monde. On y voit beaucoup de monuments remarquables; les églises brillent surtout par leurs richesses; la cathédrale possède une lampe d'argent massif si grande que trois hommes entrent dedans pour la nettoyer. Les maisons ont des terrasses au lieu de toits, et présentent un aspect agréable. Sur les lacs qui sont près de Mexico, on voyait autrefois des jardins flottants: c'étaient des espèces de radeaux sur lesquels on cultivait des fleurs et des légumes.

LA PUÉBLA DE LOS ANGÉLOS, OU LA VILLE DES ANGES (68,000 hab.); c'était dans l'état dont cette ville est le chef-lieu, que se trouvait *Tlascala*, ancienne capitale d'une république puissante, qui aida Fernand Cortez à subjuguer le Mexique.

GUANAXUATO (41,000 hab.) possède les mines d'argent les plus riches du Mexique. Il en est une qui, en 1806, s'enfonçait déjà de 600 mètres au-dessous du sol; c'est la plus profonde que l'on connaisse.

QUÉRÉTARO (35,000 hab.), une des villes les plus manufacturières de l'Amérique, fabrique des draps et des maroquins.

OAXACA (24,000 hab.) est la capitale d'un état fertile qui produit beaucoup de coton, de sucre, de soie, de cochenille, etc. Charles-Quint avait donné la vallée d'Oaxaca aux descendants de Fernand Cortez.

CHOLULA (16,000 hab.), à 16 kil. ouest de la Puébla, était autrefois le siége de la religion des Mexicains. On y voit encore les ruines d'une pyramide immense, bâtie d'argile et de briques cuites au soleil; elle était carrée à sa base, avait 4 étages, 55 mètres de haut et 480 mètres sur chaque face. Le temps en a tellement changé la forme qu'elle ressemble maintenant à une montagne naturelle. Sur une des plates-formes les plus élevées, on a érigé une église de 30 mètres de long.

LA VÉRA-CRUZ (15,000 hab.) est le centre du commerce de l'Europe avec le Mexique. Cette ville est entourée au nord par des sables arides; au midi, par des marais mal desséchés. Le climat de la Véra-Cruz est chaud, malsain, et cause souvent la fièvre jaune.

SAINT-LOUIS DE POTOSI (12,000 hab.) possède une mine d'argent qui produit annuellement de 18 à 20 millions de francs.

CAMPÊCHE (6,000 hab.), sur la côte occidentale de la presqu'île de Yucatan, fait un grand commerce de cire, et d'un bois de teinture qui porte son nom.

TEXAS.

100,000 hab. — *Superficie :* 450,000 kil. carrés.

Longitude O. entre 95° 40′ et 105°.
Latitude N. entre 27° et 34° 30′.

347.

NOTIONS HISTORIQUES.

Le Texas a longtemps fait partie du Mexique; en 1826, Austin y fonda une colonie, à laquelle il donna le nom de Fredonia; le gouvernement mexicain a vainement essayé d'y rétablir sa domination. Le Texas forme aujourd'hui un état indépendant qui a été reconnu par la France et par plusieurs autres puissances.

Les côtes du Texas sont basses et marécageuses; l'intérieur du pays est généralement ondulé. La fertilité du sol y attire tous les ans de nombreux colons. Les villes, nouvellement fondées, sont toutes peu considérables. Le siége du gouvernement a déjà changé plusieurs fois. Il a été successivement à San-Félipe de Austin et à Houston. Il est actuellement à Austin.

GUATÉMALA

OU

ÉTATS-UNIS DE L'AMÉRIQUE CENTRALE.

2,000,000 d'hab. — *Superficie :* 500,000 kil. carrés.
Longitude O. entre 85° et 97°.
Latitude N. entre 8° et 18°.

348.

NOTIONS HISTORIQUES.

Le Guatémala a longtemps appartenu à l'Espagne, et a fait partie de la vice-royauté du Mexique; mais il s'est détaché de la métropole en 1821, et forme à présent une république composée de 6 états.

Il y a dans cette contrée près d'un million d'Indiens, dont quelques-uns, tels que les Mosquitos, dans la presqu'île de Honduras, ont conservé leur indépendance. Les Anglais ont des établissements sur la côte de cette presqu'île.

Le Guatémala est une république fédérative, gouvernée par un congrès; la religion catholique est seule reconnue.

349.

Description générale.

La grande chaîne de montagnes qui parcourt les deux Amériques traverse le Guatémala du nord au sud, et y tempère la chaleur. Le sol y est d'une fertilité prodigieuse, mais l'air est malsain sur les côtes, et le pays est souvent bouleversé par de violents tremblements de terre. On y remarque plusieurs volcans, entre autres celui de Masaya, qui ne jette ni cendres ni fumée; la matière incandescente qui y bouillonne ressemble tellement à de l'or en fusion, que les premiers Espagnols la prirent pour ce métal, et essayèrent, mais en vain, d'en retirer quelques parties de la profondeur du cratère. On dit que cette contrée possède de riches mines d'argent; mais elles ne sont pas exploitées. Elle produit en abondance le maïs, le coton, le sucre, l'indigo, le cacao, la cochenille, et de beaux bois de construction. Les animaux domestiques, apportés d'Europe, s'y sont beaucoup multipliés; le tapir est l'animal sauvage le plus remarquable.

350.

DIVISIONS.

La république de Guatémala comprend 6 états: Guatémala; Quézaltenango; San-Salvador; Honduras, cap. Comayagua ou Valladolid la Nuéva; Nicaragua, cap. Léon; Costarica, cap. San-José, v. pr. Carthago.

VILLES ET LIEUX REMARQUABLES.

GUATÉMALA (30,000 hab.) est à 16 kil. de l'ancien Guatémala, qui fut englouti en 1777, à la suite d'un effroyable tremblement de terre, dont la durée fut de cinq jours.

VÉRAPAZ ou COBAN (12,000 hab.) est la capitale d'une province très-fertile, mais dans laquelle il pleut neuf mois de l'année.

CARTHAGO (8,400 hab.) est dans la fertile province de Costarica, sur les côtes de laquelle on pêche la moule à pourpre.

CONTRÉES DE L'AMÉRIQUE MÉRIDIONALE.

COLOMBIE.

3,400,000 hab. — *Superficie :* 2,800,000 kil. carrés.

Longitude O. entre 61° 40′ et 85°.
Latitude entre 12° 30′ *N.* et 6° 15′ *S.*

351.

NOTIONS HISTORIQUES.

La Colombie faisait partie des possessions espagnoles, sous les noms de *Terre-Ferme,* ou de *nouveau royaume de Grenade* et de *capitainerie de Caracas.*

Lorsque les Espagnols la découvrirent, elle était occupée en grande partie par des peuples qui avaient déjà fait des progrès dans la civilisation ; le centre de leur religion était dans la vallée de Bogota.

La Colombie a commencé à se détacher de l'Espagne en 1811 ; mais elle n'a achevé la conquête de son indépendance qu'en 1822. Elle forme aujourd'hui trois républiques confédérées, gouvernées chacune par un président et par un congrès. La religion catholique est seule permise dans ces états.

352.

Description générale.

Cette contrée, située sous la zone torride, n'est pas dans toute son étendue brûlée par l'ardeur du soleil : les montagnes qui la couvrent y rendent le climat froid, et même glacé dans quelques parties ; dans d'autres règne un printemps perpétuel, tandis que sur la plupart des côtes l'humidité et la chaleur rendent l'air insalubre. Les parties qui ne sont pas couvertes de hautes montagnes ou de rochers sont généralement très-fertiles, si ce n'est dans quelques llanos ou plaines de l'intérieur ; dans le voisinage de la Guyane, il y a une plaine de 40,000 kil.

carrés, qui n'offre qu'un désert affreux pendant la saison sèche.

Ce pays est souvent ravagé par des tremblements de terre. On y voit un grand nombre de volcans, dont les plus remarquables sont le Pichincha et le Cotopaxi, près de Quito. Le Chimborazo, près de la même ville, s'élève à 6,500 mètres. Il était regardé comme la plus haute montagne des Andes et de toute l'Amérique avant qu'on eût mesuré le Névado de Sorata et celui d'Illimani dans le haut Pérou.

On trouve dans la Colombie des mines d'or, d'argent, de platine, de cuivre, d'éméraudes, etc.

Elle produit abondamment le cacao, le coton, le tabac, l'indigo, le quinquina; la variété de son climat fait qu'on y trouve les diverses productions des contrées du nord et du midi; les flancs des montagnes et quelques vallées sont couvertes de belles forêts.

353.

* DIVISIONS.

Les trois républiques formées par la Colombie sont : 1° la *Nouvelle-Grenade*, cap. Bogota; elle comprend 5 départements : Isthme, cap. Panama; Magdaléna, cap. Carthagène; Boyaca, cap. Tunja; Cundinamarca, cap. Bogota; Cauca, cap. Popoyan; 2° la *république du Sud* ou *Équateur*, cap. Quito; elle renferme 3 départements : Équateur, cap. Quito; Guayaquil, cap. Guayaquil; Asuay, cap. Cuenca; 3° *Vénézuéla*, cap. Caracas, forme 4 départements : Vénézuéla, cap. Caracas; Orénoque, cap. Varinas; Zulia, cap. Maracaybo; Maturin, cap. Cumana.

354.

VILLES ET LIEUX REMARQUABLES.

Bogota (Santa-Fé de) (20,000 hab.) est situé sur un plateau élevé de plus de 2,660 mètres au-dessus de la mer. L'air y est constamment tempéré; le froment y mûrit en toute saison. A 20 kil. de cette ville, on voit une cascade formée par la rivière de Bogota, qui se précipite d'une hauteur de 180 mètres.

Quito (50,000 hab.) est l'ancienne capitale de la seconde monarchie péruvienne. Les habitants sont très-industrieux. Cette ville, située presque sous l'équateur, n'a pas cependant un climat chaud, parce qu'elle est élevée à 2,900 mètres au-dessus du niveau de la mer; les tremblements de terre y sont très-fréquents. A 56 kil. sud-est de Quito est la *métairie d'Antisana*, située sur la montagne volcanique du même nom, à une hauteur de 4,100 mètres.

CARACAS (30,000 hab.), à 20 kil. de la mer; la chaleur n'y est pas excessive: cette ville a beaucoup souffert des tremblements de terre.

CARTHAGÈNE (55,000 hab.) est un port sûr et commerçant, mais dont les environs sont insalubres.

PANAMA (10,000 hab.), ville remarquable par sa situation sur l'isthme qui joint les deux Amériques, a été longtemps, ainsi que Portobello sur la mer des Antilles, l'entrepôt du commerce que faisaient, avec l'Europe, le Pérou, et toutes les contrées situées sur le grand Océan.

VARINAS (8,000 hab.) fournit d'excellent tabac.

GUYANE.

280,000 hab. — *Superficie :* 400,000 kil. carrés.

Longitude O. entre 54° et 62° 30'.
Latitude N. entre 1° et 8°.

355.

NOTIONS HISTORIQUES.

On peut donner le nom de *Guyane* à tous les pays situés entre l'Orénoque et l'Amazone; mais comme une partie de cette contrée appartient au Brésil et une autre à la Colombie, on ne s'occupera ici que de celle qui appartient aux Européens.

Les Français ont essayé les premiers de s'établir dans la Guyane, en 1635; mais la plupart de leurs tentatives furent désastreuses; ce n'est que depuis le milieu du siècle dernier que cette colonie a acquis de l'importance. Les Hollandais y commencèrent leurs établissements en 1663;

les Anglais leur en ont enlevé une partie en 1803 et en 1814. L'intérieur de cette contrée est encore très-peu connu ; il est occupé par des Indiens et des nègres indépendants. On donne le nom de *Galibis* à la plus considérable des tribus indiennes.

356.

Description générale.

Les côtes de la Guyane sont généralement basses, marécageuses et couvertes de forêts très-épaisses ; la partie de l'intérieur où les voyageurs ont pénétré est couverte de savanes, de forêts, de lacs, de nombreuses rivières, dont la navigation est interrompue par des rochers. La saison des pluies dure huit mois ; la sécheresse est si grande pendant le reste de l'année, qu'une partie du bétail meurt de faim et de soif. La chaleur et l'humidité donnent une vigueur prodigieuse à la végétation de la Guyane ; on y trouve en abondance les productions des pays chauds : le café, le sucre, le cacao, le girofle, la cannelle, le caoutchouc, le rocou, l'indigo, le coton, les bois pour meubles, etc. ; on y a fait des plantations de poivre.

357.

DIVISIONS.

La Guyane se divise en trois parties : 1° la *Guyane anglaise* (144,000 hab.), cap. George-Town ou Stabroek ; 2° la *Guyane hollandaise* (70,000 hab.), cap. Paramaribo ; et la *Guyane française* (66,000 hab.), cap. Cayenne.

358.

VILLES REMARQUABLES.

PARAMARIBO (20,000 hab.) est située sur le fleuve Surinam, à 28 kil. de la mer ; ses rues sont bien alignées, bordées d'orangers, de citronniers et de tamariniers ; elle fait un grand commerce.

GEORGE-TOWN OU STABROEK (10,000 hab.), sur le fleuve Démérary qui donne son nom à toute la colonie anglaise, exporte en Angleterre beaucoup de sucre, de rhum, de café et de coton.

CAYENNE (5,000 hab.), située dans une île du même nom, fait un commerce assez considérable des produits de la colonie; la chaleur y est tempérée par les brises de mer. C'est dans cette colonie, à *Sinnamary*, que l'on déporta beaucoup de victimes de la révolution française.

BRÉSIL.

5,000,000 d'hab. — *Superficie :* 7,800,000 kil. carrés.

Longitude O. entre 37° 20′ et 74°.

Entre 5° de *latitude N.* et 33° 30′ de *latitude S.*

359.

NOTIONS HISTORIQUES.

Cette riche contrée est une colonie du Portugal, qui l'a possédée depuis le commencement du XVIe siècle jusqu'en 1822, époque à laquelle don Pédro, fils du roi de Portugal, en fut proclamé empereur.

Les nègres y forment la moitié de la population; le reste se compose principalement de blancs et d'hommes de sang mêlé, et de nombreuses tribus indiennes, dont la plupart errent encore dans les forêts de l'intérieur.

Le gouvernement est une monarchie constitutionnelle.

La religion catholique est la seule permise.

360.

Description générale.

Le nord du Brésil offre de vastes plaines marécageuses, chaudes et malsaines; on trouve dans le midi quelques chaînes de montagnes peu élevées, et des vallées agréables et très-fertiles; les pays éloignés des côtes sont généralement peu connus, et occupés par des tribus sauvages.

Le Brésil, situé dans la zone torride, n'a pas d'hiver, mais il est sujet aux pluies périodiques et aux débordements des grands fleuves qui l'arrosent : ceux de la rivière de Paraguay forment l'immense marais de Xérayes, qui s'étend aussi dans le haut Pérou.

On trouve en abondance dans cet empire l'or, le cuivre, les diamants, les améthystes, les topazes, et d'autres pierres précieuses; de beaux bois de construction, et un bois rouge appelé *brézillet*, qui a donné son nom à cette contrée. Le commerce en tire encore du riz, du coton, du tabac, du sucre, du café, du cacao, de l'indigo, de l'ipécacuanha, de la salsepareille, etc. D'innombrables troupeaux de bœufs et de chevaux errent en liberté dans les pâturages; la race en a été apportée par les Européens. Ils fournissent aux Brésiliens beaucoup de peaux, de cornes, de suif, qui sont l'objet d'une exportation assez considérable. Parmi les animaux indigènes, on remarque le jaguar, les singes, les crocodiles, le serpent à sonnettes, les autruches, les perroquets, des papillons aux couleurs les plus brillantes.

361.

DIVISIONS.

L'empire du Brésil est divisé en 19 provinces, dont les villes principales sont : Rio-de-Janeiro, capitale; Bélem, Saint-Louis de Maranham, Pernambouc, Bahia ou San-Salvador, Villa-Rica et Saint-Paul.

* PROVINCES.

La partie du nord comprend 7 provinces : Para, cap. Bélem; Maranham, cap. Saint-Louis de Maranham; Séara ou Ciara; Rio-Grandé do Norté, cap. Natal; Piauhi, cap. OEyras; Parahyba; Pernambouc.

La partie du milieu comprend 6 provinces : Alagoas; Sergipe; Bahia; Porto-Séguro; Goyaz, cap. Villa-Boa; Mato-Grosso, cap. Mato-Grosso.

La partie du sud comprend 6 provinces : Espirito-Santo, cap. Victoria; Minas Géraes, cap. Ouro-Préto ou Villa-Rica; Rio-de-Janeiro; Saint-Paul; Sainte-Catherine, cap. Destéro; Rio-Grandé do Sul ou San-Pédro, cap. Portalègre.

362.

VILLES REMARQUABLES.

RIO-DE-JANEIRO ou SAINT-SÉBASTIEN (150,000 hab.), au

fond d'une baie, possède un des ports les plus vastes et les plus sûrs de l'univers.

Bahia ou San-Salvador (120,000 hab.), sur la baie de Tous-les-Saints, a été la capitale du Brésil jusqu'en 1773.

Pernambouc (60,000 hab.) est composée de 2 villes : *Olinda*, sur le penchant d'une montagne, et le *Récif*, sur le bord de la mer ; on l'appelle souvent, par corruption, *Fernambouc*.

Villa-Rica (20,000 hab.), dans l'intérieur du Brésil, est très-renommée par la richesse des mines de son voisinage.

Saint-Paul (15,000 hab.) est connue par les expéditions des aventuriers qui s'y étaient établis, et qui découvrirent beaucoup de mines d'or. Ils formaient un état indépendant qui a été soumis au Brésil en 1730.

PÉROU.

1,700,000 hab. — *Superficie :* 1,400,000 kil. carrés.

Longitude O. entre 66° et 83° 40′.
Latitude S. entre 3° 30′ et 21° 20′.

363.

NOTIONS HISTORIQUES.

Avant la découverte de l'Amérique, le Pérou formait un empire puissant et civilisé, dont les souverains étaient appelés *Incas*. On les regardait comme les fils du soleil. Les Péruviens employaient l'or aux usages les plus vils, et en amassaient pour des sommes immenses dans leurs monuments. On prétend qu'ils avaient orné de quelques arbres, faits avec ce métal, les jardins impériaux de Cuzco.

François Pizarre conduisit une troupe d'aventuriers espagnols au Pérou, en 1524, et fit la conquête de cette riche contrée, qui resta soumise à l'Espagne jusqu'en 1821. A cette époque, elle se révolta contre la métropole, et se constitua en république. Les Indiens y sont encore beaucoup plus nombreux que les descendants des Européens.

Plusieurs peuplades vivent dans l'état sauvage; elles habitent les montagnes.

La religion catholique est seule reconnue au Pérou. Les sauvages sont livrés au fétichisme.

364.

Description générale.

Cette contrée, si renommée par la richesse de ses mines d'or et d'argent, n'offre, sur la côte du grand Océan, que de vastes plaines sablonneuses, arides, généralement dépourvues de végétation et d'habitants; jamais, en aucune saison, il ne pleut ni ne tonne dans cette partie du Pérou. Les sommets âpres et stériles des Andes s'élèvent dans l'intérieur; il y règne un hiver perpétuel; mais au pied de ces hautes montagnes, on trouve des vallées bien arrosées, qui offrent sans cesse les productions du printemps réunies à celles de l'automne; jamais l'hiver n'y est rigoureux, jamais les chaleurs n'y sont excessives.

Le Pérou renferme d'abondantes mines d'or, d'argent, de mercure, d'émeraudes, dont les produits sont l'objet d'un grand commerce. On en exporte aussi du coton, du sucre, du quinquina, des laines de vigogne; enfin il offre toutes les productions des climats les plus variés. Le penchant des montagnes et la plaine qui s'étend à l'orient sont couverts de forêts toujours vertes.

Le couguar et le jaguar sont les principaux animaux féroces de cette contrée; les autres quadrupèdes indigènes les plus remarquables sont le lama, animal domestique, la vigogne et l'alpaca, qui n'est autre que le lama à l'état sauvage. Le condor habite les montagnes, et l'on trouve, dans les plaines basses et humides, d'énormes serpents et d'innombrables insectes; parmi ces derniers, on distingue le *sustillo,* qui fait un tissu semblable à du papier.

365.

DIVISIONS.

Le Pérou se divise en 7 intendances, qui sont: Lima, Truxillo, Puno; Junin, cap. Guanuco; Ayacucho, cap.

Guamanga; Cuzco et Aréquipa. Les autres villes principales sont: Caxamarca et Callao.

366.

VILLES REMARQUABLES.

Lima (60,000 hab.) fut fondée par Pizarre à 8 kil. de la mer; la ville de Callao lui sert de port.

Cuzco (46,000 hab.), capitale de l'empire sous les Incas, conserve encore beaucoup de monuments de son ancienne grandeur.

Aréquipa (36,000 hab.), près d'un volcan considérable, est dans une contrée délicieuse, mais souvent ravagée par les tremblements de terre, si fréquents dans toute la chaîne des Andes.

Truxillo (14,000 hab.) fut bâtie par Pizarre, qui lui donna le nom de sa ville natale.

Guancabélica (12,000 hab.) possède de riches mines de mercure.

HAUT PÉROU ou BOLIVIA.

1,500,000 hab. — *Superficie :* 1,300,000 kil. carrés.

Longitude O. entre 59° et 73°.
Latitude S. entre 10° et 26°.

367.

NOTIONS HISTORIQUES.

Le haut Pérou avait été joint pendant quelques années au gouvernement de Buénos-Ayres; en 1825, il s'en est détaché, et forme à présent un état indépendant qu'on appelle aussi *république de Bolivia.* Les habitants sont tous catholiques.

368.

Description générale.

Cette contrée se partage en trois parties qui offrent

des aspects différents : au milieu sont de hautes montagnes et des rochers nus, entrecoupés de quelques vallées fertiles et cultivées; à l'est s'étendent des plaines immenses couvertes de forêts, et inondées dans la saison des pluies; à l'ouest est un pays aride, inhabitable, compris entre les Andes et l'Océan; on l'appelle le *désert d'Atacama.*

Les montagnes renferment de riches mines d'argent et d'or. Un printemps perpétuel règne dans les vallées; on y voit croître la vigne, l'olivier, le palmier, le cacaoyer, l'arbre à quinquina, le cirier des Andes, la canne à sucre, etc. On trouve sur les montagnes plusieurs espèces de bois incorruptibles.

369.

DIVISIONS.

La république du Haut-Pérou forme six provinces, dont les capitales sont: Chuquisaca ou la Plata, la Paz, Santa-Cruz de la Sierra, Potosi, Oruro et Cochabamba.

370.

VILLES REMARQUABLES.

Chuquisaca, la Plata ou Charcas (12,000 hab.) est sur une branche du Pilcomayo; les Espagnols lui ont donné le nom de *Plata*, qui signifie *argent*, à cause des riches mines de ce métal qui se trouvent dans son voisinage.

La Paz (40,000 hab.). On trouve près de cette ville de riches mines d'or; la rivière qui y passe roule une grande quantité de paillettes de ce métal, que les habitants recueillent. Près de cette ville sont les deux plus hautes montagnes mesurées en Amérique: le *Névado de Sorata* (7,696 mètres) et le *Névado de Illimani* (7,315 mètres).

Potosi (10,000 hab.), près du Pilcomayo, possède les mines d'argent les plus abondantes après celles de Guanaxuato dans le Mexique.

PARAGUAY.

300,000 hab.—*Superficie :* 230,000 kil. carrés.

Longitude O. entre 56° et 61°.

Latitude S. entre 21° et 27° 30′.

371.

NOTIONS HISTORIQUES.

Le Paraguay fut longtemps réuni à la Plata, sous la domination espagnole. Une partie des Indiens de ce pays et de quelques provinces voisines, appelés *Guaranis*, furent civilisés par des missionnaires jésuites, qui leur apprirent à vivre du travail de leurs mains. Ces religieux gouvernèrent le pays, qui fut alors connu sous le nom de *pays des Missions*. Lorsqu'ils en furent chassés en 1767, les établissements indiens diminuèrent de plus de moitié; cependant, depuis cette époque, la population s'est accrue considérablement. Le Paraguay forme aujourd'hui un état dont le chef, qui est absolu, prend le titre de *dictateur;* la religion catholique y est seule admise. On trouve encore dans le Paraguay beaucoup d'Indiens sauvages qui dévastent souvent les habitations des blancs.

372.

Description générale.

Le Paraguay offre quelques montagnes et beaucoup de plaines marécageuses, coupées par de nombreuses rivières, et inondées en partie dans la saison des pluies. Le sol est très-fertile; il donne presque toutes les productions les plus recherchées de l'Amérique. On en exporte principalement du maté, dit *herbe du Paraguay,* du tabac, du coton, du sucre, etc.

LA PLATA ou BUÉNOS-AYRES.

2,000,000 d'hab.— *Superficie :* 2,250,000 kil. carrés.

Longitude O. entre 56° et 73°.

Latitude S. entre 22° et 43°.

373.

NOTIONS HISTORIQUES.

Cette contrée, découverte en 1515 par Juan Diaz de

Solis, dépendait autrefois des Espagnols; en 1810, elle s'est soulevée et a formé une république. L'industrie est encore peu développée dans le Buénos-Ayres; on trouve même dans l'intérieur une population descendue des anciens Espagnols, qui a embrassé un genre de vie tout à fait indépendant et presque sauvage, et qui ne s'occupe qu'à élever des troupeaux de bœufs et de chevaux.

La Plata, qu'on appelle aussi *République argentine*, est une république fédérative; la religion catholique est celle de l'État; mais les autres cultes sont tolérés.

374.

Description générale.

Des plaines marécageuses occupent presque toute cette contrée; à l'ouest s'élèvent les hautes montagnes des Andes, dont la base offre des vallées fertiles propres à toutes les cultures; au midi s'étendent des plaines désertes et salées, appelées *Pampas,* qui sont couvertes d'herbes longues et épaisses, et entièrement dénuées d'arbres. Les fleuves, débordés dans la saison des pluies, forment presque partout d'immenses marais.

Le climat de cette contrée est assez chaud pour produire la vigne, l'olivier, le coton, la canne à sucre, etc.; la Plata possède d'innombrables troupeaux de bœufs, de chevaux, de chèvres, de moutons, ainsi que des alpacas et des vigognes, qui habitent les montagnes; les vigognes donnent de très-belles laines.

On y trouve aussi des crocodiles, et des autruches moins grandes que celles d'Afrique.

375.

DIVISIONS.

Les divisions de cette république sont peu connues; les 7 principales provinces sont: Buénos-Ayres; le Cuyo, cap. Mendoza; Cordova; Salta; Tucuman, cap. San-Miguel de Tucuman; Corrientes; Entre-Rios, cap. Santa-Fé.

376.

VILLES REMARQUABLES.

Buénos-Ayres (80,000 hab.), sur la Plata, a tiré son

nom de la bonté de l'air qu'on y respire. Cette ville fait presque tout le commerce de la Plata; elle exporte beaucoup de bestiaux, de mulets, de chevaux, de cuirs, de laine, etc. Les gros navires sont obligés de s'arrêter à 12 kil. au-dessous de Buénos-Ayres.

MENDOZA (16,000 hab.), au pied des Andes, produit un bon vin semblable au Malaga.

CORDOVA (15,000 hab.) est le centre d'un commerce intérieur assez considérable.

URUGUAY ou RÉPUBLIQUE CISPLATINE.

175,000 hab. — *Superficie :* 260,000 kil. carrés.

Longitude O. entre 55° 20′ et 61°.
Latitude S. entre 30° et 35°.

376 (*bis*).

NOTIONS HISTORIQUES.

L'Uruguay faisait partie de la vice-royauté de la Plata, sous la domination espagnole. Les Brésiliens s'en emparèrent en 1821; mais ils le perdirent quelques années après. Ce pays forme aujourd'hui une république indépendante, divisée en 9 départements, dont les chefs-lieux sont peu considérables. Les hommes de race européenne ne forment que la huitième partie de la population de cet état, dont la plus grande partie est encore déserte.

VILLE REMARQUABLE.

MONTÉ-VIDÉO (30,000 hab.), capitale, et seule ville remarquable de l'Uruguay, est située à la gauche de la Plata, près de son embouchure. Son port est regardé comme le meilleur de la Plata.

CHILI.

1,500,000 hab. — *Superficie :* 300,000 kil. carrés.

Longitude O. entre 72° et 76° 30′.
Latitude S. entre 25° et 43°.

377.

NOTIONS HISTORIQUES.

Le Chili fut conquis, en 1540, par l'Espagnol Pierre Valdivia; mais en 1818 ce pays a rompu les liens qui l'unissaient à l'Espagne, et a formé une république. Les Araucaniens, peuple belliqueux qui en occupe une partie, n'ont jamais pu être soumis par les Espagnols. La religion catholique est seule reconnue au Chili.

378.

Description générale.

La température du Chili est adoucie par la chaîne des Andes, qui le couvre presque entièrement, et qui le sépare de la Plata et de la Patagonie. On tire de cette contrée beaucoup de cuivre, de l'or, de l'argent, de l'étain, des topazes, des rubis, des saphirs, etc.

On y trouve la vigogne, l'alpaca, le condor, l'autruche, le flamant, le colibri, le pélican, etc.

379.

DIVISIONS.

On peut diviser le Chili en trois parties :

1° Le *Chili proprement dit*, cap. Santiago, v. pr. Coquimbo, Valparaiso et la Conception ou la Mocha.

2° L'*Araucanie*, cap. Arauco; ville principale Valdivia.

3° *Les Iles :* l'île de Chiloé, cap. San-Carlos; et les îles désertes de Juan-Fernandez.

VILLES REMARQUABLES.

Santiago (66,000 hab.), capitale de la république, a son port à Valparaiso.

VALPARAISO (37,000 hab.), avec un beau port, est une des villes les plus commerçantes de la côte occidentale de l'Amérique.

VALDIVIA (5,000 hab.) possède un des plus beaux ports de l'Amérique.

PATAGONIE.

200,000 hab. — *Superficie* : 1,000,000 de kil. carrés.

Longitude O. entre 67° et 78°.
Latitude S. entre 39° et 54°

380.

Description générale.

La Patagonie est presque déserte et peu connue : les côtes orientales sont nues, arides, sablonneuses et privées d'eau douce; la partie occidentale est couverte de montagnes.

Il n'y a pas de villes. Quelques voyageurs prétendent y avoir vu une race d'hommes d'une taille gigantesque; il est reconnu aujourd'hui que leurs récits sont fort exagérés. Les Patagons sont, à la vérité, d'une assez haute taille, et comme ils ont le buste très-long, ils paraissent, lorsqu'ils sont à cheval, plus grands que les autres hommes. On les dit paisibles et hospitaliers; ils ont toujours conservé leur indépendance. Leur pays est froid, sujet à des changements subits de température, et exposé à des vents impétueux.

ANTILLES.

3,200,000 hab. — *Superficie* : 240,000 kil. carrés.

381.

NOTIONS HISTORIQUES.

On donne le nom d'*Antilles* à toutes les îles qui se

trouvent entre l'Amérique septentrionale et l'Amérique méridionale, depuis les Florides jusqu'au golfe de Paria; on les désigne aussi sous le nom d'*Indes occidentales.*

Les Antilles furent les premières terres découvertes en Amérique par Christophe Colomb. Ce navigateur aborda, le 12 octobre 1492, à l'île de Guanahani. Il découvrit dans le même voyage l'île de Cuba, et l'île d'Haïti ou de Saint-Domingue, qu'il nomma Hispaniola et où il fonda une colonie. Les Espagnols s'établirent d'abord dans les grandes Antilles et aux Lucayes; ils y trouvèrent des peuplades d'un caractère doux et timide, dont ils exterminèrent la race en moins de dix ans.

Les *petites Antilles* étaient habitées par les Caraïbes, hommes robustes et belliqueux, qui résistèrent aux Espagnols. Mais dans le XVIIIe siècle, les Français, les Anglais et les Hollandais étant venus former des colonies aux îles du Vent, les Caraïbes disparurent graduellement, et on ne trouve plus aujourd'hui dans ces îles que des Européens, des créoles, des mulâtres et des nègres.

Nous avons déjà dit à quelles puissances appartiennent celles de ces îles qui sont occupées par des Européens. L'île de *Saint-Domingue* ou *Haïti* forme seule aujourd'hui un état indépendant, dont le Port-au-Prince est la capitale. Cette île était autrefois partagée entre les Français qui occupaient la partie occidentale, et les Espagnols qui possédaient la partie orientale; mais en 1793 les nègres et les mulâtres se révoltèrent, et massacrèrent les blancs dans la partie française.

En 1821, ils sont devenus maîtres de toute l'île, et forment une république gouvernée par un président. Son indépendance a été assurée par le roi de France en 1825.

382.

Description générale.

Les Antilles sont généralement montagneuses et couvertes de nombreux volcans.

On n'y connaît que deux saisons bien marquées : la saison sèche, depuis la fin d'octobre jusqu'au mois d'avril, et la saison des pluies dans le reste de l'année. Des ouragans affreux ravagent ces îles ; la violence du vent est telle, qu'il renverse les habitations. Les tremblements de terre y sont très-fréquents : il n'y a pas d'île qui ne conserve le souvenir des désastres qu'ils ont causés. La chaleur et l'humidité rendent le séjour des Antilles très-dangereux, surtout pour les Européens; la fièvre jaune y règne souvent. Malgré tous ces désavantages, la richesse du sol y attire depuis longtemps les colonies européennes. L'indigo, le coton, le sucre, le tabac, les épices, toutes les productions de l'Afrique et de l'Asie, les fruits les plus savoureux, les bois les plus précieux, y croissent en abondance; mais les plantes et les animaux domestiques de l'Europe y dégénèrent promptement.

383.

VILLES ET LIEUX REMARQUABLES.

La Havane (112,000 hab.), capitale de l'île de Cuba, avec un bon port, est une ville forte et très-commerçante, qui possède une université.

Kingston (33,000 hab.), la plus considérable des villes de la Jamaïque, a un port fortifié où il se fait un grand commerce.

Port-au-Prince (28,000 hab.), capitale de la république d'Haïti, a un bon port, et fait un commerce important.

Saint-Pierre (20,000 hab.), dans la Martinique, est une des villes les plus commerçantes des Antilles.

Santo-Domingo (12,000 hab.), autrefois capitale de la partie espagnole d'Haïti, est la plus ancienne ville de cette île, qui portait autrefois son nom; elle a été fondée par le frère de Christophe Colomb.

Fort-Royal (10,000 hab.) est la capitale de la Martinique.

SECTION V.

OCÉANIE.

24,000,000 d'hab. — *Superficie* 10,500,000 kil. carrés.

384.

NOTIONS SUR LES HABITANTS.

L'Océanie, qui est plus grande que l'Europe, est occupée par deux races principales : la *race basanée* ou *malaisienne*, répandue dans la Notasie, la Polynésie et la Nouvelle-Zélande ; et la *race des nègres océaniens*, qui occupent l'Australie.

Les peuples de la première de ces races ont formé quelques états assez considérables dans les îles de la Notasie, et sont presque tous mahométans. La plupart des autres peuples de la race basanée ont un caractère plus doux que celui des nègres océaniens; ils se livrent à l'agriculture, fabriquent des vêtements, des ustensiles et des pirogues qui excitent l'admiration des navigateurs européens. Ils ont des gouvernements, et accueillent les étrangers avec hospitalité; mais quelques peuplades sont encore tout à fait barbares, et dévorent leurs prisonniers.

Les nègres océaniens appartiennent à deux races distinctes : celle des *Papouas*, chez lesquels on trouve quelques commencements de civilisation, un culte, des temples, et l'art de construire des pirogues; et celle des *Endamènes*, qui paraissent former la race d'hommes la plus stupide; éloignés de toute espèce d'industrie, ils végètent dans une extrême misère. Il en est que leur intelligence bornée, la forme de leur tête et leur agilité à grimper sur les arbres, ont fait comparer à des singes. Ces nègres vivent pour la plupart divisés par petites tribus ou familles; ils n'ont presque pas d'autre nourriture que le produit de la chasse et de la pêche; ils ne savent point cultiver la terre; ils demeurent dans des cabanes grossièrement construites, ou sous des huttes que leurs femmes sont chargées de transporter. Plusieurs de ces peuplades sont anthropophages.

Les Arabes répandirent la religion mahométane dans la Malaisie pendant le XIIe et le XIIIe siècle; ils y fondèrent plusieurs établissements qui leur furent enlevés par les Portugais dans le XVIe siècle. Depuis ce temps, les Hollandais, les Espagnols et les Anglais y ont fondé diverses colonies.

Les Hollandais dominent aujourd'hui dans la plus grande partie de la Malaisie; les Espagnols sont maîtres des Philippines et des îles Marie-Anne; les Portugais ont encore un établissement à Timor; les Anglais occupent une grande partie des côtes de la Nouvelle-Hollande, l'île de Diémen, et celle de Norfolk; ils ont fondé des établissements dans plusieurs autres îles de l'Océanie, et particulièrement dans la Nouvelle-Zélande.

384 (*bis*).

Description générale.

Les îles de l'Océanie jouissent en général d'un climat chaud, tempéré par le voisinage de la mer. Les côtes sont souvent dangereuses pour les navigateurs, à cause des nombreux récifs qui les entourent. Le mont Ophir, dans l'île de Sumatra (sous l'équateur), élevé de 3,950 mètres, est la plus haute montagne connue dans cette partie du monde. On trouve de nombreux volcans dans toute l'Océanie.

L'intérieur de la Nouvelle-Hollande est encore inconnu. Avant l'arrivée des Européens, cette grande île, à peu près aussi vaste que l'Europe, ne produisait que peu de végétaux propres à la nourriture de l'homme.

Les autres îles offrent en général une nourriture abondante; le cocotier, l'arbre à pain, la patate, l'igname, croissent naturellement dans presque toute la Polynésie. La Notasie et surtout les Moluques ont longtemps fourni au commerce presque toutes les épiceries. L'île d'Amboine, dans les Molúques, produisait tous les clous de girofle, celle de Banda donnait les noix muscades.

On trouve dans la Notasie la plupart des animaux du sud de l'Asie, tels que le tigre, l'éléphant, le rhinocéros, le buffle, de grands singes et d'énormes serpents. Les casoars, les lyres, les cygnes noirs, les oiseaux de paradis sont principalement dans l'Australie.

Les plantes et les animaux de la Nouvelle-Hollande diffèrent de presque tous ceux des autres parties du monde; on remarque, parmi les animaux, les kanguroos, les ornithorhynques, etc.

La Polynésie n'avait qu'un très-petit nombre de quadrupèdes domestiques; les navigateurs européens y ont transporté, ainsi que dans le reste de l'Océanie, des bœufs, des chèvres, des brebis; ces animaux se sont déjà multipliés dans la Nouvelle-Hollande.

385.

NOTICES SUR DIVERSES ILES DE L'OCÉANIE.

Possessions des Hollandais.

JAVA (5,000,000 d'hab.), la plus peuplée et la plus florissante des îles de l'Océanie, est presque tout entière sous la domination hollandaise. La capitale est *Batavia* (50,000 hab.), chef-lieu de toutes les possessions des Hollandais dans la Malaisie, et centre du commerce qu'ils font avec la Chine, l'Inde et le Japon. Les autres villes remarquables sont : *Céram*, à l'ouest de Java; *Chéribon*; *Samarang* (35,000 hab.), et *Sourabaya* (50,000 hab.), sur la côte septentrionale; *Djocjocarta* (55,000 hab.), et *Souracarta* (70,000 hab.), dans l'intérieur de l'île. Ces deux dernières villes sont régies immédiatement par des princes tributaires des Hollandais, et descendants des anciens empereurs de Mataram, qui dominaient autrefois sur la plus grande partie de l'île de Java.

SUMATRA (3,200,000 hab.), séparée de Java par le détroit de la Sonde, peut se diviser en deux parties : 1° la partie indépendante, au nord, v. pr. *Achem* (10,000 hab.), et *Siak* (3,000 hab.); 2° la partie dépendante des Hollandais, au sud; v. pr. *Padang* (10,000 hab.), résidence du gouverneur hollandais, et *Palembang* (20,000 hab.), capitale d'un état conquis par les Hollandais en 1821.

Nota. La plupart des îles voisines de Java et de Sumatra sont sous la dépendance des Hollandais. On remarque parmi ces îles : BANCA, BILITON, SUMBAVA, FLORÈS, dont une partie est censée appartenir aux Portugais, et TIMOR, partagée en une foule de petits royaumes presque tous vassaux des Hollandais ou des Portugais.

BORNÉO ou CALÉMANTAN (4,000,000 d'hab.), île deux fois aussi grande que la France. Les Hollandais se sont établis sur les côtes du sud-est et sur celles du sud-ouest; ils ont soumis plusieurs princes voisins; mais la plus grande partie de l'île est encore indépendante; on y remarque *Bornéo* (10,000 hab.), résidence d'un sultan dont la domination s'étendait autrefois sur la plus grande partie de l'île.

CÉLÈBES (3,000,000 d'hab.), grande île dont presque toutes les parties sont sous la domination des Hollandais. On remarque parmi ses habitants les Bouguis, peuple renommé par son habileté dans le commerce et la navigation. Au sud, est le royaume de Macassar, dont on a quelquefois donné le nom à toute l'île de Célèbes, ainsi qu'au détroit qui la sépare de Bornéo.

TERNATE, petite île à l'ouest de Gilolo, est la résidence d'un sultan, vassal des Hollandais, et dont l'autorité s'étend sur une partie des îles Gilolo et Célèbes. Au XVe siècle, les sultans de Ternate régnaient sur presque toutes les Moluques.

BANDA, petite île exclusivement consacrée par les Hollandais à la culture du muscadier.

AMBOINE (50,000 hab.), résidence du gouverneur de toutes les îles Moluques soumises aux Hollandais. On y cultive principalement le giroflier.

Possessions des Espagnols.

Les PHILIPPINES (4,500,000 hab.) sont, pour la plupart, sous la dépendance des Espagnols. Cet archipel se compose d'un millier de petites îles, parmi lesquelles dix ou douze seulement sont remarquables par leur grandeur. Les principales de ces îles sont :

1° LUÇON (2,300,000 hab.), dont une grande partie est

soumise aux Espagnols; on y remarque *Manille* (100,000 hab.), grande ville, très-riche et très-commerçante, sur un fleuve navigable, et près d'une belle baie. La partie indépendante de Luçon est occupée par diverses peuplades, dont quelques-unes sont très-féroces et entièrement sauvages.

2° MINDANAO (1,200,000 hab.), dont les villes principales sont : *Samboangan* (1,000 hab.), à l'ouest de l'île, chef-lieu des possessions espagnoles dans Mindanao ; et *Selangan* (10,000 hab.), capitale d'un royaume indépendant, près de l'ancienne ville de Mindanao, qui a été presque entièrement abandonnée.

3° PALAOUAN, grande île très-peu connue. L'intérieur est occupé par des peuplades indépendantes; les Espagnols possèdent un district au nord-est; la plus grande partie des côtes est soumise au sultan des îles Soulous.

4° Les SOULOUS, groupe de petites îles entre Mindanao et Bornéo. Le sultan qui y règne étend sa domination sur une partie des îles Bornéo et Palaouan, et sur quelques petites îles voisines.

Les ÎLES MARIE-ANNE ou des LARRONS (6,000 hab.), dans la Micronésie, sont aussi soumises aux Espagnols. Les plus remarquables sont : *Gouam* (5,000 hab.), résidence du gouverneur de cet archipel, et *Tinian*.

Possessions des Portugais.

Les Portugais, qui s'établirent dans l'Océanie avant tous les autres peuples européens, n'ont conservé que la partie nord-est de l'île de TIMOR, dont le chef-lieu est *Dillé* (2,000 hab.), et la partie orientale de l'île de FLORÈS qu'ils paraissent même avoir abandonnée.

Possessions des Anglais.

La NOUVELLE-HOLLANDE ou AUSTRALIE (400,000 hab.) est si vaste que plusieurs géographes la regardent comme un troisième continent. Jusqu'à la fin du dernier siècle, elle n'a été occupée que par des tribus sauvages, que l'on range parmi les peuplades les plus abruties du monde. L'intérieur de ce pays est encore inconnu; les côtes sont nommées : 1° au nord Terre de Witt, de Van Diémen, d'Arnheim et de Carpentarie; 2° à l'ouest, Terre d'Endracht, d'Édel, de Leeuwin; 3° au sud, Terre de Nuyts, de Flinders, de Baudin et de Grant; 4° à l'est, Nouvelle-Galles méridionale.

Depuis 1787, ce pays a reçu plusieurs colonies anglaises. Le gouvernement anglais y a déporté les malfaiteurs, et une sage discipline en a corrigé beaucoup de leurs vices. La plus ancienne et la plus célèbre de ces colonies est la *Nouvelle-Galles méridionale*, ch.-l. *Sydney* (20,000 hab.), sur une baie appelée Port-Jackson. Cette colonie avait été primitivement établie sur la *baie botanique* (Botany-Bay) au sud de Port-Jackson.

Les Anglais occupent aussi dans la Nouvelle-Hollande l'*Australie méridionale*, vers l'embouchure du fleuve Murray, et l'*Australie occidentale* ou *Rivière des Cygnes*, dans la Terre de Leeuwin.

ILE DE DIÉMEN (45,000 hab.), ch.-l. *Hobart-Town* (16,000 hab.), ville qui s'est accrue très-rapidement. Les nègres de cette île sont encore plus féroces que ceux de la Nouvelle-Galles méridionale.

NORFOLK (1,300 hab.). Le gouvernement de Sydney y déporte les malfaiteurs.

ILES INDÉPENDANTES.

Australie.

La NOUVELLE-GUINÉE ou PAPOUASIE (500,000 hab.), la plus longue de toutes les îles du globe après la Nouvelle-Hollande, est habitée par un grand nombre de tribus popouas, et par des tribus de race malaisienne. On y trouve en grand nombre les casoars, les lyres, les cygnes noirs, les oiseaux de paradis.

L'archipel de la NOUVELLE-BRETAGNE et de la NOUVELLE-IRLANDE (65,000 hab.) est occupé par des Papouas, moins laids et plus avancés dans la civilisation que ceux de la Nouvelle-Guinée.

Les ILES SALOMON (100,000 hab.) ont été appelées, à différentes époques, *îles des Arsacides* et *Nouvelle-Géorgie*.

L'ARCHIPEL DE LA PÉROUSE (50,000 hab.) est composé de petites îles, parmi lesquelles on remarque *Vanikoro*, célèbre par le naufrage du navigateur français la Pérouse, en 1788.

Les NOUVELLES-HÉBRIDES (150,000 hab.) sont habitées par des nègres, dont quelques tribus sont anthropophages. La plus grande est appelée *île du Saint-Esprit*.

La NOUVELLE-CALÉDONIE (40,000 hab.) est également habitée par des nègres anthropophages.

La NOUVELLE-ZÉLANDE (250,000 hab.), que plusieurs géographes appellent *Tasmanie*, est habitée par des tribus de race malaisienne qui sont encore tout à fait barbares et même anthropophages. Les Anglais en ont occupé une partie; les Français ont aussi essayé d'y fonder une colonie. Ce groupe comprend deux îles principales : *Eaheinomauwe*, la plus peuplée, au nord; et *Tawaï-Poenammou*, la plus grande, au sud. Ces deux îles sont séparées par le détroit de Cook.

Micronésie.

L'ARCHIPEL DE MAGELLAN (1,000 hab.) est composé de plusieurs groupes d'îles parmi lesquels on remarque celui de *Bonin-Sima* ou *Mounin-Sima*, habité par une colonie de Japonais.

Les PELEW ou PALAOS (10,000 hab.) sont couvertes de bois épais, et environnées à l'ouest par un récif de corail.

Les CAROLINES (50,000 hab.) sont composées d'un grand nombre de groupes d'îles, parmi lesquels on distingue ceux de *Yap*, *Égoï*, *Ouliay* ou *Guliay*, *Hogoleu*, *d'Urville* et *Duperrey;* quelques peuplades de cet archipel sont remarquables par leur habileté dans la navigation.

Les MULGRAVES (2,000 hab.) comprennent les deux groupes de *Radack* et de *Ralick*, composés de petites îles.

Les KINGSMILL sont également petites; les principales sont les îles du *Scarborough*, *Gilbert* et *Drummond*.

Polynésie.

Les ÎLES SANDWICH ou HAWAII (150,000 hab.) sont habitées par un peuple civilisé, converti depuis quelques années au christianisme. Elles ont un gouvernement régulier, des écoles et un commerce étendu. On en tire du bois de sandal.

Les MARQUISES (40,000 hab.) sont quelquefois appelées *Mendana*, du nom du navigateur qui les découvrit dans le XVIe siècle. La principale est *Noukahiva*, où l'on voit, dit-on, une cascade qui tombe de plus de six cents mètres de hauteur.

Les ÎLES DES NAVIGATEURS (160,000 hab.) sont aussi nommées *Hamoa* ou *Bougainville.*

Les ÎLES VITI ou FIDJI (85,000 hab.) renferment deux grandes îles dont la principale est *Viti-Lévou.*

Les ÎLES TONGA (200,000 hab.) sont habitées par un peuple habile à fabriquer ses armes. La religion chrétienne y a fait des progrès. Cook les appela *Iles des Amis*, à cause du bon accueil que lui firent les habitants.

Les ÎLES TAHITI OU DE LA SOCIÉTÉ (135,000 hab.) sont très-fréquentées par les vaisseaux européens. Les habitants ont été convertis à la religion chrétienne depuis 1815; ils sont très-avancés dans la civilisation.

Les ÎLES BASSES comprennent l'*archipel de la mer Mauvaise* et l'*archipel Dangereux;* ces îles sont petites, basses, entourées de récifs de corail, et désertes pour la plupart.

TROISIÈME PARTIE.

SECTION I.

COSMOGRAPHIE.

386.

DÉFINITIONS PRÉLIMINAIRES.

(*Figure* 1.) La *ligne droite* est la plus courte qu'on puisse mener d'un point à un autre.

(*Fig.* 2.) La *ligne brisée* est une ligne composée de plusieurs lignes droites jointes ensemble.

(*Fig.* 3.) La *ligne courbe* est celle qui n'est ni droite, ni composée de lignes droites.

Le *plan* ou *surface plane* est une surface sur laquelle une ligne droite peut s'appliquer dans tous les sens et dans toute son étendue.

(*Fig.* 4.) Deux lignes, situées dans un même plan, sont *parallèles* lorsque leur distance est toujours la même, quelque prolongées qu'on les suppose.

(*Fig.* 5.) Quand deux lignes se rencontrent, elles sont plus ou moins inclinées l'une sur l'autre; cette inclinaison se nomme *angle*.

Le *sommet de l'angle* est le point où les deux lignes qui le forment viennent se rencontrer. Ces lignes sont les *côtés* de l'angle.

(*Fig.* 6.) Lorsqu'une ligne tombe sur une autre de manière à former deux angles égaux, ces angles sont droits et les deux lignes sont *perpendiculaires* entre elles.

(*Fig.* 6.) Lorsqu'une ligne forme avec une autre deux angles inégaux, l'un est plus grand qu'un angle droit, l'autre plus petit, et les deux lignes sont obliques entre elles.

On nomme *angle obtus* l'angle plus grand que l'angle droit, et *angle aigu* celui qui est plus petit.

(*Fig.* 7.) Le *cercle* est une surface plane terminée par

une ligne courbe dont tous les points sont à égale distance d'un point intérieur qu'on appelle *centre.*

La ligne qui termine le cercle est la *circonférence.*

Les *rayons* sont des lignes droites menées du centre à la circonférence. Tous les rayons sont égaux.

L'*arc* est une partie de la circonférence.

La *corde* est une ligne droite qui joint les extrémités d'un arc.

Toute ligne droite qui passe par le centre et qui se termine des deux côtés à la circonférence se nomme *diamètre.*

Le diamètre divise le cercle en deux parties égales appelées *demi-cercles.*

(*Fig.* 8.) On nomme *sphère* ou *globe* un corps dont la surface a tous ses points à égale distance d'un autre point placé dans l'intérieur, et qu'on appelle *centre.*

La ligne qui va du centre à la surface de la sphère se nomme *rayon* de la sphère. La ligne qui passe par le centre de la sphère et qui se termine des deux côtés à la surface se nomme *diamètre* de la sphère. Si la sphère tourne autour de ce diamètre, il prendra le nom d'*axe.* Les deux points où l'axe se termine à la surface sont les deux *pôles.*

Tout plan qui coupe un globe trace un cercle sur la surface de ce globe.

Les *grands cercles* sont formés par des plans qui passent par le centre du globe, et le partagent en deux parties égales appelées *hémisphères.* Les autres sont appelés *petits cercles.*

On nomme *cercles parallèles* les cercles situés dans des plans parallèles, et dont les centres sont sur un même diamètre perpendiculaire à leurs plans.

(*Fig.* 7.) La circonférence d'un cercle, soit grand, soit petit, se divise en 360 parties égales qu'on appelle *degrés*, chaque degré en 60 parties qu'on appelle *minutes*, chaque minute en 60 *secondes.*

On divise aussi le quart de cercle en 100 degrés ou grades, chaque grade en 100 minutes, chaque minute en 100 secondes, et ainsi de suite.

Les degrés se marquent ordinairement (°), les minutes ('), les secondes (").

(*Fig.* 7.) Tout angle a autant de degrés qu'en a la

portion de cercle comprise entre ses côtés, lorsque le sommet de l'angle est au centre du cercle. L'angle droit a 90°; l'angle de 45° est la moitié d'un droit.

Lorsque nous sommes dans une grande plaine où la vue n'est gênée par aucun obstacle, il nous semble voir un grand cercle autour de nous; ce cercle s'appelle *horizon visuel;* les surfaces parallèles à ce cercle sont dites *horizontales;* la surface des eaux tranquilles dans un bassin peu étendu, est une surface horizontale. La ligne perpendiculaire à l'horizon se nomme *verticale.*

On nomme *zénith* le point du ciel qui se trouve verticalement au-dessus de nos têtes, et *nadir* le point diamétralement opposé. L'*horizon rationnel* est un plan parallèle à l'*horizon visuel*, et que l'on suppose passer par le centre de la terre.

L'*orbite* d'un astre est la route qu'il parcourt dans le ciel autour d'un autre astre.

Le *périhélie* est le point auquel une planète ou une comète se trouve le plus rapprochée du soleil; l'*aphélie* est le point où elle en est le plus éloignée. Le *périgée* est le point où la lune est le plus rapprochée de la terre; l'*apogée* est celui où elle en est le plus éloignée.

387.

DE L'UNIVERS EN GÉNÉRAL.

La *cosmographie* traite des rapports de la terre avec le reste de l'univers. L'univers est l'ensemble de tout ce qui existe. C'est un espace sans bornes dans lequel est disséminée une multitude innombrable de corps appelés *astres.* La terre, qui nous paraît si vaste, est un des plus petits de tous ces corps.

On peut diviser tous les astres en deux classes : 1° ceux qui se meuvent autour du soleil; 2° *les étoiles fixes*, qui gardent toujours entre elles la même position relative. La première classe forme le *système solaire*, auquel la terre appartient; elle comprend le soleil, les planètes, les satellites et les comètes.

Nous parlerons d'abord de la terre, parce que c'est le

globe que nous habitons, et nous donnerons quelques e plications sur la manière dont on a connu la forme et l mouvements de cette planète.

388.

TERRE.

Nous avons déjà dit que la terre est ronde; nous trou vons les preuves de cette vérité dans les apparences ter restres et dans les phénomènes célestes.

(*Fig.* 9.) Si la surface de la terre était plane, les ob jets qui s'éloignent ou qui se rapprochent dans une vaste plaine ou sur la haute mer sembleraient seulement diminuer ou augmenter de volume; mais on les verrait toujours en entier, tant qu'ils ne seraient pas hors de la portée de la vue.

(*Fig.* 10.) Cependant, lorsqu'on s'approche d'une montagne, on aperçoit d'abord le sommet *a* de la montagne, puis le milieu *c*, puis la base *b*. On fait une observation analogue sur un vaisseau qui s'éloigne du port; les parties inférieures semblent s'enfoncer dans la mer, et l'on voit encore le haut des mâts longtemps après que le corps du vaisseau a disparu. Si la surface de la mer était plane, le contraire arriverait; le bas du vaisseau, qui est beaucoup plus gros que les mâts, serait vu de plus loin : il ne peut donc être caché que par la convexité du globe.

Ces effets se reproduisent d'une manière uniforme sur toute la terre, soit que l'on se dirige à l'est ou à l'ouest, au nord ou au sud; on doit donc en conclure que la surface de la terre est également courbée de tous côtés, c'est-à-dire qu'elle est ronde. On a d'autres preuves de la rondeur de la terre : 1° les voyages qui ont été faits autour du monde ont montré qu'en allant toujours dans la même direction, on revient au point de départ; 2° l'ombre que la terre projette sur la lune au moment des éclipses paraît toujours celle d'une sphère.

Une foule d'autres expériences ont prouvé que la terre est à peu près de la forme d'une sphère (*fig.* 8).

Elle a 40,000 kil. de tour et 12,733 kil. de diamètre.

chaque pôle est aplati d'environ 20 kilomètres et demi, ou de $\frac{1}{309}$ du rayon de la terre. Cet aplatissement et la hauteur des montagnes ne doivent pas nous empêcher de regarder la terre comme ronde; l'aplatissement ne serait pas d'un demi-millimètre sur un globe de trois décimètres de diamètre; et la hauteur des montagnes est moindre, relativement à la terre, que les plus petites aspérités que l'on remarque sur la peau d'une orange.

Tous les objets qui se trouvent à la surface de la terre y sont retenus par une force que l'on nomme *attraction*, qui les attire sans cesse vers le centre du globe, et dont l'effet est la *pesanteur* ou *gravité*. Cette force peut être comparée à celle de l'aimant, qui attire le fer.

389.

MOUVEMENT DIURNE.

Chaque jour le soleil, la lune et les étoiles s'élèvent au-dessus de l'horizon du côté de l'orient et disparaissent vers l'occident, après avoir décrit dans le ciel une route circulaire. Il n'y a que deux manières d'expliquer ce phénomène : il faut que tout l'univers tourne en vingt-quatre heures autour de notre globe, ou que la terre tourne sur elle-même dans cet intervalle.

On reconnaît aisément l'absurdité de la première explication : le soleil est 1,328,000 fois plus gros que la terre, et il en est éloigné de 153,000,000 de kil.; c'est-à-dire qu'un boulet de canon qui conserverait toujours une vitesse de 400 mètres par seconde, mettrait plus de douze ans pour y parvenir. Comment supposer au soleil un mouvement assez rapide pour qu'il puisse parcourir tous les jours un cercle six fois plus grand que cette distance? et cependant cette rapidité n'est rien en comparaison de celle qu'il faudrait accorder aux étoiles fixes, dont la plus rapprochée est au moins cent mille fois aussi éloignée de nous que le soleil : elles devraient parcourir plus de 1,100,000,000 de kil. par seconde. Pouvons-nous croire que l'univers entier ait été assujetti à ce mouvement autour d'un globe aussi petit que la terre?

La seconde explication, qui fait tourner la terre sur elle-même, est bien plus simple, et s'accorde mieux avec tout ce que nous observons dans le ciel. La terre en tournant présente successivement chacune de ses faces au soleil. Le spectateur placé au point *b* (*fig.* 11), qui aperçoit d'abord le soleil à sa gauche vers l'horizon, le verra au-dessus de sa tête au point *c* lorsque la terre aura fait le quart de sa révolution, et à sa droite, au point *d*, vers l'horizon, lorsqu'elle en aura fait la moitié; enfin le soleil lui sera entièrement caché pendant l'autre moitié de la révolution. Il en est de même pour tous les astres : quoiqu'ils soient restés à la même place, ils semblent avoir décrit un cercle autour de la terre en sens contraire de son mouvement, en conservant toujours entre eux la même position respective. Cette révolution de la terre est bien plus aisée à concevoir que celle du ciel, car elle ne suppose à la terre qu'une vitesse de 40,000 kil. par jour. D'ailleurs on a reconnu que tous les astres que nous pouvons observer dans le ciel tournent sur eux-mêmes, et il n'est pas probable que notre globe soit seul excepté de la règle générale.

Le mouvement de la terre est insensible pour nous, parce qu'il se fait sans secousse, et que tous les objets qui sont sur le globe tournent avec lui; de sorte que nous les voyons toujours dans la même position relative. On éprouve une illusion semblable lorsqu'on est entraîné par une voiture rapide : si l'on se place de manière à ne voir que le sommet des arbres ou des édifices, il semble que l'on est en repos et que les objets extérieurs s'éloignent en sens contraire de la route que l'on suit. L'illusion serait encore plus complète si l'on n'éprouvait aucune secousse, et que l'on ne fût pas convaincu d'avance que le mouvement appartient à la voiture.

390.

LIGNES ET CERCLES DE LA SPHÈRE

Axe, pôles, méridiens, parallèles, équateur.

(*Fig.* 8.) D'après les définitions que nous avons déjà données, la ligne imaginaire sur laquelle la terre exécute son mouvement de rotation est l'axe de la terre, P P'; les deux extrémités de l'axe sont les pôles P et P'; l'un, P, s'appelle *pôle boréal* ou *arctique* ou simplement *nord;* l'autre, P', se nomme *pôle austral* ou *antarctique*, ou simplement *sud*. Pour classer et reconnaître aisément toutes les parties de la surface du globe, on y suppose des méridiens et des parallèles.

Les méridiens sont des demi-cercles qui vont d'un pôle à l'autre, comme P E P', et dont le centre est le même que celui de la terre. On les appelle ainsi, parce qu'il est midi pour tous les lieux par où passe un méridien, lorsque le soleil est au zénith de l'un de ses points. Si l'on prolonge un méridien P E P' au delà des pôles, on aura un autre demi-cercle P E' P' sur lequel il est minuit, tandis qu'il est midi sur le premier. On nomme aussi méridien le cercle entier P E P' E'.

Les parallèles ou *cercles parallèles* sont des cercles perpendiculaires au méridien, et parallèles entre eux; ils ont tous leur centre sur l'axe de la terre, comme C C, T T, etc. L'équateur E E' est le plus remarquable des parallèles; c'est un grand cercle qui est à égale distance des deux pôles. Il partage la terre en deux hémisphères : l'un est *l'hémisphère septentrional*, ou *boréal*, ou du *nord :* l'autre, *l'hémisphère méridional*, ou *austral*, ou du *sud*.

Les méridiens et les parallèles sont, comme tous les autres cercles, partagés en 360 degrés. Le nombre de tous ces cercles est infini, puisque l'on peut faire passer un méridien par chaque point de l'équateur, et un parallèle par chaque point du méridien : mais on ne les trace ordinairement sur les globes que de dix en dix degrés; et sur les cartes, à dix, à cinq, à deux, et même à un degré d'intervalle.

391.

LONGITUDE ET LATITUDE.

On appelle *latitude* la distance d'un parallèle à l'équateur, et *longitude* la distance d'un méridien à un autre méridien, pris arbitrairement pour le premier. Ces distances se comptent en degrés : sur les globes et sur les cartes, on met à chaque parallèle un numéro indiquant de combien de degrés il est éloigné de l'équateur, et à chaque méridien un numéro indiquant de combien de degrés il est éloigné du méridien que l'on a choisi pour le premier. Les Français prennent ordinairement le méridien de Paris pour le premier; autrefois c'était celui de l'île de Fer qui était généralement adopté.

Au moyen de la longitude et de la latitude, on peut déterminer d'une manière précise la position de tous les lieux de la terre. Ainsi la ville de Lucerne est à peu près à 47° de latitude nord, et à 6° de longitude orientale : c'est-à-dire qu'elle est à peu près sur le parallèle qui passe à 47° au nord de l'équateur, et à l'endroit où ce parallèle coupe le méridien qui est à 6° à l'orient du méridien de Paris.

392.

MOYEN DE DÉTERMINER LA LONGITUDE ET LA LATITUDE D'UN LIEU.

Le soleil semble faire le tour de la terre en 24 heures; ainsi il parcourt 15 degrés dans une heure, et un degré dans 4 minutes; c'est-à-dire que lorsqu'il est midi à Paris, il faut attendre encore une heure pour qu'il soit midi sur le méridien qui est à 15 degrés plus à l'ouest, 3 heures pour qu'il soit midi à 45 degrés plus à l'ouest; tandis qu'il est déjà une heure à 15 degrés plus à l'est. Cette différence d'heure fait reconnaître la longitude d'un lieu. Si l'on voit par une éclipse, ou par une montre marine qui ne varie pas, qu'il est 8 heures du matin à Paris, tandis qu'il est midi et 12 minutes dans le pays où l'on se trouve, c'est-à-dire 4 heures et 12 minutes de plus, en multipliant le nombre des heures par 15, et en divisant par 4 celui des minutes, on verra que ce pays est à 63 degrés de longitude orientale : la longitude serait occidentale si l'heure était moins avancée qu'à Paris.

On peut aisément reconnaître la latitude nord d'un pays par l'inspection de l'étoile polaire : cette étoile, qui est près du zénith du pôle nord, semble à peu près immobile dans le ciel. Quand on est à l'équateur on la voit à l'horizon. Elle s'élève à mesure qu'on s'avance vers le nord, de sorte qu'on la voit à dix, à vingt, à trente degrés de hauteur lorsqu'on est à dix, à vingt, à trente degrés de latitude, et ainsi de suite.

393.

MOUVEMENT ANNUEL.

Lorsqu'on observe la place du soleil dans le ciel, on remarque chaque jour qu'il semble occuper une nouvelle position relativement aux étoiles fixes, de sorte qu'il a décrit un cercle et qu'il est revenu à la même place au bout d'un an. Cette illusion est produite par le mouvement de la terre qui tourne autour du soleil dans l'espace de 365 jours 5 heures 49 minutes. Elle décrit dans cette révolution annuelle une espèce de courbe qu'on appelle ellipse (*fig.* 12) : c'est l'orbite de la terre. Le plan dans lequel cette orbite se trouve prend le nom d'*écliptique*, parce que les éclipses ne peuvent arriver que lorsque le soleil, la lune et la terre se trouvent sur la même ligne dans ce plan.

Le soleil n'est pas au centre de cette ellipse, il est à un point que les géomètres appellent *foyer*, et qui se trouve sur le plus grand diamètre de l'ellipse. Ainsi la terre n'est pas toujours également éloignée du soleil ; il y a environ un million de lieues de différence entre la plus grande distance, que l'on appelle *aphélie*, et la plus petite, que l'on appelle *périhélie*.

La distance moyenne est de 153,000,000 de kilomètres.

Le mouvement annuel de la terre est cause de la diversité des saisons : l'axe de la terre n'est pas perpendiculaire à l'écliptique, il est incliné sur ce plan de 23° $\frac{1}{2}$ (*fig.* 14), et conserve toujours la même direction. Il en résulte que la terre présente alternativement ses deux pôles au soleil à deux époques de l'année que l'on appelle *solstices*, et qu'à deux autres époques, appelées *équinoxes*, elle ne tourne aucun de ses pôles vers cet astre.

Nous allons expliquer la position de la terre et la manière dont elle est éclairée par le soleil à chacune de ces quatre époques. Le 21 mars, la terre ne tournant vers le soleil aucune extrémité de son axe, la lumière se répand également d'un pôle à l'autre (*fig.* 13), et éclaire une moitié de chaque cercle parallèle, tandis que l'autre moitié est dans l'obscurité; il en résulte que les jours sont partout égaux aux nuits, car, dans la rotation diurne de la terre, chaque point de ces parallèles reste aussi longtemps dans la lumière que dans l'obscurité; c'est l'*équinoxe du printemps*. La terre avançant dans l'écliptique, le pôle nord se trouve continuellement éclairé par le soleil pendant six mois, jusqu'à l'équinoxe d'automne, et la lumière s'étend de plus en plus autour de ce pôle jusqu'au 22 juin, tandis que le pôle sud reste pendant six mois dans l'obscurité, et qu'il y règne une nuit continuelle, dans un espace égal à celui qui est éclairé vers le pôle nord.

Au bout de trois mois, vers le 22 juin, le pôle nord P (*fig.* 14) est tourné vers le soleil, la lumière de cet astre se répand sur toutes les terres voisines du pôle, et jusqu'à 23° $\frac{1}{2}$ de distance il y a un jour continuel, tandis que le pôle sud P′ est entièrement caché au soleil ainsi que toutes les terres qui l'entourent jusqu'à 23° $\frac{1}{2}$ de distance. Dans l'hémisphère boréal le soleil répand sa lumière sur plus de la moitié de chaque parallèle; les jours y sont plus longs que les nuits : le contraire arrive dans l'hémisphère austral, et les nuits y sont plus longues que les jours; tandis qu'à l'équateur les jours et les nuits sont toujours d'une égale durée. C'est alors l'été pour l'hémisphère boréal, et l'hiver pour l'hémisphère austral; on appelle cette époque *solstice d'été*.

Trois mois après, au 23 septembre (*fig.* 13), la terre, en poursuivant sa révolution, ne présente plus aucun de ses pôles au soleil, et l'on remarque les mêmes résultats qu'au 21 mars : c'est l'*équinoxe d'automne*.

Le pôle nord cesse d'être éclairé, et reste pendant six mois dans l'obscurité, jusqu'à l'équinoxe du printemps, au lieu que le pôle sud reçoit continuellement la lumière et jouit à son tour d'un jour de six mois.

Trois mois après, le 22 décembre (*fig.* 14), la terre présente le pôle sud au soleil, et le pôle nord est entièrement dans l'obscurité jusqu'à 23° $\frac{1}{2}$ de distance. Cette disposition est exactement l'inverse de celle du 22 juin, les mêmes phénomènes se reproduisent, mais dans un sens opposé : c'est le moment des plus longs jours pour l'hémisphère austral, et des plus courts pour l'hémisphère boréal; l'été règne dans le premier hémisphère, et l'hiver dans le second. C'est le *solstice d'hiver*.

On a partagé l'année en quatre saisons, qui commencent toutes à l'une de ces quatre positions remarquables de la terre. Le printemps commence à l'équinoxe du printemps; l'été, au solstice d'été; l'automne, à l'équinoxe d'automne; et l'hiver, au solstice d'hiver.

Les saisons n'ont pas une égale durée :

Le printemps dure environ....	92ʲ	21ʰ	16'.
L'été....................	93	13	53.
L'automne................	89	17	8.
L'hiver..................	89	1	31.

Cette différence dans la durée des saisons vient de ce que la partie de l'ellipse (*fig.* 12) que la terre parcourt du printemps à l'automne, est plus grande que celle qu'elle parcourt depuis l'équinoxe d'automne jusqu'à celui du printemps, et que le mouvement de la terre dans son orbite est un peu plus rapide dans l'hiver que dans l'été, parce qu'elle se trouve alors plus rapprochée du soleil. Les nombres de jours renfermés dans les saisons n'étant pas des nombres entiers, elles ne commencent pas chaque année au même jour; mais la différence avec les dates que nous avons données ne peut être que d'un ou deux jours.

394.

CERCLES RELATIFS AU MOUVEMENT ANNUEL.

Écliptique, tropiques, cercles polaires.

La terre tourne autour du soleil; mais comme nous sommes placés sur la terre, nous ne nous apercevons pas de son mouvement, et nous l'attribuons au soleil, qui semble décrire un cercle autour de nous. Cette route apparente est indiquée sur les globes terrestres : on donne le nom d'*écliptique* à la ligne qui la représente. C'est un grand cercle incliné de 23° ½ sur l'équateur, T T′ (*fig.* 8) ; il s'étend jusqu'à deux cercles parallèles placés à 23° ½ de l'équateur, T T et T′ T′, et appelés *tropiques*, d'un mot grec qui signifie retour, parce qu'ils indiquent la place où le soleil semble s'arrêter et revenir vers l'équateur. A 23° ½ de chaque pôle se trouvent les deux cercles polaires C C et C′ C′; ils indiquent la latitude jusqu'à laquelle s'étendent les jours continuels et les nuits continuelles des pôles pendant les solstices.

Les tropiques et les cercles polaires partagent la terre en cinq zones. La *zone torride* est entre les deux tropiques; elle renferme les pays les plus chauds de la terre : le soleil est toujours au zénith de quelque point de cette zone; les peuples qui l'habitent sont appelés *amphisciens*, ou à deux ombres, parce que le soleil à midi y darde ses rayons du côté du nord dans une partie de l'année, et du côté du sud pendant l'autre partie. Les deux *zones tempérées* s'étendent entre les deux tropiques et les deux cercles polaires; les habitants de ces zones n'ont jamais le soleil à leur zénith ; on les appelle *hétérosciens* ou peuples à *ombres différentes*, parce qu'à midi, ceux de la zone tempérée du nord voient le soleil au sud, tandis que ceux de la zone tempérée du sud le voient au nord. Les deux *zones glaciales* s'étendent depuis chaque cercle polaire jusqu'au pôle. C'est là que l'on ressent les froids les plus rigoureux. Les habitants de ces zones sont appelés *périsciens*, parce que, dans leur été, leur ombre semble tourner autour d'eux.

395.

ZODIAQUE.

Tous les cercles que l'on trace sur le globe terrestre sont aussi censés se prolonger jusque dans le ciel; ils servent à classer les étoiles de la même manière que l'on détermine tous les points de la terre. Il y a donc des méridiens, des parallèles, un équateur et un écliptique célestes.

Le *zodiaque* est une zone céleste que l'écliptique traverse par le milieu, et qui est terminée par deux cercles parallèles à ce dernier. Il a environ 17 degrés de largeur.

Les orbites de toutes les planètes connues des anciens se trouvent renfermées dans cette zone. On l'a partagée en douze parties de 30° chacune, et l'on a réuni les étoiles qui se trouvent dans chacune de ces parties, sous diverses figures qu'on appelle les signes du zodiaque. Le soleil, dans sa révolution apparente, parcourt trois signes dans chaque saison de l'année. Ces signes sont marqués sur les globes à côté des degrés de l'écliptique auxquels ils correspondent. Voici les noms des douze signes du zodiaque, avec les figures qui les représentent dans les livres, et les saisons auxquelles ils appartiennent :

PRINTEMPS	*Mars*	Le Bélier ♈.
	Avril	Le Taureau ♉.
	Mai	Les Gémeaux ♊.
ÉTÉ	*Juin*	Le Cancer ou Écrevisse ♋.
	Juillet	Le Lion ♌.
	Août	La Vierge ♍.
AUTOMNE	*Septembre*	La Balance ♎.
	Octobre	Le Scorpion ♏.
	Novembre	Le Sagittaire ♐.
HIVER	*Décembre*	Le Capricorne ♑.
	Janvier	Le Verseau ♒.
	Février	Les Poissons ♓.

Le soleil semble entrer dans un nouveau signe vers le 21 de chaque mois, et parcourt à peu près un degré par jour. On peut voir, dans la figure 12, les positions du soleil et de la terre relativement à chaque signe aux différentes saisons de l'année.

396.

DURÉE DES JOURS.

A l'équateur le jour et la nuit sont égaux pendant toute l'année; mais à mesure qu'on s'écarte vers le nord ou vers le sud, les jours d'été et les nuits d'hiver augmentent sans cesse, comme on le voit par la figure 14. Aux cercles polaires, le plus grand jour est de 24^h; et au delà, jusqu'aux pôles, il dure depuis 1 jour jusqu'à 6 mois. Quelques géographes ont partagé la terre d'après cette inégale durée du plus grand jour en 30 climats. Les 24 premiers, entre l'équateur et le cercle polaire, diffèrent entre eux d'une demi-heure pour la durée du plus grand jour; les six autres, entre le cercle polaire et le pôle, diffèrent d'un mois. En voici le tableau, avec la latitude à laquelle finit chaque climat :

*CLIMATS DE DEMI-HEURES.

Climats.	DURÉE du plus long jour sous le parallèle le plus élevé.	LATITUDE du parallèle le plus élevé.	Climats.	DURÉE du plus long jour sous le parallèle le plus élevé.	LATITUDE du parallèle le plus élevé.
1er	12h 30m	8° 34'	13e	18h 30m	60° 0'
2e	13 0	16 44	14e	19 0	61 19
3e	13 30	24 12	15e	19 30	62 26
4e	14 0	30 48	16e	20 0	63 23
5e	14 30	36 31	17e	20 30	64 10
6e	15 0	41 23	18e	21 0	64 50
7e	15 30	45 32	19e	21 30	65 22
8e	16 0	49 2	20e	22 0	65 48
9e	16 30	52 0	21e	22 30	66 7
10e	17 0	54 30	22e	23 0	66 21
11e	17 30	56 38	23e	23 30	66 29
12e	18 0	58 27	24e	24 0	66 32

*CLIMATS DE MOIS.

Climats.	Plus long jour sous le parallèle le plus élevé.	LATITUDE du parallèle le plus élevé.	Climats.	Plus long jour sous le parallèle le plus élevé.	LATITUDE du parallèle. le plus élevé.
1er	1 mois.	67° 23'	4e	4 mois.	78 31
2e	2	69 50	5e	5	84 5
3e	3	73 39	6e	6	90

SYSTÈME SOLAIRE.

397.

SOLEIL.

Le *soleil*, qui occupe le centre du système solaire, est

un astre lumineux, environ 1,328,000 fois plus gros que la terre. On a reconnu, par le déplacement et le retour périodique des taches qui sont à sa surface, qu'il tourne sur lui-même en 25 jours et 12 heures.

398.

PLANÈTES.

Les *planètes* (*fig.* 15) sont des astres opaques qui nous paraissent brillants parce qu'ils réfléchissent la lumière du soleil. Elles ont deux mouvements, l'un de rotation sur elles-mêmes, et l'autre de révolution autour du soleil; ces deux mouvements s'exécutent sans exception d'occident en orient.

Les anciens ne connaissaient que 6 planètes, les modernes en ont découvert cinq autres; voici un tableau qui donne le nom des 11 planètes, les signes qui les représentent, leur distance au soleil, leur volume comparativement à celui de la terre, la durée de leur rotation, celle de leur révolution autour du soleil, l'époque à laquelle on a découvert chacune des 5 nouvelles planètes, et le nom de ceux qui les ont les premiers aperçus:

TABLEAU DES PLANÈTES.

Signes.	NOMS des planètes.	DISTANCE au soleil.	Volume.	Rotation.	RÉVOLUTION.	ÉPOQUE de la découverte.
		kilom.				
☿	Mercure.	59,000,000	$\frac{1}{16}$	24^h 5'	88 jours.	
♀	Vénus . .	110,000,000	$\frac{9}{10}$	23 21	224 jours 17 h.	
♁	La Terre.	153,000,000	1	23 56	365 jours 5 h. 49'	
♂	Mars. . . .	234,000,000	$\frac{1}{6}$	24 39	1 an 322 jours.	
⚶	Vesta. . .	364,000,000	. .	. . .	3 ans 240 iours.	Olbers, 1807.
⚵	Junon . .	409,000,000	. .	. . .	4 ans 130 jours.	Harding, 1804.
⚳	Cérès . . .	424,500,000	. .	. . .	4 ans 220 jours.	Piazzi, 1801.
⚴	Pallas. . .	424,700,000	. .	. . .	4 ans 221 jours.	Olbers, 1802.
♃	Jupiter. .	798,000,000	1470	9 56	11 ans 315 jours.	
♄	Saturne.	1,464,000,000	887	10 16	29 ans 166 jours.	
♅	Uranus .	2,943,000,000	77	. . .	84 ans 7 jours.	Herschel, 1781.

Nota. Cérès, Pallas, Junon, Vesta et même Uranus, sont trop petites ou trop éloignées pour qu'on puisse connaître leur rotation; les 4 premières sont trop petites pour qu'on puisse les apercevoir sans le secours d'une lunette. On les appelle *télescopiques*. On n'a pas pu en mesurer exactement le volume.

L'observation a montré que toutes ces planètes, excepté Mercure et Vénus, ont une forme semblable à celle de la terre; que ce sont des sphères renflées à leur équateur et aplaties aux pôles.

Les planètes ne se meuvent pas toutes dans le même plan, leurs orbites sont inclinées les unes par rapport aux autres. Les planètes connues des anciens, dans leur révolution, ne sortent jamais de la zone du zodiaque; mais les orbites de Junon, Cérès et Pallas sont plus inclinées. Saturne offre un phénomène particulier. Il est entouré d'un anneau opaque qui n'adhère point à la planète, et qui tourne autour d'elle en 10 h. $\frac{1}{4}$. Son épaisseur paraît égale au tiers du diamètre de la planète.

L'observation des planètes a conduit à la découverte des forces qui règlent tous leurs mouvements. L'une est la force d'*attraction*, ou de *gravitation*, ou *centripète*, par laquelle *tous les corps célestes s'attirent dans l'espace en raison directe des masses, et en raison inverse du carré des distances.* C'est-à-dire que l'attraction est deux fois plus forte dans un corps deux fois plus pesant ou de masse double, et quatre fois plus faible dans un corps deux fois plus éloigné. Le soleil, étant le plus grand astre du système solaire, attire sans cesse tous les autres.

La seconde force est la force de *projection*, qui tend à faire mouvoir les planètes en ligne droite, et qui, combinée avec la force d'attraction, leur fait décrire des ellipses dont le soleil occupe un des foyers. Cette force est d'autant plus grande que l'astre est plus rapproché du soleil; aussi remarque-t-on que les astres les plus éloignés s'avancent plus lentement dans leur orbite.

399.

SATELLITES.

Les *satellites* (*fig.* 15) sont de petits astres qui tournent autour des planètes pendant que celles-ci tournent autour du soleil ; ils ont en outre un mouvement de rotation sur eux-mêmes égal en durée à celui de leur révolution. La terre a un satellite, qui est la lune ; Jupiter en a quatre, Saturne sept, et Uranus six. Les satellites des trois premières de ces planètes font leur révolution d'occident en orient : on ne sait pas dans quelle direction se meuvent les satellites d'Uranus on n'a même revu que deux de ces derniers depuis qu'Herschel les a découverts.

400.

LUNE.

La *lune* est un corps à peu près sphérique, 49 fois plus petit que la terre ; elle décrit une ellipse dont la terre occupe le foyer. Sa plus grande distance à la terre est de 406,500 kilom. ; la plus petite de 356,100 ; ce qui donne pour distance moyenne près de 382,000 kilom.

La lune est un corps opaque qui ne brille que par la réflexion des rayons du soleil. On y observe des vallons et des montagnes, comme sur notre globe ; mais il paraît qu'elle n'a point d'atmosphère. Elle tourne sur elle-même dans 27 jours et près de 8 heures ; elle emploie le même temps à parcourir son orbite autour de la terre.

Comme la révolution de la lune autour de la terre a la même durée que sa rotation, elle nous présente toujours le même hémisphère. La lune n'étant pas lumineuse par elle-même, nous ne pouvons en apercevoir que la partie éclairée par le soleil ; c'est pour cela que dans sa révolution nous la voyons sous différents aspects ou phases. Lorsque la lune se trouve entre le soleil et la terre (*fig.* 16), nous ne pouvons l'apercevoir, parce que l'hémisphère qu'elle tourne vers la terre est tout à fait dans l'ombre : on est alors au moment de la *nouvelle lune* ou de la *conjonction*. La lune, en s'avançant dans son orbite, montre progressivement la partie éclairée : on la voit d'abord sous la forme d'un croissant lumineux dont les extrémités sont tournées vers l'est. Le 8e jour, on la voit sous la forme d'un demi-cercle, parce que la moitié de la partie éclairée est tournée vers la terre : c'est le *premier quartier*. Le 15e jour, la lune, ayant accompli la moitié de sa révolution, tourne vers la terre toute sa partie éclairée, et paraît toute ronde : c'est le temps de la *pleine lune*, que l'on appelle *opposition*, parce que la lune est alors du côté opposé au soleil, par rapport à la terre.

A mesure que la lune s'éloigne de l'opposition, la partie éclairée qu'elle montre à la terre diminue progressivement, et le 22e jour on n'en voit plus que la moitié; c'est le *dernier quartier*, qui bientôt ne paraît plus que sous la forme d'un croissant dont les extrémités sont tournées vers l'ouest, et disparaît enfin entièrement lorsque la lune se trouve de nouveau, au bout de 29 jours et demi, entre le soleil et la terre.

Lorsque la lune est au premier ou au dernier quartier, on dit qu'elle est en *quadrature*; alors la ligne menée de la lune à la terre forme un angle droit avec celle qui joint la terre au soleil. La conjonction et l'opposition sont appelées *syzygies*.

La lune parcourt son orbite en $27^{j}\ 7^{h}\,\frac{3}{4}$, mais elle ne se renouvelle qu'au bout de 29 jours et 12 heures, car pendant ce temps la terre s'étant avancée dans l'écliptique, il faut à peu près 2 jours et 4 heures de plus pour que la lune puisse se retrouver en conjonction avec la terre et le soleil.

La lune, en parcourant son orbite d'occident en orient, semble retarder tous les jours d'environ 51′ sur le soleil : au moment de la nouvelle lune, elle passe au méridien à midi, en même temps que le soleil; dans le premier quartier elle n'y arrive qu'à 6 heures du soir; à minuit dans la pleine lune, et à 6 heures du matin le jour du dernier quartier; de sorte que pendant une lunaison on ne compterait que $28^{j}\,\frac{1}{2}$ d'après la lune, tandis qu'on en compte un de plus d'après le soleil.

401.

ÉCLIPSES.

On dit qu'un astre est éclipsé toutes les fois qu'il cesse momentanément de paraître à notre vue, à une heure où il est ordinairement visible. Il y a éclipse de soleil toutes les fois que la lune passe entre cet astre et la terre, et éclipse de lune lorsque la terre, passant entre ce satellite et le soleil, le couvre de son ombre. Il devrait donc arriver tous les mois une éclipse de soleil au moment de la nouvelle lune, et une éclipse de lune au moment de la pleine lune; cependant les éclipses sont beaucoup plus rares, parce que l'orbite de la lune n'est pas comprise dans le même plan que celle de la terre; elle est inclinée de 5 degrés sur l'écliptique, et le coupe en deux points que l'on appelle *nœuds*, de sorte que, dans les syzygies, la lune est tantôt au-dessus, et tantôt au-dessous de la ligne qui joint le soleil à la terre, et qu'alors les rayons du soleil ne sont point interceptés. Les éclipses n'ont lieu que lorsque la lune se trouve à l'un des nœuds, ou très-près de l'un des nœuds, au moment de l'opposition ou de la conjonction.

Les éclipses de lune sont totales ou partielles; *totales*, lorsque la lune pénètre tout entière dans l'ombre de la terre (*fig.* 17); *partielles*, quand la lune n'y pénètre qu'en partie. Ces éclipses sont visibles de la même manière pour tous les habitants de l'hémisphère d'où l'on aperçoit la lune au moment où elle va s'éclipser.

Les éclipses de soleil sont *partielles*, *totales* ou *annulaires;* elles sont partielles lorsque la lune ne cache qu'une partie du soleil; totales ou annulaires, lorsque le centre de la lune correspond directement avec le centre du soleil et le lieu où l'on observe l'éclipse. Dans l'éclipse totale (*fig.* 18) la terre est à l'aphélie, la lune au périgée, et ainsi le soleil, étant plus éloigné, paraît plus petit, et se trouve entièrement couvert par la lune, qui paraît plus grande à cause de son rapprochement; le contraire arrive dans l'éclipse annulaire (*fig.* 18), la terre est au périhélie et la lune à l'apogée, de sorte que ce satellite paraît alors trop petit pour cacher tout le soleil et en laisse déborder tout autour un anneau.

La lune est trop petite pour cacher le soleil à toute la terre; aussi les éclipses de soleil ne sont-elles visibles que dans quelques pays, et on ne les aperçoit pas partout de la même manière. Dans la figure 18, l'éclipse est totale au point A, partielle aux points C et B; on ne la voit pas aux points o et o'. Le soleil et la lune ne sont pas seuls sujets aux éclipses : on en remarque souvent dans les satellites de Jupiter et dans tous les astres qui peuvent être momentanément cachés au soleil ou à la terre par un autre corps.

402.

COMÈTES.

Les *comètes* (*fig.* 15) sont des planètes qui décrivent des ellipses extrêmement allongées dont le soleil occupe le foyer. Elles se meuvent dans toutes les directions, à l'est, à l'ouest, au nord, au sud, et sont souvent accompagnées d'une *queue* à travers laquelle on peut distinguer les étoiles. Cette queue est ordinairement tournée du côté opposé à celui du soleil : elle se porte à l'est quand le soleil est à l'ouest de la comète; et au contraire elle se dirige vers l'ouest, lorsque le soleil se trouve à l'est.

On appelle *chevelure* la nébulosité qui entoure la comète. Le globe même de la comète s'appelle *noyau :* quelques comètes n'ont pas de noyau apparent. La queue n'existe pas lorsque la comète est éloignée du soleil; elle se développe en approchant de cet astre, et acquiert la plus grande dimension un peu après son périhélie. Ces apparences ont fait penser que ces nébulosités sont des vapeurs causées par la chaleur du soleil. Plusieurs astronomes pensent que les comètes sont formées d'une vapeur blanchâtre qui se condense pour produire des comètes et même des planètes.

Les comètes ne sont visibles que dans une petite partie de leur orbite, lorsqu'elles s'approchent du soleil. Elles sont très-différentes de grandeur et d'éclat : quelques-unes sont à peine visibles avec le télescope, tandis que d'autres occupent le tiers et même la moitié du ciel (de 60° à 90°) par la longueur de leur queue. Chaque comète varie rapidement : celle de 1811, d'abord à peine visible, parut après son périhélie avec une queue immense et très-brillante; la proximité du soleil en avait même vaporisé le noyau, de sorte que quelques astronomes ont prétendu avoir aperçu les étoiles au travers.

On a déjà calculé la marche de plus de cent comètes; cependant il n'en est que trois dont on puisse prédire le retour d'une manière sûre. La première porte le nom de *Halley;* sa révolution dure 75 ans et demi; elle a reparu en 1835; la seconde, dont la révolution dure 6 ans et 8 mois, a paru en 1838; l'autre, appelée comète *à courte période,* parcourt son orbite dans un peu moins de trois ans et demi; elle a reparu en 1838. On croit qu'il en est dont la révolution dure plusieurs siècles, et d'autres qui vont se perdre auprès des étoiles fixes et ne reparaissent jamais dans le système solaire.

403.

ÉTOILES FIXES.

Les *étoiles fixes* sont des astres lumineux qui conservent toujours entre eux, à très-peu de chose près, la même distance. Celles qui sont le plus rapprochées de nous sont au moins cent mille fois plus loin que le soleil; d'autres sont infiniment plus éloignées. On a calculé que la lumière qu'elles nous envoient, et qui fait plus de 311 kilomètres par seconde, est plus de trois ans à nous parvenir.

Le nombre des étoiles est infini : on n'en compte que trois ou quatre mille environ à la vue simple, mais on en voit plusieurs millions à l'aide des instruments. On les distingue d'après leur éclat, en étoiles de la 1re, 2e, 3e 4e, 5e, 6e, 7e, 8e grandeur; au-dessous de la 6e, elles ne sont plus visibles sans lunettes.

On distingue encore dans le ciel de petits nuages blanchâtres, appelés *nébuleuses;* les unes sont formées par des amas d'étoiles, les autres par l'agglomération d'une certaine quantité de matière blanchâtre. On compte près de mille *nébuleuses.* La *voie lactée,* longue bande irrégulière et blanchâtre qui traverse le ciel du sud au nord, n'est elle-même qu'un assemblage de nébuleuses.

On suppose dans le ciel des parallèles et des méridiens correspondants à ceux de la terre. Les peuples qui sont à l'équateur terrestre voient passer à leur zénith les étoiles de l'équateur céleste. Pour eux les pôles célestes sont à l'horizon, et toutes les étoiles décrivent dans le ciel un demi-cercle perpendiculaire à l'horizon; on dit, pour cela, que ces peuples ont la *sphère droite.* Ils peuvent voir successivement toutes les parties du ciel.

Aux pôles, toutes les étoiles semblent décrire autour du pôle céleste un cercle parallèle à l'horizon; alors on dit que la sphère est parallèle. L'étoile polaire paraît au zénith, les étoiles de l'équateur céleste sont à l'horizon, les étoiles de l'hémisphère où l'observateur se trouve ne se couchent jamais, et toutes celles de l'hémisphère opposé sont invisibles.

Entre l'équateur et les pôles, les astres semblent décrire des cercles d'autant plus inclinés vers l'horizon que l'on s'approche davantage du pôle; la *sphère* est alors *oblique*. L'étoile polaire est toujours au-dessus de l'horizon, ainsi que toutes les étoiles qui l'entourent, jusqu'à un nombre de degrés égal à celui de la latitude où l'on se trouve; mais toutes les étoiles voisines du pôle opposé dans un pareil espace du ciel sont toujours invisibles. Ainsi, à Paris, nous voyons toujours au-dessus de l'horizon toutes les étoiles qui sont à moins de 49° du pôle nord, et nous n'apercevons jamais celles qui sont à moins de 49° du pôle sud.

Comme il n'est pas possible de donner un nom à chaque étoile, on les a classées par constellations ou astérismes, groupes auxquels on a imposé des noms tirés pour la plupart de la Fable ou des animaux. On dessine sur les globes les figures dont ces constellations portent le nom. Nous avons déjà nommé les constellations zodiacales; les principales parmi les autres sont,

Au nord du Zodiaque :

La Grande-Ourse, ou le Chariot;
La Petite-Ourse, ou le Petit-Chariot.
Cassiopée, le Trône ou la Chaise;
Céphée;
Pégase, ou la Grande-Croix;
Andromède;
Le Dragon;
Persée;
Le Cocher;
La Girafe;
Le Triangle boréal;
Le Lynx;
Le Petit-Lion;
Le Bouvier;
La Chevelure de Bérénice
La Couronne boréale;
La Flèche;
La Lyre;
Le Cygne, ou la Croix;
L'Aigle;
Antinoüs;
Le Dauphin;
Le Petit-Cheval;
Le Serpentaire, ou Ophiucus;
Hercule.

Au sud du Zodiaque :

La Baleine;
Le Poisson austral;
Orion;
Le Grand-Chien;
Le Petit-Chien;
L'Éridan;

Le Lièvre ;
L'Hydre ;
Le Corbeau ;
La Coupe ;
Le Navire, ou le Vaisseau ;
La Licorne ;
Le Centaure ;
Le Loup ;
Le Solitaire ;
Le Télescope ;
L'Autel ;
La Couronne australe ;
La Grue ;
Le Phénix ;
Le Paon.

Plusieurs autres constellations australes ne sont pas visibles à Paris : tels sont le Triangle austral, le Poisson volant, la Dorade, l'Indien, la Mouche australe, l'Hydre mâle, le Caméléon, etc.

On remarque aussi dans le zodiaque les Hyades, et les Pléiades ou la Poussinière, qui se trouvent dans le Taureau.

404.

JOUR SIDÉRAL.

Chaque jour les étoiles passent au méridien environ 4 minutes plus tôt que la veille. Le temps qu'elles emploient à y revenir est ce qu'on appelle le *jour sidéral;* il ne dure que 23 h. 56'. C'est la juste mesure du temps que la terre met à accomplir son mouvement de rotation. De même que le passage de la lune au méridien est retardé chaque jour de 51', celui du soleil est retardé de 4 minutes environ. La terre avance tous les jours de près d'un degré dans l'écliptique; elle doit faire près d'un degré de plus dans sa révolution pour que le soleil se trouve au même méridien. C'est pour cela que nous comptons dans l'année 365 jours et $\frac{1}{4}$ d'après le soleil, et 366 jours et $\frac{1}{4}$ d'après les étoiles.

405.

TEMPS VRAI ET TEMPS MOYEN.

Le jour sidéral a toujours la même durée; il n'en est pas ainsi du jour solaire. La terre avance plus rapidement dans l'écliptique vers son périhélie; le soleil paraît alors un peu plus tard au méridien, et le jour dure plus de 24 h. Vers l'aphélie, au contraire, la marche de la terre dans l'écliptique étant plus lente, le jour dure un peu moins de 24 h.

On appelle *temps vrai* l'heure que marque le soleil, et *temps moyen* celle qu'indiquerait une horloge parfaitement réglée. Ces deux heures ne peuvent être constamment les mêmes, puisque le jour solaire n'a pas toujours la même durée; elles diffèrent quelquefois d'un quart d'heure. C'est vers le milieu de février que l'heure du temps moyen avance le plus sur celle du temps vrai; c'est le contraire au commencement de novembre.

406.

PRÉCESSION DES ÉQUINOXES.

Les équinoxes arrivent tous les ans 20′ 25″ avant que la terre soit en conjonction avec le soleil, et avec la même étoile qu'au même équinoxe de l'année précédente. Cette différence est ce qu'on appelle la *précession* des équinoxes. Elle fait que le soleil semble rétrograder, dans les constellations du zodiaque, d'un degré en 72 ans, et d'un signe entier ou de 30 degrés en 2,156 ans; de sorte qu'il parcourt ainsi tout le cercle de l'écliptique en 26,000 ans environ. Depuis qu'on a donné leurs noms aux signes du zodiaque, le soleil a rétrogradé d'une constellation entière, de sorte qu'à l'équinoxe du printemps il entre à peine dans le premier degré de la constellation des Poissons au lieu d'arriver au premier degré de la constellation du Bélier; cependant on a toujours conservé l'usage de dire que le soleil entre dans le signe du Bélier au mois de mars, dans le signe du Taureau au mois d'avril, etc.; on voit par là qu'il faut aujourd'hui distinguer les signes des constellations de même nom.

CALENDRIER.

407.

ANNÉE.

On appelle *année* le temps que la terre emploie à parcourir son orbite autour du soleil. La terre achève sa révolution en 365 j 5 h 49′ environ ; d'après cela on conçoit qu'au bout de 4 ans, supposés de 365 jours seulement, elle se trouvera retardée de près de 24 heures ; aussi a-t-on imaginé de faire chaque quatrième année de 366 jours : les années 1837, 1838 et 1839 n'ont eu que 365 jours ; mais l'année 1840 en a eu 366. Cette quatrième année se nomme *bissextile*. Cependant, comme on ajoute près de trois quarts d'heure de trop en faisant chaque quatrième année de 366 jours, on retranche trois jours tous les 400 ans, c'est-à-dire que la dernière année de trois siècles consécutifs n'est pas bissextile, quoiqu'elle doive l'être par son rang de quatrième année ; mais celle du quatrième siècle le sera : ainsi, les années 1700, 1800, 1900, n'ont eu ou n'auront que 365 jours, tandis que l'an 2000 en aura 366.

On divise l'année en 12 mois que l'on a faits inégaux. Voici le nombre des jours contenus dans chacun d'eux :

HIVER.	PRINTEMPS.	ÉTÉ.	AUTOMNE.
Janvier 31.	Avril 30.	Juillet 31.	Octobre 31.
Février 28 ou 29.	Mai 31.	Août 31.	Novembre 30.
Mars 31.	Juin 30	Septembre 30.	Décembre 31.

On voit qu'il y a sept mois de 31 jours, quatre de 30, et que le mois de février est de 28 jours dans les années ordinaires, et de 29 dans les années bissextiles.

Les mois sont alternativement de 31 jours et de 30, excepté les mois de juillet et d'août, qui sont tous les deux de 31, quoiqu'ils soient consécutifs.

On emploie une autre division périodique du temps, qui est la semaine ; elle est composée de 7 jours dont les noms sont tirés des planètes. Ces noms sont :

Lundi, jour de la Lune ;
Mardi, jour de Mars ;
Mercredi, jour de Mercure ;
Jeudi, jour de Jupiter ;
Vendredi, jour de Vénus ;
Samedi, jour de Saturne ;
Dimanche, jour du Seigneur, était le jour du soleil, que les anciens regardaient comme une planète, ainsi que la lune.

Si l'on sait quel jour de la semaine est le 1er d'un mois, on peut aisément savoir à quel jour répondra chaque quantième du mois : il suffit pour cela de faire attention que le 1er, le 8, le 15, le 22 et le 29 répondront au même jour. Supposons par exemple que le 1er soit un jeudi, le 15 se trouvera aussi un jeudi, et le 18 qui arrive trois jours après, sera un dimanche (1).

408.

FÊTES MOBILES.

On appelle fêtes mobiles celles qui ne tombent pas au même jour de chaque année; elles sont presque toutes réglées sur celle de Pâques.

La fête de *Pâques* a été fixée au 1er dimanche après la pleine lune qui suit l'équinoxe du printemps ou qui arrive ce jour-là, en observant : 1° que l'équinoxe est toujours censé avoir lieu le 20 mars; 2° que le jour de la pleine lune est toujours censé le 14 de la nouvelle lune inclusivement.

Il suit de là que Pâques ne peut jamais arriver plus tôt que le 21 mars, ni plus tard que le 25 avril. Les autres fêtes mobiles sont : la *Septuagésime*, qui est le 9e dimanche avant Pâques;

la *Sexagésime*, le 8e;

la *Quinquagésime* ou dimanche gras, le 7e;

le *jour des Cendres* qui est le mercredi suivant;

la *Quadragésime*, le 6e dimanche avant Pâques;

Reminiscere, le 5e;

Oculi, le 4e;

(*) Dans les calendriers, on place quelquefois, au lieu des jours de la semaine, les sept lettres A, B, C, D, E, F, G, écrites périodiquement devant les dates respectives. Si l'année commence par un mercredi, durant toute l'année ce jour est désigné par la lettre A, jeudi par B, vendredi par C, dimanche par E; la lettre qui indique le dimanche s'appelle *lettre dominicale*. Elle rétrograde d'un rang dans chacune des années communes, parce que l'année a un jour de plus que 52 semaines, et de deux rangs dans les années bissextiles. Ces dernières années ont deux lettres dominicales : l'une sert pendant les mois de janvier et de février, et l'autre pendant les mois suivants; cela vient de ce que le mois de février a 29 jours, et qu'on met la même lettre au 28 et au 29 février.

Lœtare, le 3e;
la *Passion*, le 2e;
les *Rameaux*, le 1er.
le *Vendredi-Saint*, le vendredi avant Pâques;
la *Quasimodo*, le 1er dimanche après Pâques;
les *Rogations*, pendant les trois jours qui précèdent l'Ascension;
l'*Ascension*, le jeudi 40e jour après Pâques;
la *Pentecôte*, le dimanche 50e jour après Pâques;
la *Trinité*, le dimanche après la Pentecôte;
la *Féte-Dieu*, le jeudi après la Trinité.

Les quatre dimanches avant Noël sont ceux de l'*Avent*.

Les *Quatre-temps* sont aux mercredis qui suivent: 1° les Cendres, 2° la Pentecôte, 3° le 14 septembre, 4° le 13 décembre; et aux vendredis et samedis suivants.

On appelle *Carnaval* le temps qui s'écoule entre le jour des Rois, 6 janvier, et le mercredi des Cendres.

409.

NOMBRE D'OR OU CYCLE LUNAIRE.

Le *Cycle lunaire* est une période de 19 ans au bout de laquelle les phases lunaires reviennent aux mêmes dates. L'année qui précéda la première de notre ère fut la première du cycle, la suivante fut la deuxième, ainsi de suite. On voit que pour trouver l'année du cycle lunaire ou le *nombre d'or*, comme on l'appelle ordinairement, il faut ajouter 1 au millésime, et diviser par 19; le reste sera le nombre d'or de l'année proposée. Ainsi, comme 1844 divisé par 19 donne le reste 1, 1 est le nombre d'or de l'année 1843 : les nouvelles lunes arrivent cette année aux mêmes jours que dans toutes les 1es années du cycle lunaire.

410.

ÉPACTES.

On appelle *Épacte* l'âge de la lune au commencement de l'année. Puisque l'année solaire dépasse de 11 jours la durée de 12 lunaisons, si l'épacte est 0 la 1re année du cycle lunaire, elle sera 11 la seconde année, 22 pour la troisième, 33 pour la quatrième, ou plutôt 3, en retranchant 30 pour une lunaison qui se trouve de plus dans les trois premières années. On peut ainsi former le tableau des épactes pour chaque année du cycle lunaire ou nombre d'or, en ajoutant 11 à l'épacte de l'année précédente, et retranchant 30 toutes les fois qu'il se trouve dans le nombre de l'épacte.

Nombre d'or.	Épactes.
1	0
2	11
3	22
4	3
5	14
6	25
7	6
8	17
9	28
10	9
11	20
12	1
13	12
14	23
15	4
16	15
17	26
18	7
19	18

SECTION II.

GÉOGRAPHIE PHYSIQUE.

411.

La *Géographie physique* traite 1° de la forme extérieure de la terre; 2° des substances qui la composent; 3° des eaux qui la couvrent en partie; 4° de l'atmosphère qui l'environne; 5° de la distribution des végétaux et des êtres animés qui croissent ou se meuvent à sa surface.

SURFACE DU GLOBE.

412.

Lorsqu'on jette un coup d'œil sur une mappemonde, on y voit la surface du globe inégalement partagée en terre et en eaux : les terres en occupent près d'un quart, le reste est couvert par les eaux.

L'hémisphère boréal contient à lui seul les quatre cinquièmes des terres; l'hémisphère austral n'en contient qu'un cinquième.

La surface de la terre offre des plaines, des éminences et des enfoncements ou dépressions.

413.

PLAINES.

Les *plaines* sont de vastes espaces à peu près unis; lorsqu'elles sont arrosées par des sources abondantes, par des fleuves ou par des rivières, elles sont en général d'une grande fertilité; mais elles ne jouissent pas toutes de ces avantages. Il en est auxquelles on affecte des noms particuliers.

On appelle *steppes*, dans la Russie et dans l'Asie septentrionale, de vastes plaines sablonneuses ou couvertes d'herbes épaisses, mais généralement dépourvues d'arbres.

On donne le nom de *savanes* dans l'Amérique septentrionale, et celui de *pampas* et de *llanos* dans l'Amérique méridionale, à des plaines qui, dans le nouveau continent, sont le plus souvent basses, humides et couvertes d'herbes élevées; enfin on désigne sous le nom général de *déserts* de vastes plaines couvertes de sables arides, brûlées par un soleil ardent et privées de l'eau nécessaire à la végétation, comme celles de l'Afrique et de l'Arabie. Cependant, au milieu des déserts de l'Afrique on trouve quelques parties plus basses, où s'infiltrent les eaux des pluies, et qui sont semblables à des îles fertiles au milieu d'une mer de sable; on les appelle *oasis*.

414.

ÉMINENCES.

Les *montagnes* sont les éminences les plus élevées; on appelle collines celles qui ont une moindre hauteur.

Les montagnes sont quelquefois isolées, le plus souvent elles sont groupées ou forment des chaînes. Les sommets ont une grande variété de formes qui leur ont fait donner différents noms. On les appelle *pics*, lorsqu'ils offrent des espèces de cônes; *aiguilles*, lorsqu'ils sont aigus et élancés; on leur donne encore le nom de *puys* dans l'Auvergne, de *ballons* dans les Vosges, de *cornes* dans la Suisse, etc.

Les plus hauts sommets que nous connaissions se trouvent dans la chaîne de l'Himalaya; ils atteignent à près de 9 kilom. d'élévation au-dessus du niveau de la mer.

On nomme *crête* ou *arête* la partie supérieure qui se prolonge dans toute la longueur d'une chaîne; les flancs ou pentes qui se trouvent de chaque côté de l'arête, et par où s'écoulent les eaux, sont les *versants*.

Les montagnes sont séparées entre elles par des enfoncements qu'on appelle *vallées*, s'ils ont une certaine étendue; *vallons*, quand ils sont renfermés entre deux montagnes très-rapprochées et peu élevées; *gorges*, *défilés*, lorsqu'ils n'offrent qu'un passage étroit entre des rochers escarpés; et *cols*, lorsque le passage s'élève jusque vers le faîte des montagnes.

415.

VOLCANS.

Les *volcans* sont des montagnes qui vomissent, à certains intervalles, des tourbillons de fumée et de flammes, ou plutôt de matières incandescentes, par une ouverture appelée *cratère ;* ils lancent au loin des cendres et des pierres calcinées, des torrents de lave, matière semblable à des métaux en fusion, sillonnent les flancs de la montagne et ne s'arrêtent que lorsque le refroidissement leur a fait perdre leur fluidité. Telle est la violence des volcans que l'on a vu quelquefois dans les éruptions de nouvelles montagnes s'élever sur la terre, et des îles sortir du sein de la mer.

Les volcans ne sont pas toujours en éruption; il en est même qui paraissent éteints pendant plusieurs siècles et qui recommencent ensuite à vomir des cendres et des laves; d'autres, tels que ceux que l'on remarque dans l'Auvergne, semblent avoir perdu pour toujours leur funeste activité.

Nous avons cité dans le cours de cet ouvrage les principaux volcans *ignivomes*, c'est-à-dire qui vomissent des matières incandescentes; il en est de *terrivomes*, dont les éruptions sont boueuses : tel est le Maccaluba, en Sicile, d'où l'on voit quelquefois s'élancer une gerbe de boue et de pierres à plus de 66 mètres de hauteur. On appelle *volcans sous-marins* ceux qui sont cachés sous les eaux de la mer.

416.

TREMBLEMENTS DE TERRE.

Les *tremblements de terre* paraissent causés par des vapeurs souterraines qui soulèvent ou ébranlent le sol en cherchant à s'ouvrir une issue; ils accompagnent ordinairement les éruptions volcaniques; mais souvent on les ressent très-loin des volcans, et sans qu'il y ait aucune éruption. Dans la Turquie d'Asie, dans le voisinage des Andes, et dans quelques autres contrées, ils ont une telle violence qu'ils détruisent fréquemment des villes considérables.

SUBSTANCES DONT LA TERRE EST COMPOSÉE.

417.

ESPÈCES DE TERRAINS.

Nous ne connaissons de notre globe que sa surface et les substances qui en sont le plus rapprochées; on divise en cinq sortes principales les terrains que l'on y trouve.

1° *Les terrains primitifs* sont ceux qui paraissent avoir toujours existé dans le même état, tels que les couches inférieures des plaines, et les rochers des plus hautes montagnes.

2° *Les terrains secondaires* sont disposés par couches au-dessus des premiers, et ont été déposés par les eaux; ils renferment souvent une grande quantité de débris d'animaux et de végétaux. Les dépôts de coquillages et de poissons que l'on a trouvés même sur de très-hautes montagnes, attestent que la mer les a jadis recouvertes.

3° *Les terrains tertiaires* sont composés de débris de ces deux premières espèces.

4° *Les terrains volcaniques* sont formés par les laves et les cendres des volcans.

5° *L'humus* se trouve au-dessus de tous les autres terrains; il est seul propre à la végétation.

418.

PIERRES PRÉCIEUSES, MÉTAUX, ET MINÉRAUX COMBUSTIBLES.

Parmi les substances que l'on extrait du globe on doit distinguer : 1° les pierres précieuses, telles que les diamants, les rubis, les saphirs, les topazes, les émeraudes, etc.

2° Les métaux, dont les principaux sont l'or, le platine, l'argent, le fer, le cuivre, le plomb, l'étain, le zinc, l'antimoine, le mercure, le manganèse.

3° Les minéraux combustibles, tels que l'anthracite, le soufre; et toutes les substances bitumineuses, le bitume, la houille ou charbon de terre, le jayet, l'ambre jaune ou succin, etc. On peut y joindre les combustibles fossiles, qui sont des débris de végétaux enfouis dans la terre; ce sont les *lignites* ou bois fossiles, et les *tourbes compactes*, formées par des amas de plantes non ligneuses.

Nous avons indiqué dans le cours de cet ouvrage les pays les plus abondants en minéraux de ces différents genres. Nous ferons seulement remarquer ici que les métaux les plus précieux, tels que l'or, le platine, l'argent et les plus belles pierreries se trouvent principalement dans la zone torride; tandis que le fer, le plomb abondent davantage dans les pays tempérés ou froids.

EAUX.

419.

Les eaux répandues à la surface du globe se divisent en deux parties, les *eaux marines* ou la mer, et les *eaux continentales*.

L'eau s'offre à nous sous trois états différents : dans l'état de liquide, c'est l'eau proprement dite; dans l'état de glace ou de neige; et enfin dans l'état fluide, lorsque la chaleur la réduit en vapeurs qui se condensent ensuite, et forment les brouillards et les nuages.

420.

EAUX MARINES.

Les *eaux marines* sont amères et salées; mais cette salure n'est point partout la même; elle diminue vers les pôles à cause des glaces; et dans les mers intérieures, telles que la mer Baltique, par la grande quantité d'eau douce que les fleuves y apportent. Cependant, la mer Caspienne est plus salée que l'Océan.

Le fond de la mer offre les mêmes inégalités que la surface des terres; on y trouve des collines, des montagnes, et des vallées d'une profondeur telle qu'il est impossible de la mesurer.

La mer est peuplée d'une multitude d'animaux qui nous

sont en partie inconnus : il y croît aussi des plantes d'une nature particulière.

Plusieurs expériences ont fait connaître que les eaux de la mer sont plus froides en raison de leur profondeur, de sorte que l'on avait cru d'abord qu'elles pourraient être congelées dans la partie la plus basse ; mais aujourd'hui il est bien reconnu qu'elles ne le sont pas, à quelque profondeur que l'on descende.

La différence de latitude influe aussi beaucoup sur la température des eaux marines ; vers les pôles elles sont continuellement couvertes d'énormes masses de glaces, qui rendent ces mers impénétrables aux vaisseaux. Dans l'hiver, ces glaces couvrent ordinairement toute la mer jusqu'à 10 degrés du pôle nord ; et les golfes gèlent jusqu'à 30 degrés du même pôle. On voit d'énormes îles de glace flotter sur la mer, jusqu'à 40 degrés de latitude nord. Dans l'hémisphère austral les glaces fermes s'étendent encore plus loin que dans l'hémisphère boréal.

421.

MOUVEMENTS DES EAUX DE LA MER.

Les eaux de la mer sont soumises à trois sortes de mouvements : les mouvements atmosphériques, les courants et les marées.

Les *mouvements atmosphériques* sont produits par l'impulsion des vents qui soulèvent quelquefois d'énormes vagues ; cette agitation ne se fait sentir qu'à la surface de la mer ; car on a reconnu que dans les plus grandes tempêtes l'eau reste tranquille à la profondeur de 33 mètres.

Les *courants* sont de grands mouvements qui portent les eaux de la mer dans une certaine direction.

Les *principaux courants* sont les courants polaires et le courant équinoxial.

Les courants polaires portent les eaux des pôles vers l'équateur ; ils entraînent d'énormes masses de glaces que l'on rencontre quelquefois très-loin des mers glaciales.

Le courant équinoxial se dirige de l'est à l'ouest, entre les tropiques ; on l'attribue à l'influence des vents alizés qui soufflent dans ces régions, ou à la rapidité du mouvement de la terre que les eaux n'y suivent pas avec assez de vitesse, parce qu'elles arrivent du voisinage des pôles où le mouvement de rotation est moins rapide.

Les courants principaux en produisent plusieurs autres, dont le plus remarquable est le *gulf-stream*, qui remonte le long des côtes de l'Amérique, depuis le golfe du Mexique jusque vers Terre-Neuve, où il prend une nouvelle direction à l'est.

Ces mouvements de la mer transportent à d'immenses distances les productions des différentes contrées : c'est ainsi que l'on recueille jusque sur les côtes de Norvége des arbres qui ne croissent qu'en Amérique. Quelquefois deux courants opposés se rencontrent ; ils produisent alors des tourbillons ou *gouffres*, dont le plus remarquable est celui de Malstroem, au sud des îles Loffoden.

Les *marées* sont des oscillations régulières qui se répètent deux fois dans l'intervalle d'un jour et 51 minutes. Les eaux s'élèvent et s'étendent sur le rivage pendant environ six heures : c'est le moment du *flux ;* parvenues à leur plus grande hauteur, elles restent stationnaires pendant près d'un quart d'heure, et s'abaissent et se retirent ensuite pendant le même temps qu'elles ont mis à s'élever : c'est le moment du *reflux*. La mer demeure basse environ une demi-heure, puis elle recommence à monter.

Les marées semblent dues principalement à l'attraction de la lune. Mais le soleil exerce aussi une grande influence sur ce phénomène ; c'est pour cela que les plus fortes marées arrivent aux époques des syzygies, parce que l'attraction du soleil se combine alors avec celle de la lune. Il y a cependant un jour et demi d'intervalle entre l'instant des syzygies et celui des hautes marées, à cause du grand éloignement de ces deux astres. Les marées deviennent insensibles vers le cercle polaire.

422.

EAUX CONTINENTALES.

Les vapeurs qui s'élèvent de l'Océan et de tous les lieux humides forment les *nuages*, qui se résolvent en *pluie*. L'eau des pluies s'infiltre dans la terre, et y forme des *sources* qui alimentent les *ruisseaux*. Les ruisseaux, en se réunissant, forment des *rivières* et enfin des *fleuves* qui roulent leurs eaux jusque dans la mer. La rive droite d'un fleuve est celle qui se trouve à la droite d'une personne qui suit le courant de l'eau ; l'autre rive est la rive gauche.

On appelle *bassin* d'une mer, d'un fleuve ou d'une rivière tout le pays dont les eaux s'écoulent dans cette mer, dans ce fleuve, ou dans cette rivière. Le bassin de la mer Baltique comprend la plus grande partie de la Suède et du Danemark, avec une partie de la Russie, de la Prusse, du Mecklenbourg et de l'empire d'Autriche, puisque les cours d'eau de tous ces pays s'écoulent dans la mer Baltique.

La limite de deux bassins contigus s'appelle *ligne de partage* des eaux. Les lignes de partage des grands bassins sont ordinairement des chaînes de montagnes; ainsi les Alpes séparent le bassin du Pô des bassins du Rhône, du Rhin et du Danube. Les lignes de partage n'offrent pas toujours des éminences assez considérables pour mériter le nom de montagnes : telles sont celles qui séparent le bassin du Volga de ceux du Dniéper et du Don en Russie; car on ne trouve pas de hautes montagnes dans l'intérieur de la Russie d'Europe.

C'est pour faire connaître les bassins généraux auxquels appartiennent les différentes contrées des cinq parties du monde que, dans la première partie de ce livre, nous avons nommé les principaux fleuves et rivières en groupant ensemble tous ceux qui se jettent dans la même mer.

423.

PLUIES.

Les *pluies* ne sont pas partout également abondantes. En général elles sont beaucoup moins fortes à mesure qu'on s'éloigne de l'équateur ou du voisinage de la mer, quoique les jours pluvieux soient en plus grand nombre vers le nord. Voici un tableau approximatif de la quantité d'eau qui tombe tous les ans aux diverses latitudes :

NOMS DES VILLES.	DEGRÉS de latitude.	QUANTITÉ D'EAU.
		m. cent.
Cap Français (St-Domingue).........	20°	3 08
Calcutta..........................	22 35'	2 05
Charleston........................	33	1 30
Pise..............................	44	1 24
Douvres...........................	51	0 95
Lyon..............................	46	0 89
Paris.............................	48 50	0 53
Upsal.............................	68	0 43

424.

Pluies périodiques, débordements.

Entre les tropiques, le retour périodique des vents ramène chaque année des pluies constantes dans la même saison. L'immense quantité d'eau qui y tombe doit s'écouler en même temps; de là viennent les débordements réguliers de presque tous les fleuves de cette partie du monde. Ceux du Nil fécondent tous les ans la magnifique vallée de l'Égypte; dans l'Amérique méridionale, à l'orient des Andes, les fleuves débordés manquent de la pente nécessaire pour s'écouler, et couvrent de marais l'intérieur de cette contrée; tels sont les marais de Xérayes, formés par le Paraguay, qui dans la saison des pluies ressemble à un lac immense.

425.

LACS.

Les bassins offrent des enfoncements que les eaux remplissent; alors elles forment des *lacs* ou des *étangs*. Parmi les lacs, il en est qui sont traversés par des fleuves ou des rivières, comme ceux de Constance et de Genève; d'autres n'ont aucun écoulement, comme la mer Caspienne, le lac d'Aral, etc. Ces derniers lacs sont ordinairement salés; on leur donne quelquefois le nom de *mers*.

426.

EAUX MINÉRALES ET THERMALES.

On appelle *eaux minérales* celles qui, en coulant dans

le sein de la terre, se chargent de substances minérales, telles que le soufre, le fer, etc. On les appelle *thermales*, lorsqu'elles sont échauffées par une cause qui n'est pas encore bien connue, mais que l'on attribue à la chaleur intérieure de la terre. Leur chaleur est quelquefois égale à celle de l'eau bouillante. Il est peu de pays où l'on ne trouve de ces sources dont la médecine fait un grand usage. Quelques-unes présentent un spectacle magnifique; tels sont le Geyser, en Islande, qui s'élance souvent sous la forme d'une pyramide haute de plus de 100 pieds, et le Stroc (dans la même île), qui jaillit à une hauteur encore plus considérable.

ATMOSPHÈRE.

427.

L'*atmosphère* est un mélange de différents fluides qui entourent le globe jusqu'à la hauteur de 70 à 90 kil.; c'est l'air que nous respirons.

L'air est transparent, et, quand le ciel est pur, il semble avoir une belle couleur bleue. A la surface de la terre il est 770 fois plus léger que l'eau : une colonne d'air, depuis la limite supérieure de l'atmosphère jusqu'à la mer, est aussi pesante qu'une colonne d'eau haute de 10 mètres et demi, ou qu'une colonne de mercure haute de 757 millimètres. L'air est plus dense et plus lourd à la surface de la mer et dans les plaines que sur les hautes montagnes, et devient encore plus léger à une plus grande élévation. Cette diminution progressive du poids de l'air a fourni le moyen de mesurer l'élévation des montagnes; car on a observé que la colonne de mercure renfermée dans un baromètre diminue lorsque augmente la hauteur où l'on se trouve au-dessus du niveau de la mer.

La chaleur de l'atmosphère diminue considérablement à mesure qu'on s'élève; c'est pour cela que les plus hautes montagnes sont couvertes de neiges perpétuelles. On a mesuré l'élévation à laquelle ces neiges commencent aux différentes latitudes : elle est environ de 4900 mètres sous l'équateur, de 2800 mètres à 45 degrés de latitude, et de 1100 m. vers le 60e parallèle.

D'autres causes influent sur la température de l'atmosphère dans les diverses contrées : la chaleur est d'autant plus forte que le pays est plus rapproché de l'équateur; elle devient moindre à mesure qu'on s'avance vers les pôles. Elle est aussi relative à l'exposition du pays : les versants méridionaux des chaînes de montagnes sont beaucoup plus chauds que les autres pentes; les côtes occidentales d'un continent sont plus chaudes que les côtes orientales; et l'on observe qu'à la même latitude les contrées de l'Amérique sont plus froides que celles de l'Europe et de l'Afrique, et que l'hémisphère boréal est plus chaud que l'hémisphère austral. Les îles situées au milieu de l'Océan ont des hivers moins rigoureux et des étés moins chauds que ceux des autres terres, parce que les mers y entretiennent une température plus uniforme.

L'atmosphère réfléchit, et détourne ou réfracte les rayons de lumière du soleil, de sorte que nous voyons le jour avant que cet astre s'élève au-dessus de l'horizon, et après qu'il s'est abaissé au-dessous.

C'est aux mêmes causes que sont dus les *parhélies* qui offrent l'apparition simultanée de plusieurs soleils, les *parasélènes* ou fausses lunes qui nous font voir plusieurs lunes, et les *couronnes* ou cercles lumineux qui enveloppent quelquefois ces deux astres.

Les *arcs-en-ciel* sont causés par la réfraction et la décomposition de la lumière dans les globules d'eau de pluie suspendus en l'air.

428.

VENTS.

L'atmosphère éprouve des mouvements qui en déplacent les parties dans différents sens; on les nomme *vents*. La chaleur qui dilate l'air dans quelques endroits, le froid qui produit un vide lorsqu'il résout les vapeurs en pluie, peuvent également être la cause des vents.

Ces mouvements de l'air n'ont pas toujours la même vitesse; on peut voir dans le tableau suivant le nom qu'ils reçoivent selon leur rapidité :

NOMBRE DE			NOMS DES VENTS.
MÈTRES par seconde.		MÈTRES par heure.	
m.	cent.	m.	
0	5	1,800	Vent à peine sensible.
2		7,200	Vent modéré.
10		36,000	Vent fort.
20		72,000	Vent très-fort.
22	5	81,000	Tempête.
27		97,200	Grande tempête.
36		129,600	Ouragan.
45		162,000	Ouragan qui renverse les édifices et déracine les arbres.

On appelle *vents constants* ceux qui soufflent toujours dans la même direction ; tels sont les *vents alizés* qui se dirigent sans cesse de l'est à l'ouest entre les tropiques. On les attribue au mouvement de rotation de la terre que l'air n'y suit pas avec assez de rapidité, de sorte qu'il paraît se porter sans cesse vers le couchant.

On peut aussi regarder comme des vents constants les *moussons* de l'océan Indien, qui soufflent du sud-ouest depuis avril jusqu'en octobre, et du nord-est pendant les six autres mois. Cependant ces vents sont variables pendant six semaines dans l'intervalle de chaque changement, et sont alors mêlés de calmes, de tempêtes et d'ouragans.

Les zones tempérées n'ont que des *vents variables* et *irréguliers ;* elles paraissent exemptes des ouragans qui dévastent les contrées situées dans la zone torride.

Lorsque deux vents opposés se rencontrent, ils produisent un tourbillon rapide, connu sous le nom de *trombe* ou de *siphon.* Aucune partie du globe n'est à l'abri de ce redoutable phénomène. Tantôt il absorbe les eaux de l'Océan, entraîne et brise les vaisseaux qu'il rencontre sur son passage; tantôt il dessèche les étangs et les lacs, soulève des masses énormes, les transporte à une distance considérable, et couvre de leurs débris et d'un déluge d'eau le terrain sur lequel la trombe éclate.

429.

FLUIDE ÉLECTRIQUE.

Le *fluide électrique* manifeste sa présence dans l'atmosphère par divers phénomènes; le plus connu est la *foudre*, qui n'est autre chose qu'une explosion électrique.

Ce fluide est répandu dans l'atmosphère, dans le globe et dans tous les corps qui se trouvent à sa surface.

Des découvertes récentes ont fait connaître que les phénomènes que l'on attribuait à un fluide magnétique ne sont dus qu'à des courants électriques. Les principaux de ces phénomènes sont les propriétés de l'aiguille aimantée et les aurores boréales. L'électricité paraît aussi l'une des causes des trombes ou siphons.

430.

AIGUILLE AIMANTÉE.

L'aiguille aimantée tourne sans cesse une de ses pointes vers le nord et l'autre vers le sud.

On remarque deux irrégularités dans cette direction de l'aiguille, la déclinaison et l'inclinaison.

La *déclinaison* est l'angle que l'aiguille fait avec le méridien du lieu où l'on se trouve. Cette déclinaison est différente dans les diverses contrées, et elle varie sans cesse dans le même lieu. A Paris, en 1580, la déclinaison était de 11° 30′ vers l'est; depuis lors l'aiguille s'est avancée vers l'ouest. En 1678, la déclinaison occidentale était de 1° 30′; en 1700, de 8° 10′; en 1805, de 22° 5′; en 1819, de 22° 29′ : depuis 1819 la déclinaison occidentale a diminué; elle n'était plus, en 1841, que de 21° 52′.

L'*inclinaison* est l'angle que l'aiguille aimantée fait avec l'horizon. Cette aiguille reste horizontale dans le voisinage de l'équateur; mais à mesure qu'on s'approche du nord, elle incline vers la terre sa pointe septentrionale; c'est la pointe méridionale qui s'incline dans l'hémisphère du sud. Cette déclinaison varie tous les ans; en 1797 elle était à Paris de 68° 81′; en 1810, de 68° 50′; en 1826 de 67° 56′; en 1841, de 67° 3′.

431.

AURORES BORÉALES.

Les *aurores boréales* éclairent souvent les régions du nord de l'Europe et de quelques parties de l'Amérique, et celles qui avoisinent le pôle sud : elles offrent l'aspect d'un arc de cercle lumineux, que des gerbes de feu parcourent en se dirigeant vers un même point; quelquefois aussi ces gerbes s'élancent du ciel.

432.

GLOBES DE FEU ET AÉROLITHES OU BOLIDES.

Quelques savants ont attribué à l'électricité les globes de feu qui parcourent l'atmosphère avec une rapidité extrême, et dont la marche est accompagnée de détonations et d'une chute de pierres appelées *aérolithes* ou *bolides;* mais on n'en connaît pas encore la véritable origine. Quelques-uns prétendent que ce sont des pierres lancées par les volcans de la lune; d'autres, que ce sont de petites planètes que la terre a entraînées hors de leur orbite.

PRODUCTIONS DES DIFFÉRENTES ZONES.

433.

VÉGÉTAUX.

Les différentes espèces de végétaux ne croissent pas également sous tous les climats; chacune d'elles semble se renfermer dans une latitude, ou plutôt sous une température particulière.

La zone glaciale produit peu d'espèces de végétaux : on y voit en abondance les mousses, les lichens, les plantes rampantes, les arbustes à baies; on y trouve aussi quelques arbres, tels que les bouleaux et les saules, mais ils restent toujours nains. La Laponie seule, dans cette zone, produit du seigle et des légumes, et possède des forêts de sapins.

Dans la zone tempérée, les pins, les sapins et les mélèzes

s'étendent jusqu'aux limites de la zone glaciale, et la franchissent même en quelques lieux : à mesure qu'on avance vers le sud, on trouve le hêtre, le chêne, l'érable, l'orme, le tilleul, le cèdre, le cyprès, le liége. Les pommiers commencent à croître à la latitude de 60° ; les cerisiers se tiennent encore plus loin du pôle; les poiriers viennent ensuite; et toujours en se rapprochant des tropiques, on trouve successivement les pruniers, les châtaigniers, les noyers, la vigne, le figuier, l'olivier et l'oranger qui s'étend dans la zone torride, et occupe sur la terre plus de place qu'aucun autre arbre fruitier. Les diverses sortes de blés sont répandues dans toute la zone tempérée; le riz et le maïs abondent dans le midi.

La zone torride voit mûrir les fruits les plus succulents et les aromates du goût le plus relevé; toute la végétation y a plus de force et d'éclat. Les arbres y sont couverts d'une verdure éternelle; on en voit qui s'élèvent deux fois aussi haut que nos chênes, et qui se couvrent de fleurs aussi belles que nos lis. C'est là que croissent la canne à sucre, le cafier, le palmier, l'arbre à pain, l'immense boabab, le palmiste, le cacaoyer, le vanillier, le cannellier, le muscadier, le poivrier, le camphrier, etc.

Cette classification des végétaux d'après les différentes latitudes n'est pas toujours exacte; sous l'équateur même les hautes montagnes donnent sur leurs flancs les productions des pays tempérés, et couvrent leurs sommets de celles de la zone glaciale; dans quelques parties de la zone tempérée, les terrains bas et bien exposés donnent quelques-uns des fruits des pays les plus chauds.

434.

ANIMAUX.

Parmi les *animaux*, les uns ne peuvent vivre que sur les glaces du nord : tels sont l'ours blanc, le renne, l'isatis ou renard polaire, qui sont confinés dans la zone glaciale, et qui s'étendent peu dans la zone tempérée ; les martres, les hermines, les castors, et en général tous les animaux a fourrures, habitent vers le nord, dans les contrées couvertes de grandes forêts, et par conséquent peu peuplées.

Les mers glaciales sont habitées par les baleines et quelques espèces de phoques. C'est de la mer glaciale du Nord que partent, dit-on, tous les ans, les innombrables légions de harengs qui se répandent chaque année sur les côtes de l'Europe, des États-Unis et du Kamtschatka.

Les contrées tempérées offrent peu d'espèces qui leur appartiennent exclusivement; le chien, le cheval, l'âne, le bœuf, la brebis, ont suivi l'homme dans presque toutes ses migrations. Ces contrées ont peu d'animaux malfaisants; l'ours, le loup, l'aigle, sont presque les seuls animaux de proie qui s'y fassent redouter. Les espèces faibles et innocentes s'y montrent en grand nombre; le lapin, le lièvre, le cerf, une multitude d'oiseaux sédentaires les habitent; les espèces voyageuses y arrivent tous les ans du nord et du midi.

C'est dans les régions les plus chaudes que la nature produit les animaux terrestres les plus redoutables : le lion, le tigre, la panthère, l'hyène, les serpents, les crocodiles. On y voit aussi les oiseaux et les quadrupèdes paisibles, les plus grands et les plus forts : l'autruche, le casoar, le condor, l'éléphant, le rhinocéros, l'hippopotame, la girafe, enfin le chameau et le dromadaire que l'homme a répandus dans plusieurs contrées de la zone tempérée. Ces mêmes régions nourrissent aussi les insectes les plus brillants et les oiseaux du plus éclatant plumage, tels que les perroquets, les colibris, les oiseaux de paradis, etc.

On doit observer que le nouveau continent ne nourrît aucun des grands quadrupèdes que nous venons de nommer.

435.

RACE HUMAINE.

Tous les hommes répandus sur la terre ne forment qu'une seule espèce d'êtres organisés; mais ils sont divisés en plusieurs races, que le climat, le genre de vie, ou d'autres causes inconnues, ont rendues assez différentes les unes des autres pour qu'on puisse les désigner par des noms particuliers; jusqu'à présent cette classification n'a pas été faite avec succès. Toutes ces races réunies forment une population que l'on estime à près de mille millions d'individus.

436.

RELIGIONS.

Tous les peuples reconnaissent l'existence de quelque divinité, mais tous n'honorent pas de la même manière celle qui est l'objet de leur culte. Les principales religions répandues sur la terre sont : le *christianisme*, le *mahométisme*, le *brahminisme*, le *bouddhisme*, qui reconnaissent un seul Dieu ; et le *polythéisme*, comprenant toutes les religions qui enseignent l'existence de plusieurs divinités.

Le CHRISTIANISME est la religion révélée par JÉSUS-CHRIST. Il étend sa bienfaisante influence sur les peuples les plus civilisés ; il est pratiqué par le tiers des habitants de la terre. La religion chrétienne est divisée en trois grandes branches qui sont :

1° L'*Église catholique romaine*, dont le pape est le chef spirituel ;

2° L'*Église grecque*, à laquelle on peut joindre les sectes des nestoriens, des cophtes, des arméniens et des jacobites ;

3° Le *protestantisme*, divisé en plusieurs sectes, dont les principales sont : le *luthéranisme* ou église évangélique, le *calvinisme* ou église réformée, l'église *anglicane* ou épiscopale.

Il est encore beaucoup de branches moins nombreuses qui se rattachent au protestantisme, telles que les *presbytériens*, les *puritains*, les *indépendants* ou congrégationalistes, les *quakers*, les *unitariens* ou sociniens, les *anabaptistes* et les *frères moraves*.

Le *judaïsme* ne domine plus nulle part. Les Juifs, dispersés sur toute la terre, conservent encore l'ancienne loi de Moïse.

Le *mahométisme* ou *islamisme* se divise en deux sectes principales : celle des *sunnites*, qui suivent, outre le Koran, un livre de traditions appelé la *Sunna*, et celle des *schiites* ou sectateurs d'Ali, qui rejettent la Sunna.

Les brahmistes, qui honorent plusieurs dieux subalternes, reconnaissent cependant l'existence d'une divinité suprême.

Le *bouddhisme* paraît avoir beaucoup de rapport avec le brahminisme ; il est très-répandu et se divise en plusieurs branches : l'une a pour chef le Dalaï-Lama, prêtre honoré comme un dieu, et qui est censé ne jamais mourir; une autre branche donne à Bouddha le nom de *Sommonocodon;* une autre, qui se trouve à la Chine, est appelée religion de *Fo.* Le *chamanisme,* répandu dans quelques parties de l'Asie, et le culte de *Sinto*, suivi dans le Japon, peuvent aussi se rattacher au bouddhisme.

On peut ajouter à ces religions celle des Séiks dans l'Hindoustan, et celle de Confucius dans la Chine, qui adorent un être tout-puissant.

Le *polythéisme* ou *paganisme,* qui, avant la venue de Jésus-Christ, dominait dans tous les pays connus des anciens, a disparu de presque toutes les contrées civilisées.

Le *fétichisme* est la plus grossière de toutes les religions qui admettent plusieurs dieux. On appelle *fétiches* tous les objets animés ou inanimés que des peuples superstitieux adorent.

Le fétichisme est répandu sous diverses formes chez beaucoup de peuples qui sont sauvages ou d'une profonde ignorance.

437.

CIVILISATION, GOUVERNEMENT.

Les peuples, d'après leur manière de vivre et les progrès qu'ils ont faits dans les arts, peuvent se diviser en trois classes.

1° Les *sauvages* n'ont pas d'autre culte que de vaines superstitions; ils ne connaissent point l'art d'écrire; leur industrie se borne à un peu de jardinage, à la pêche, à la chasse; ils sont ordinairement nomades ou errants, et ne forment que de très-petites peuplades.

2° Les peuples *barbares* ou demi-civilisés ont un culte religieux et des lois; ils connaissent plusieurs arts, même celui de l'écriture. Les uns s'adonnent à la culture des terres, d'autres à l'éducation des troupeaux : ces derniers sont nomades.

3° Les peuples *civilisés* ont perfectionné les arts mécaniques; ils cultivent les sciences, les lettres et les beaux-arts; ils ont, par leurs lumières, par la sagesse de leurs lois, et par leur commerce, augmenté la population, l'aisance et le bonheur général.

SECTION III.

NOTIONS ÉLÉMENTAIRES

SUR LA CONSTRUCTION DES CARTES GÉOGRAPHIQUES.

438.

DIVISION DU TRAVAIL.

1° Tracé d'un cadre.
2° Tracé des échelles.
3° Tracé des méridiens et des parallèles.
4° Manière de placer des points.
5° Réduction et dessin.

439.

1° TRACÉ D'UN CADRE.

(*Fig.* 19.) Les premiers principes de la géométrie donnent le moyen d'abaisser une perpendiculaire sur une ligne droite; cependant, pour éviter d'y recourir, nous allons indiquer ici le procédé qui est considéré comme le plus exact. Ayant tiré une ligne indéfinie A B sur le papier que l'on veut employer, on marque un point m sur le milieu de cette ligne prise pour base, et d'une ouverture de compas égale à la moitié de la longueur du cadre que l'on veut avoir, on marque un point à gauche A et un autre à droite B du point m; après quoi on place la pointe du compas sur un des points extrêmes et d'une ouverture environ égale aux $\frac{3}{4}$ de la base, on décrit un arc de cercle; reportant ensuite la pointe du compas sur l'autre point extrême, on décrit un autre arc de cercle qui coupe le premier au point m'; on fait alors passer une ligne par cette intersection et le milieu m de la ligne, et on a la perpendiculaire mm' (cette perpendiculaire sera le méridien principal de la carte.) Pour s'assurer si cette ligne mm' est bien perpendiculaire sur la base, on décrit avec différentes ouvertures de compas deux ou trois arcs de cercle qui se coupent deux à deux comme les premiers; et la ligne *mm'* doit passer par toutes les intersections de ces arcs. Après avoir ainsi vérifié la perpendiculaire, d'une ouverture de compas égale à la hauteur *mm'* que l'on doit donner au cadre, on décrit des arcs de cercle de chacun des trois points de la base A, *m*, B, et reportant la pointe du compas sur le point *m'* avec une ouverture égale à *m* B, on décrit encore à droite et à gauche des arcs de cercle qui viennent couper les premiers aux points D et C; par toutes ces intersections, et par les points A et B, on tire les lignes droites qui forment le cadre demandé (*fig.* 19.)

440.

2° TRACÉ DES ÉCHELLES.

Les *échelles* servent à rapporter sur le papier les mesures prises sur le terrain.

L'échelle varie suivant la grandeur que l'on veut donner à la carte, et l'étendue des pays que l'on veut représenter; ainsi celle de la carte de l'Europe centrale dans notre Atlas est d'un trois million huit cent millième, c'est-à-dire qu'un mètre y représente une longueur de trois millions huit cent mille mètres, tandis que celle de la carte de l'Europe est d'un douze million cinq cent millième.

Soit proposé de construire une échelle au 100,000^e^, c'est-à-dire à un mètre sur le papier, pour représenter 100,000 mètres sur le terrain.

Les échelles d'un mètre de long étant trop grandes pour l'usage habituel, on est convenu d'en tracer de plus petites, et de prendre pour base la 10e partie du mètre, c'est-à-dire un décimètre, qui se subdivise en centimètres et millimètres.

Pour connaître le rapport et construire l'échelle, on dit : Si un mètre représente 100,000 mètres, un décimètre représentera 10,000 mètres; prenant alors la longueur d'un décimètre et la portant sur le papier, on a la valeur de 10,000 mètres; subdivisant ensuite cette longueur en dix parties, on a la valeur de 1,000 mètres; après avoir fait la division en dix parties, on prend une de ces parties que l'on porte à la gauche de la première division ; et subdivisant encore cette partie en dix, on a des divisions qui valent chacune 100 mètres : cette dernière division forme le *talon* de l'échelle, et ne compte dans le numérotage que pour exprimer les dixièmes (*fig.* 20).

Si l'on a besoin de construire l'échelle de manière à avoir des dizaines de mètre, on donne une hauteur plus grande à cette échelle, et on divise cette hauteur en dix parties (*fig.* 21). Dans le talon de l'échelle, on joint par une ligne oblique le point marqué 0 sur la ligne supérieure au point marqué 1 sur la ligne inférieure, et ainsi des autres. Chaque point d'intersection du talon sur la ligne supérieure marque une division de 100 mètres; au moyen de ces lignes obliques, on a 10 mètres de plus sur la 2e ligne horizontale, 20 mètres de plus sur la 3e, et ainsi de suite.

Si l'on veut avoir sur cette échelle 4,550 mètres, on porte une pointe du compas sur la verticale marquée 4 à l'horizontale marquée 5, et on porte l'autre pointe sur l'intersection de cette horizontale avec l'oblique marquée 5 à la ligne supérieure; alors on a 4,000 mètres pour les 4 parties de l'échelle, 500 pour les cinq divisions du talon, et 50 de plus pour l'accroissement produit par l'obliquité de la ligne 5, ce qui fait 4,550 mètres. On conçoit aisément que l'on peut avoir, avec une construction semblable, les échelles d'un millionième, d'un trois millionième, c'est-à-dire dix ou trente fois plus petites. Il suffit pour cela de prendre une mesure dix ou trente fois plus petite, et de la diviser de la même manière.

On trouvera sur cette échelle toutes les mesures géographiques, en observant leurs rapports avec le mètre, rapport dont nous donnerons le tableau.

On construit ordinairement, sur les cartes, les échelles en myriamètres ou 10,000 mètres, en lieues et en milles.

Au moyen de l'échelle, on trouve aisément toutes les distances, en ligne droite, des points marqués sur la carte. Ainsi, pour connaître la distance de Paris à Meaux, on pose sur ces deux villes les deux pointes du compas, on en reporte l'ouverture sur l'échelle des myriamètres, et l'on voit que Meaux est en ligne droite a 4 myriamètres de Paris.

441.

COMPARAISON DU MÈTRE AVEC LES MESURES DES DIFFÉRENTS PAYS.

La lieue géographique de France, de 25 au degré, égale	4444 m.	44 c.
La lieue marine, de 20 au degré, égale	5555	55
Le mille d'Allemagne, de 15 au degré, égale	7407	40
Le mille d'Angleterre, environ 69 au degré, égale	1609	31
Le mille géographique, de 60 au degré égale	1851	85
La lieue d'Espagne, de 17 ½ au degré, égale.	6349	50
Le werst russe — =	1066	80
Le mille romain — =	1472	50
Le stade égyptien — =	222	45
Le stade olympique — =	184	60

442.

CARTES.

La terre étant ronde, on ne peut la représenter exactement que par un globe; mais par divers moyens, on parvient à en représenter la surface sur un plan, en conservant à peu près le rapport des distances.

On appelle *mappemonde* une carte qui représente toute la terre (*voyez* l'Atlas n° 1), et *cartes générales* ou *cartes particulières* celles qui n'en représentent qu'une partie plus ou moins grande.

443.

3° TRACÉ DES MÉRIDIENS ET DES PARALLÈLES.

Quand on construit une carte, on part de l'équateur pour compter les degrés de latitude; et l'on compte les degrés de longitude à partir du premier méridien, qui varie dans chaque contrée, et qui passe presque toujours par un observatoire. Les premiers méridiens dont on se sert le plus sont ceux de Paris, de Greenwich, de l'île de Fer, de Vienne, de Cadix, etc.

Dans les cartes, excepté dans les mappemondes, on prend ordinairement pour *méridien principal* la perpendiculaire *mm'* (*fig.* 19), menée sur le milieu *m* de la base AB du cadre, à une distance connue du premier méridien; les autres méridiens sont des courbes d'autant plus convexes qu'elles sont plus éloignées de ce méridien principal. Le premier méridien est toujours censé numéroté 0, lors même qu'il n'est pas dans la carte; les autres sont numérotés depuis 1° jusqu'à 180°.

Pour construire une *mappemonde*, on suppose la sphère partagée en deux parties égales, par le plan d'un méridien, et on la représente par deux cercles qui se touchent (*voy.* la mappemonde de l'Atlas, n° 1). Si la carte est de petite dimension, on peut tracer au compas les méridiens et les parallèles par le procédé suivant:

(*Fig.* 22.) Après avoir tracé sur le papier une ligne horizontale MN au milieu de la feuille, on prend un point T au milieu de cette ligne; ce point est celui où les deux hémisphères se touchent. De ce point, avec une ouverture de compas égale au rayon que l'on veut donner à chaque hémisphère, on marque à droite et à gauche des intersections sur la ligne MN, aux points *c'* et *c*, et par ces points on mène les perpendiculaires *p p* et *p' p'*. De ces points d'intersection, comme centres, et avec la même ouverture de compas, on décrit des cercles qui sont tangents l'un à l'autre, et qui représentent les deux hémisphères. La ligne horizontale MN, qui traverse les deux cercles, est l'équateur, puisqu'elle est également distante des pôles *p p* et *p' p'*; et les lignes verticales qui vont d'un pôle à l'autre, et qui coupent les hémisphères en deux parties égales, sont des méridiens.

Ces opérations faites, on divise chaque quart de cercle en neuf parties, contenant chacune 10 degrés; on divise de même chaque moitié du méridien principal et de l'équateur, et avec le compas on fait passer des arcs de cercle par les points correspondants des méridiens et des quarts de cercle, comme on le voit dans la mappemonde.

On a ainsi tous les parallèles; et faisant de même passer un arc de cercle par chaque point d'intersection de l'équateur et par les deux pôles, on a les méridiens.

Pour décrire ces arcs de cercle, on joint par une ligne droite chaque point pris sur un quart de cercle avec le point correspondant du méridien. Soient, par exemple, les points *a* et *b*, on mène une perpendiculaire sur le milieu *d* de la ligne *a b* qui les joint, et le point *o*, où elle coupe le prolongement du méridien, est le centre du cercle; *ob* en est le rayon, ou l'ouverture de compas avec laquelle on décrit le parallèle qui passe par les points *a*, *b*, *c*. On fait de même pour les sept autres points du quart de cercle; et l'on trouve ainsi tous les rayons des parallèles de ce demi-cercle. Ces huit rayons servent à décrire tous les autres parallèles dans la mappemonde, en ayant soin de choisir le même rayon pour les parallèles correspondants.

Pour trouver le centre de l'arc d'un méridien, on mène une ligne droite par l'un des pôles et le point de l'équateur par lequel doit passer le méridien. Soit *pg* cette ligne : on mène une perpendiculaire sur le milieu *e* de cette ligne, et le point *f*, où elle coupe l'équateur, est le centre d'où l'on décrira le méridien avec un rayon égal à *f g*. On trouve ainsi tous les méridiens compris entre le méridien du milieu et un demi-cercle; les mêmes rayons servent ensuite à construire tous les autres méridiens correspondants, de même qu'ils sont tracés sur la mappemonde. (*Voyez* l'Atlas.)

Quand on ne cherche pas autant d'exactitude dans les constructions, ou lorsque la mappemonde est trop grande pour qu'on puisse employer le compas à la construction de chaque méridien ou de chaque parallèle, on peut se servir d'une règle flexible, qu'on ploie de manière à la faire passer par les trois points donnés, et tracer ainsi les arcs de cercle cherchés. Si l'on veut employer un procédé plus sûr, il faut, au moyen de tables, tracer les intersections de chaque degré (comme on le verra ci-après), et par toutes ces intersections, mener des lignes qui forment la courbe cherchée.

Pour tracer les méridiens et les parallèles dans les *cartes générales* et dans les *cartes particulières*, on détermine es points d'intersection de ces courbes; il existe pour cela les tables toutes calculées qui donnent en mètres les distances de chaque point au premier méridien, et à la erpendiculaire menée à la même latitude sur ce méridien; ainsi, d'après ces tables, un point à 45° de atitude, et à 4° 30′ de longitude à partir du méridien le Paris, serait à 354,519^{m} de ce méridien, et à 9,846^{m} le la perpendiculaire menée sur ce méridien à 45° de latitude.

Par ce moyen, on a la position des points d'intersecion des méridiens et des parallèles. Pour obtenir ces inersections sur le papier et former les courbes, on choisit l'abord une échelle; ensuite on construit un cadre qui enferme la carte ou une partie de la carte projetée; on race le méridien du milieu, et l'on marque à chaque angle du cadre les distances en mètres au méridien et à une erpendiculaire menée sur ce méridien.

Pour trouver chaque point d'intersection des méridiens et des parallèles, le point *s* par exemple (fig. 19), on prend ur l'échelle la distance de ce point au méridien du milieu le la carte, telle qu'elle est marquée sur les tables. Soit *nd* cette distance; on la porte avec le compas sur le haut et sur le bas du cadre, aux points *d* et *d′*, en partant des oints *m′* et *m*; on prend ensuite la distance du point *s* au côté *A B* ou au côté *D C*, perpendiculaires au méridien; on la porte sur les côtés *A B* et *B C* du cadre; de *B* en *o* et le *A* en *f*, on tire les droites *d d′* et *f o*, et le point d'intersection *s* est le point cherché.

On trouve ainsi tous les points d'intersection des méridiens et des parallèles, et par toutes ces intersections on fait passer des lignes qui forment les courbes demanlées. La longueur de ce procédé fait que souvent on se contente de trouver trois points de chaque courbe, et qu'on la décrit ensuite au moyen d'une règle flexible que l'on fait passer par ces trois points.

Lorsque l'on copie une carte, si l'on emploie la même échelle, on abrége beaucoup cette construction, en prenant au compas, sur le modèle, toutes les mesures dont on a besoin; si l'échelle est différente, il faut construire l'échelle de la nouvelle carte, et la diviser de la même ma-

TABLE DES MATIÈRES.

PREMIÈRE PARTIE.

SECTION I.

SECTION II.

EUROPE.

SECTION III.

SECTION IV.

ASIE.

DEUXIÈME PARTIE.

TROISIÈME PARTIE.

FIN DE LA TABLE DES MATIÈRES.

ERRATA. — NOUVEAUX SIGNES EMPLOYÉS DANS LA 2e PARTIE.

‡ Archevêché, † Évêché.

⚑ ou ⚐ Chef-lieu de division militaire.

Δ Cour royale.

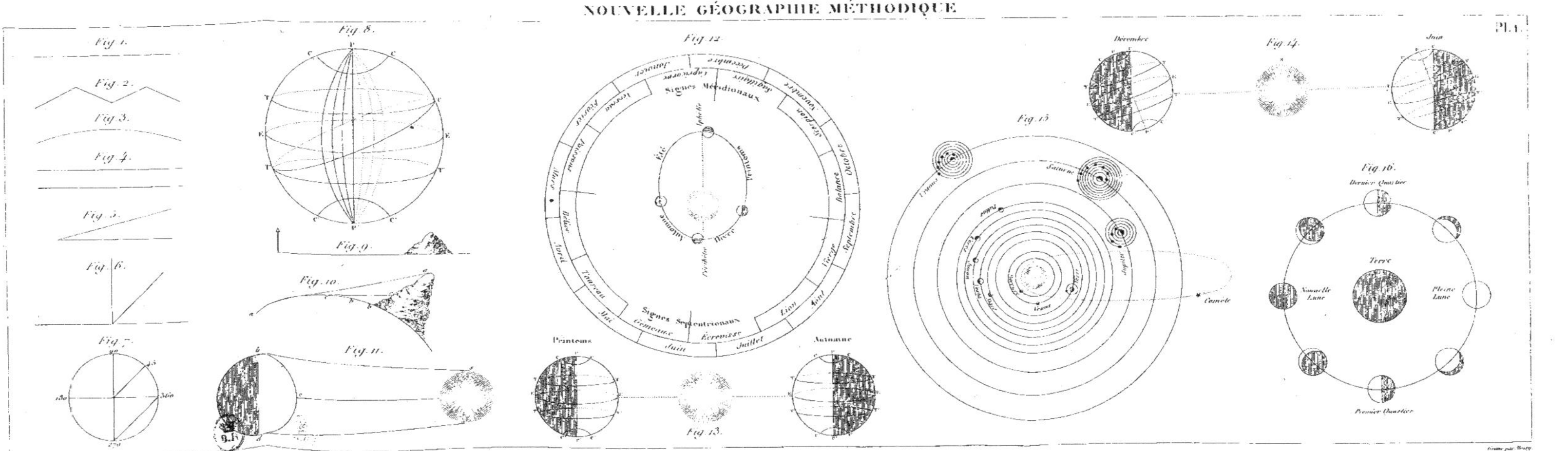
NOUVELLE GÉOGRAPHIE MÉTHODIQUE
Pl. 1.
Fig. 1.
Fig. 2.
Fig. 3.
Fig. 4.
Fig. 5.
Fig. 6.
Fig. 7.
Fig. 8.
Fig. 9.
Fig. 10.
Fig. 11.
Fig. 12.
Signes Méridionaux
Signes Septentrionaux
Été
Aphélie
Printems
Automne
Hiver
Périhélie
Janvier
Février
Mars
Avril
Mai
Juin
Juillet
Août
Septembre
Octobre
Novembre
Décembre
Verseau
Poissons
Bélier
Taureau
Gémeaux
Écrevisse
Lion
Vierge
Balance
Scorpion
Sagittaire
Capricorne
Printems
Automne
Fig. 13.
Fig. 14.
Décembre
Juin
Fig. 15
Saturne
Jupiter
Comète
Fig. 16.
Dernier Quartier
Terre
Nouvelle Lune
Pleine Lune
Premier Quartier

NOUVELLE GÉOGRAPHIE MÉTHODIQUE

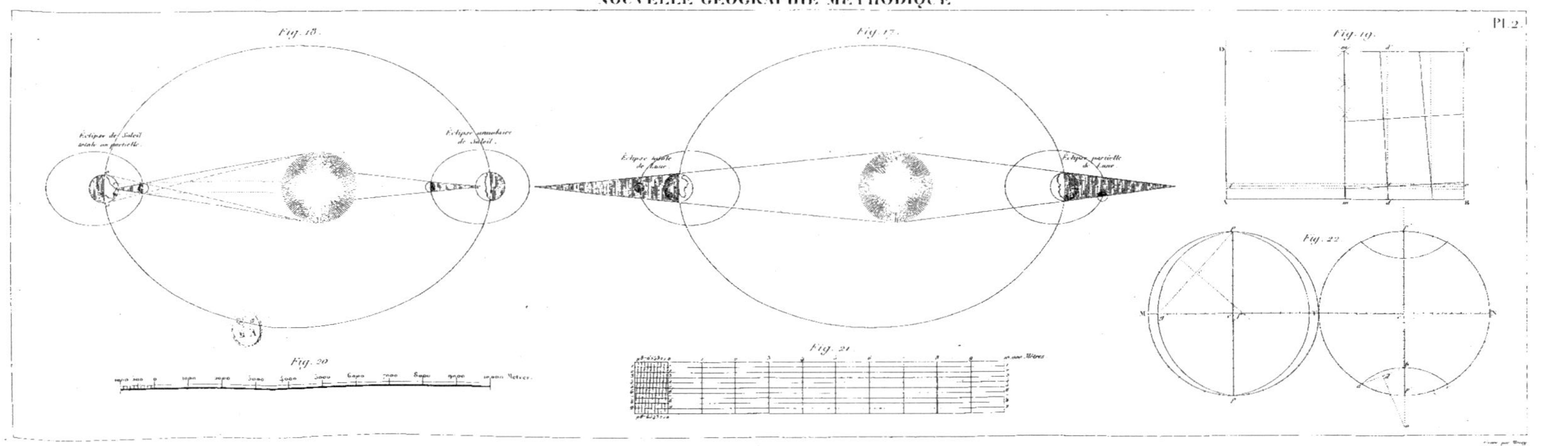

www.ingramcontent.com/pod-product-compliance
Ingram Content Group UK Ltd.
Pitfield, Milton Keynes, MK11 3LW, UK
UKHW020155250726
13967UKWH00003B/1080